中国企业雇佣关系模式与员工主观幸福感研究

Research on Employment Relationship and Employee Subjective Well-being in Chinese Enterprises

席猛 著

南京大学出版社

图书在版编目(CIP)数据

中国企业雇佣关系模式与员工主观幸福感研究 / 席
猛著. — 南京：南京大学出版社，2025.5.（2025.5 重印）-- ISBN
978 - 7 - 305 - 29182 - 1

Ⅰ. F279.23;F241

中国国家版本馆 CIP 数据核字第 2025K5R368 号

出版发行　南京大学出版社
社　　址　南京市汉口路 22 号　　　　邮　编　210093
书　　名　**中国企业雇佣关系模式与员工主观幸福感研究**
　　　　　ZHONGGUO QIYE GUYONG GUANXI MOSHI YU YUANGONG ZHUGUAN XINGFUGAN YANJIU
著　　者　席　猛
责任编辑　唐甜甜　　　　　　　　编辑热线　025 - 83594087
照　　排　南京南琳图文制作有限公司
印　　刷　江苏凤凰数码印务有限公司
开　　本　710 mm×1000 mm　1/16　印张 13.75　字数 247 千
版　　次　2025 年 5 月第 1 版　2025 年 5 月第 2 次印刷
ISBN 978 - 7 - 305 - 29182 - 1
定　　价　88.80 元

网址：http://www.njupco.com
官方微博：http://weibo.com/njupco
官方微信号：njupress
销售咨询热线：(025) 83594756

追求幸福是人类的基本目标之一，幸福与福祉是全世界人类生活中的普遍目标和期望。

——第66届联合国大会

序　一

作为席猛博士的博士生导师,我对他的学术成长和研究成就非常了解。在此,我非常高兴地为他的著作《中国企业雇佣关系模式与员工主观幸福感研究》撰写推荐序,分享我对此项研究工作的认同与期待。

自读硕读博以来的这些年,席猛博士一直在科研道路上孜孜追求、努力前行,这也是一段对知识不懈追求的历程。尤其在攻读博士学位期间,他表现出了对管理学研究领域的浓厚兴趣和对学术研究的严谨态度。他的研究工作始终贯穿着对复杂现实问题的不断探索和对前沿理论的深入思考。这本著作,正是他多年来学术探索的重要之作,也体现了他对管理学前沿领域的深刻洞察和独到见解。

该著不仅在理论上有所创新,更在实践层面上提供了切实可行的指导。席猛博士在这本著作中深入分析了雇佣关系模式的理论基础,并结合中国企业的实际情况,通过大量的实证研究,探讨了这些理论在中国企业中的适用性和有效性。这种理论与实践相结合的研究方法,为中国企业雇佣关系的研究提供了新的研究视角和方法,也为企业管理实践提供了有益的参考。

在当今时代,员工的主观幸福感已成为衡量企业人力资源管理成效的重要指标。席猛博士敏锐地捕捉到了这一时代课题,并将其作为研究的切入点。他的研究不仅为我们提供了理解员工幸福感的新视角,更为企业提升员工幸福感提供了切实可行的策略和方法。这种对时代问题的深刻洞察,体现了他作为一名青年管理学者的社会责任感和前瞻性思维。

本书的研究方法也体现了很好的严谨性。从问卷设计到数据收集,从模型构建到假设检验,每一个环节都严格按照科学研究的标准进行。这种严谨的研究态度,不仅保证了研究结果的可靠性和有效性,也展示了席猛博士作为学者的专业素养和学术精神。

席猛博士的这本著作,对学术界的贡献是多方面的。它不仅丰富了雇佣关系模式的研究,也为员工幸福感的研究提供了新的理论框架。我相信,这本书的出版,将对中国企业雇佣关系的研究产生重要影响。

对于企业界而言,这本书同样具有重要的实践启示。它不仅有利于帮助企业深刻理解员工幸福感的重要性,更提供了提升员工幸福感的具体途径。在这个以人为本的时代,这本书无疑将成为企业管理者的宝贵参考资料,帮助他们构建更加和谐、高效的工作环境。

作为席猛博士的导师,我对他的学术成就感到自豪。我相信,这本著作的出版,不仅代表着他个人学术生涯的一段重要历程和一项重要成果,也将为中国雇佣关系管理以及员工幸福感的研究做出重要贡献。我非常乐意向读者尤其是从事这方面研究和实践的学者、企业管理人员推荐这本著作,并期待它能够激发更多人的思考和讨论,以推动中国企业雇佣关系研究的进一步发展。

南京大学人文社科资深教授、商学院名誉院长、
行知书院院长、博士生导师

博士

序　二

我第一次遇见席猛博士是在 2018 年南京大学商学院访问期间。彼时,他给我留下了极为深刻的印象——他不仅将战略人力资源管理作为核心研究方向,更对这一领域有着难得的深刻理解。这样的年轻学者在国内并不多见。随着交流的深入,我们因共同的研究兴趣展开了合作,并最终在国际顶级管理期刊《Personnel Psychology》发表了一篇以中国企业为样本的研究。该研究对战略人力资源管理模式进行了分类,并探讨了不同情境下有效提升组织绩效和员工承诺的多种路径。在这一过程中,我更加深刻地体会到席猛博士对战略人力资源管理研究的热情与执着追求。他不仅有敏锐的问题意识和扎实的研究能力,更始终保持对学术探索的高度投入。因此,当他邀请我为即将出版的《中国企业雇佣关系模式与员工主观幸福感研究》一书作序时,我深感荣幸,也特别愿意为他做推荐。

在管理学的研究领域,能够深刻揭示组织与员工关系并将其与员工主观幸福感相联系的学术作品并不多见。《中国企业雇佣关系模式与员工主观幸福感研究》一书,以其独特的视角、严谨的研究方法和深刻的理论洞察,为我们提供了理解这一复杂议题的宝贵知识。作为一位长期关注战略人力资源管理的学者,我深感荣幸能为这部著作撰写推荐序。

学术研究是一场永无止境的探索旅程。席猛博士的这部作品,展现了他对学术研究的深厚热情和不懈追求。在管理学领域,尤其是雇佣关系与员工幸福感的交叉学科研究中,席猛博士以其敏锐的学术洞察力,捕捉到了时代发展的需求和学术研究的空白。这部著作是他多年研究心血的结晶,体现了他对学术真理的执着追求和对知识边界的不断拓展。

理论与实践的结合是社会科学研究的核心。席猛博士在这部著作中,不仅深入探讨了雇佣关系模式的理论基础,更通过实证研究,将理论应用于中国企业的实际情况,探讨了这些理论在中国特定社会文化和经济背景下的适用性和有效性。这种理论与实践相结合的研究方法,不仅丰富了学术理论,也为企业管理实践提供了切实可行的指导。

在快速变化的现代社会,员工的主观幸福感已成为衡量组织健康和人力资源管理成效的重要指标。席猛博士敏锐地洞察到这一时代问题,并将其作为研究的切入点。他的研究不仅为我们提供了理解员工幸福感的新视角，更为企业提升员工幸福感提供了切实可行的策略和方法。这种对时代问题的深刻洞察，体现了他作为学者的社会责任感和前瞻性思维。

科学研究的严谨性是确保研究质量和结果可靠性的关键。席猛博士在这部著作中所采用的研究方法，体现了极高的学术严谨性。从问卷设计、数据收集到模型构建和假设检验，每一个环节都严格按照科学研究的标准进行。这种严谨的研究态度，不仅保证了研究结果的可靠性和有效性，也展示了席猛博士作为学者的专业素养和学术精神。

席猛博士的这部著作，对学术界的贡献是多方面的。它不仅丰富了雇佣关系模式的研究，也为员工幸福感的研究提供了新的理论框架。我相信，这本书的出版，将对管理学界产生深远的影响，激发更多学者对相关领域进行深入研究。

对于企业界而言，这本书同样具有重要的启示意义。它不仅帮助企业理解员工幸福感的重要性，更提供了提升员工幸福感的具体途径。在这个以人为本的时代，这本书无疑将成为企业管理者的宝贵参考，帮助他们构建更加和谐、高效的工作环境。

在当今学术界，跨学科研究已成为一种趋势。席猛博士的这部著作，正是跨学科研究的典范。他将管理学、心理学、社会学等多个学科的理论与方法融为一体，为我们提供了一个全面、多元的视角来理解雇佣关系与员工幸福感。这种跨学科的研究视角，不仅拓宽了我们的知识边界，也为解决复杂的现实问题提供了新的思考路径。

席猛博士的学术成就，对年轻学者具有重要的激励作用。他的研究经历告诉我们，只有通过不懈的努力和持续的探索，才能在学术道路上取得突破。这部著作的出版，将鼓励更多的年轻学者投身于管理学研究，为推动学科发展贡献自己的力量。

作为一位长期关注人力资源管理的学者，我对席猛博士的这部著作给予了高度评价。我相信，这部作品不仅对学术界有着重要的贡献，也将对实践界产生深远的影响。我强烈推荐这本书给所有对人力资源管理和员工幸福感感兴趣的学者和实践者，期待它能够激发更多的思考和讨论，推动管理学研究的进一步发展。

北京大学讲席教授
光华管理学院组织与战略管理系
姜铠丰

导　言

在全球化的大潮中,中国企业正站在一个新的历史起点上。随着经济的快速发展和市场环境的不断变化,企业与员工之间的关系也日益成为影响组织竞争力和可持续发展的关键因素。《中国企业雇佣关系模式与员工主观幸福感研究》一书,正是在这样的背景下应运而生,旨在深入探讨和解析中国企业雇佣关系模式对员工主观幸福感的影响,为构建和谐的雇佣关系以及构建幸福企业提供理论指导和实践参考。

21 世纪的中国,正处于经济转型和社会变革的关键时期。经济的快速增长带来了企业规模的扩大和劳动市场的活跃,同时也带来了企业管理理念和雇佣模式的深刻变化。在这一过程中,员工的主观幸福感逐渐成为衡量企业人力资源管理成效的重要指标。员工的幸福感不仅关系到个人的生活质量,更直接影响到工作效率、组织承诺和企业的整体绩效。因此,研究雇佣关系模式与员工主观幸福感的关系,对于推动企业管理创新、提升人力资源管理水平具有重要的理论和实践意义。

在 21 世纪,由于商业环境和员工组织关系的巨大变化,员工与组织之间的关系研究逐渐成为管理学研究中的重点内容之一。为了反映和抓住这些变化与联结,基于战略人力资源管理的实践内容,世界著名管理学家徐淑英(Anne S. Tsui)和她的同事于 1995 年提出了以人力资源管理期望贡献实践和人力资源管理诱因实践为基础的雇佣关系模式,即员工-组织关系(Employee-Organization Relationship)。自他们提出这一雇佣关系模式框架后,大量的研究检验了员工-组织关系的多种类型的经济性的或对雇主有益的结果变量,如组织绩效、员工工作绩效、团队创新与创造力、组织承诺等。然而,无论从理论还是实践的角度,一种成功的雇佣关系模式(或人力资源管理实践组合)应该能够同时满足雇主和雇员双方的需求和期望。因此,探索员工-组织关系(人力资源管理实践组合)以及涵盖员工心理状态与感知或人文福祉类结果变量显得极其重要。

基于工作要求-资源理论并结合目标设定理论、社会资本理论和边界溢出理论,本书提出了提升工作场所中员工主观幸福感的一个理论模型。本书认为提升工作场所员工主观幸福感的路径有三条:增加员工绩效薪酬、促进员工职业发展以及降低员工工作-家庭冲突。具体而言,本书首次检验了雇佣关系模式与员工主观幸福感之间的关系,并分别检验了员工工作绩效、员工职业发展前景感知以及员工工作-家庭冲突在雇佣关系模式与员工主观幸福感之间的中介作用,分别考察了员工绩效付薪感知、员工工作控制与员工工作需要对这三条路径的调节作用。

为了检验上述研究问题,作者从 2014 年 12 月至 2015 年 8 月,在江苏、安徽、广东、四川、重庆、天津等省市开展了大规模的问卷调研工作。最终获得 134 家企业包括 1 274 名普通员工、273 名部门主管或项目经理以及 134 名企业人力资源管理部门负责人的有效配对问卷。

通过实证研究,本书发现:(1) 组织提供的人力资源管理诱因实践(提供诱因)能够显著提高工作场所中员工的整体生活满意度、增加员工的积极情感,以及降低员工的消极情感;但组织的人力资源管理期望贡献实践(期望贡献)对员工的主观幸福感并没有显著的影响。另外,组织提供诱因与期望贡献的交互项会影响员工的整体生活满意度以及消极情感,但对员工的积极情感并不产生影响。相互投资型雇佣关系模式下的员工整体生活满意度最高,而员工的消极情感在相互投资型的雇佣关系模式下是最低的。(2) 组织期望贡献能够显著提升员工的工作绩效,但提供诱因不能;员工的工作绩效能够显著地提升员工的整体生活满意度和积极情感,以及降低员工的消极情感;员工工作绩效并不能中介雇佣关系模式与员工主观幸福感之间的关系。(3) 组织提供诱因与员工职业发展前景感知显著正相关,提供诱因与期望贡献的交互项能够正向预测员工的职业发展前景感知;员工职业发展前景感知中介了雇佣关系模式与员工主观幸福感之间的关系。(4) 组织提供诱因能够显著降低员工的工作-家庭冲突;提供诱因与期望贡献的交互项能够负向预测员工的工作-家庭冲突;员工的工作-家庭冲突会显著地降低员工的整体生活满意度和积极情感,同时增加他们的消极情感;员工工作-家庭冲突中介了提供诱因与期望贡献交互项与员工主观幸福感之间的关系。

这一研究对雇佣关系模式、员工主观幸福感、工作-家庭冲突议题、员工职业发展前景研究以及工作要求-资源理论都有重要的理论贡献。另外,本书的研究对构建幸福和谐社会、构建幸福和谐企业以及实现员工个人幸福都具有重要的实践指导意义。本书的研究也存在着一些不足,这主要体现在三个方面:研究数据、研究方法以及理论应用的不足。未来的研究方向可以关注以下两方面:一方面,加强雇佣关系模式的研究,包括探索雇佣关系模式更多的新的人文福祉类结果变量,以及采用新的理论视角理解和解释雇佣关系模式与结果变量之间的关系;另一方面,尝试研究尽量多种类的幸福感作为雇佣关系模式的结果变量,以及探究其他的提升员工幸福感的实践与方法。

最后,本书的研究受国家自然科学基金项目(72372070、72342027)和天津大学管理与经济学部科研培育基金的资助。

目 录

图目录

表目录

第一章　绪　论

1.1　研究背景

1.1.1　现实背景

在过去 40 多年里,我们一直以国内生产总值(GDP)作为衡量经济发展和社会进步的核心指标。然而,随着社会的发展,人民的幸福感逐渐成为衡量社会进步的重要标准。根据联合国可持续发展解决方案网络于 2024 年 3 月 20 日发布的《2024 年全球幸福报告》,中国大陆的幸福指数在 137 个国家和地区中排名第 60 位,较上一年度上升 4 位①。这一排名虽然与中国人均 GDP 的世界排名相当,但过去 20 年来我国居民的幸福指数的提升并不主要取决于GDP,而是取决于失业率的降低以及社会保障制度的逐渐完善。

近年来,我国的发展理念正经历深刻转变,尽管经济增长仍是重要目标,但人民的自由、民主、公正、法治,以及民众的福祉逐渐成为国家和社会关注的核心议题。2004 年,中国共产党十六届四中全会提出"建设社会主义和谐社会";2012 年,党的十八大明确提出"经济建设、政治建设、文化建设、社会建设、生态文明建设五位一体"的总体布局。在党的二十大报告中,习近平总书记强调:"高举中国特色社会主义伟大旗帜,为全面建设社会主义现代化国家而团结奋斗。"这表明,党和政府在继续推动经济发展的同时,更加注重人民的自由、民主、公正、法治和福祉,提升国民幸福指数已成为国家的重要目标。

不仅如此,作为社会最重要的组成单元,越来越多的企业开始认识到员工的身心健康与幸福感对于企业长期发展的重要意义。根据《哈佛商业评论》的一项报告,相比于其他员工,具有高幸福感的员工,其整体绩效要高 16%,对组织的忠诚度要高 32%,工作满意度要高 46%,职业倦怠率要低 125%。根据麦肯锡大中华区的报告,幸福的员工能够激发组织活力,降低职业倦怠,从

---

① https://news. qq. com/rain/a/20240322A000X900?utm_source＝chatgpt. com。

而提升整体绩效①。此外,根据北京国际人力资本集团股份有限公司与清华大学社会科学学院积极心理学研究中心联合发布的《2023幸福企业白皮书》,构建幸福企业应该注重对职工的人文关怀,关注职工身心健康,重视并满足职工合理需求,提升职工在企业中的幸福感,这既是留住人才、践行社会责任、寻求发展的迫切需求,也是建设社会主义现代化国家并实现共同富裕的题中之意。为了提升员工的幸福感,建立一个可持续发展的、幸福的、健康的现代企业,一些企业开始转变管理方式、经营理念,在强调企业绩效、经济利润的同时,积极实践企业内部机制的优化、管理制度与管理理念的改变与更新。

尽管有一些改变,但根据智联招聘对5 000余名工作场所员工的调查数据,超过45%的被调查员工感到不幸福(得分60分以下,百分制),36.7%的人勉强感到幸福(60~70分),而只有5.4%的人感到职场幸福(85分以上)②。另外,根据英才网联与中国经济周刊、中国经济研究院联合进行的"职场人士幸福感调查",他们的调查结果与智联招聘的调查结果具有很大程度上的相似性③。

除去睡觉和吃饭时间,一个人60%以上的时间会花在工作相关的事情上。因而从某种意义上讲,一个人在工作中的状态很大程度上决定了其一生的状态。因此,提升员工在工作中的幸福感无论对于国家、社会、企业还是对个人而言,都是极其重要的。

然而,根据智联招聘的调查结果,工作场所中员工的幸福感并不强。那么,什么抹杀了工作场所中员工的"职场幸福感"?根据智联招聘的调查结果,如图1-1所示,对于工作场所员工最不满意的内容,排在前四位的分别是薪酬待遇、职业发展、心理情绪和福利制度,超过一半的被调查人员对这四项内容最不满意,尤其是薪酬待遇和职业发展,有2/3的职场人士表示最不满意。根据图1-2的调查结果,影响职业人士整体生活幸福感的因素中,超过2/3的职场人士表示身体健康、好工作以及家庭和睦是影响个人整体生活满意度的最重要三个因素,其余的因素都远远低于这三项因素。

---

① 资料来源:https://www.mckinsey.com.cn/幸福员工激发组织活力,摆脱职业倦怠是关键/?utm_source=chatgpt.com。

② 资料来源:http://article.zhaopin.com/pub/view/185633.html。

③ 资料来源:http://www.ceweekly.cn/2015/0320/106092.shtml。

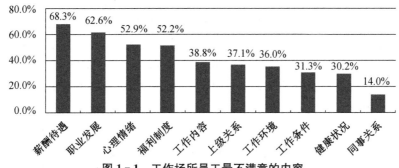

图 1 - 1 工作场所员工最不满意的内容

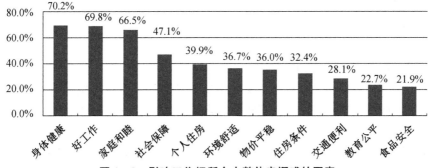

图 1 - 2 影响工作场所个人整体幸福感的因素

此外,在移动互联网与 IT 技术快速发展、市场竞争日益激烈的时代背景下,众多的互联网企业实行 996 的工作制;即使未明确规定实施 996 工作制的一些企业,其"加班"现象也非常严重,这都严重影响了企业员工的身心健康,影响着他们的幸福感。

综合上述的调查结果,可以得出:(1)工作场所中的大部分员工处于不幸福状态;(2)工作场所中员工最不满意的四项因素是薪酬待遇、职业发展、心理情绪以及福利制度;(3)身体健康、工作本身以及家庭和谐是影响员工整体幸福感最重要的三个因素。

因此,从企业人力资源管理实践的角度,要想提升工作场所中员工的幸福感,排除员工身体健康因素,提高员工的薪酬待遇、拓展员工职业发展空间、实现员工工作与家庭平衡或降低工作家庭冲突可能是三条最为重要的路径。

1.1.2 理论背景

作为一种重要的社会关系,雇佣关系对组织的生存与发展至关重要(Tsui, Pearce, Porter & Tripoli, 1997; Wang, Tsui, Zhang & Ma, 2003;

Hom，Tsui，Wu et al.，2009；Jia，Shaw，Tsui & Park，2014）。最近20年来，由于商业环境和员工组织关系的巨大变化，雇佣关系逐渐成为管理学研究中的重点问题。雇佣关系是指雇主与雇员之间的关系，是一种正式或非正式的经济、社会的和心理上的联结（Tsui，Pearce，Porter & Hite，1995；Tsui et al.，1997）。为了反映和抓住这些变化与联结，学者提出了很多重要的学术构念，包括员工心理契约（psychological contract，PC）和员工组织关系（employee-organization relationship，EOR）。员工心理契约是从员工的视角或从微观的视角来看待雇佣关系（Rousseau，1990），它描绘了员工对于雇主与雇员之间互惠义务与期望的感知与信仰。员工-组织关系则从组织的视角或宏观的视角来看待雇佣关系，被定义为"雇主对于员工做出贡献的期望以及雇主真实向员工提供的诱因"（Tsui & Wang，2002，p.105），这一构念由Tsui和她的同事首次提出（Tsui，Porter，Pearce & Hite，1995；Tsui，Pearce，Porter & Tripoli，1997）。

出于以下两个原因，本书主要采用员工-组织关系（人力资源管理期望贡献实践与诱因实践组合）这一框架并探索其对员工结果变量的影响。第一，在雇佣关系研究中，员工-组织关系的框架被学者广泛研究，并取得了一些重要的成果，显示出了这一模型的重要意义（Jia，Shaw，Tsui & Park，2014；Shaw，Dineen，Fang & Vellella，2009；Song，Tsui & Law，2009；Wang，Tsui，Zhang & Ma，2003；Zhang，Tsui，Song & Li，2008）。第二，由于工作场所治理、人才竞争与管理，以及人力资源管理系统的重要性日益提高和巨大变化，越来越多的雇主与组织对员工组织关系这一模型给予了重点关注（Shore，Tetrick，Taylor et al.，2004；Tsui & Wang，2002）。

根据组织向员工提供的人力资源管理诱因实践和人力资源管理期望贡献实践的类型与范围，以及期望员工做出贡献的类型与水平，Tsui等（1997）、Hom等（2009）以及Jia等（2014）将员工-组织关系（employee-organization relationship）划分为四种类型：相互投资型（期望员工做出更多的贡献并向员工提供更多的诱因或投资）、准现货契约型（期望员工贡献和向员工提供诱因均低）、过度投资型（向员工提供较多的诱因却期望员工做出较少的贡献）和投资不足型（更多的期望员工贡献，却向员工提供较少的诱因）四种雇佣关系类型。前两种是平衡的交换，后两种是不平衡的交换。因此，一个组织建立何种雇佣关系模式需要同时考虑向员工提供诱因的类型与范围，以及期望员工做出贡献的类型与水平（Tsui et al.，1995；Tsui et al.，1997）。提供的诱因或贡献包括物质性奖励和发展性奖励；而期望的贡献包括角色内绩效与角色外绩效，以及对组织心理和行为上的承诺（Jia et al.，2014）。基于Tsui等（1997）

提出的这一雇佣关系模式框架,先前的研究检验了员工-组织关系的多种类型的结果变量,包括组织绩效(Wang et al.,2003)、员工工作绩效(Tsui et al.,1997)、团队创造力(Jia et al.,2014)、创新(Bornay-Barrachina,la Rosa-Navarro,Lopez-Cabrales et al.,2012)、员工退出模式(Shaw et al.,2009)、组织承诺(Tsui et al.,1997;Zhang,Tsui,Song & Li,2008)、离职意愿(Hom et al.,2009)、组织公民行为(Tsui et al.,1997;Song,Tsui & Law,2009)等。

然而,这些员工-组织关系研究文献存在一个严重的疏忽。一方面,这些研究很大程度上仅关注那些组织或雇主视角的结果变量,而忽视了员工视角的结果变量,例如工作场所中的员工幸福感、职业发展前景、工作家庭平衡等。例如,在工作场所中,大多数员工期望组织能够给予员工尊重、公平和尊严(Anderson & Schalk,1998;Colquitt & Zipay,2015);员工期望自己能够在企业中有一个良好的职业发展(Anderson & Schalk,1998;Baruch,2006),另外,员工也期望自己的工作能够很好地实现工作家庭平衡或没有工作家庭冲突(Kossek & Ozeki,1998)。因此,无论从理论还是实践的角度,一种成功的员工-组织关系模式应该能够同时满足组织或雇主和员工需求和期望。另一方面,这些文献也仅仅检验了员工-组织关系的经济性结果变量,很少有研究探索雇佣关系模式对于人文性、社会福祉类结果变量,例如,员工幸福感、企业声誉和社会和谐,以及潜在的影响机制。同时,尽管在战略人力资源管理领域,一些学者开始关注人力资源管理实践对于员工幸福感的影响,但人力资源管理领域的大部分相关研究也过度强调经济性结果变量及其重要性,而忽视了研究人类福祉的重要意义(Tsui,2013;Tsui & Jia,2013)。一些学者已经认识到过度地强调经济性结果而忽视人文关怀将无法建立一个道德的、和谐的社会(Polanyi,2001;Cohan,2010;Tsui,2013)。例如,过度强调经济逻辑而忽视文化与政治逻辑是美国次贷危机产生的重要来源(Cohan,2010;Tsui,2013)。

鉴于此,一些组织与管理学者呼吁建立具有同情心的学术团体、让组织更有意义、做"好科学",以及在人文福祉方面投入更多的关注(Ryncs,Bartunek,Dutton et al.,2012;Tsui,2013)。因此,研究雇佣关系模式(人力资源管理实践组合)与员工幸福感之间的关系以及潜在的影响机制不仅能够回应这些学者的呼吁,对于丰富雇佣关系模式与员工幸福感的研究也具有重要的理论意义。

1.2 本书研究问题:如何提升员工主观幸福感?

雇佣关系模式是企业人力资源管理实践与政策的具体体现,也是人力资源管理实践与政策的集合(Tsui et al.,1997;Jia et al.,2014)。作为一种人力资源管理实践与政策的制度性安排,雇佣关系模式对企业员工的绩效、行为、态度、身体健康、幸福感知等具有重要的影响(赵曙明、席猛和蒋春燕,2016)。因此,工作场所员工工作绩效、工作家庭平衡(冲突)、职业发展前景感知、员工幸福感等在一定程度上取决于企业雇佣关系模式的选择与安排。

综合上述实践背景与理论背景,本书将主要研究这一理论问题:中国企业的雇佣关系模式(人力资源管理实践组合)是否能够影响工作场所中员工的整体幸福感?如果能够,如何影响,以及这种影响存在怎样的边界条件?

具体而言,这一问题可以划分为以下子问题:

第一,除了经济性结果变量外,雇佣关系模式能否预测工作场所中员工的非经济性结果变量?或者说,除了能够产生经济性结果变量外,雇佣关系模式能否形成对员工有益的人文福祉结果变量?如,提升员工的主观幸福感、促进员工职业发展、减少员工工作-家庭冲突。

第二,员工的绩效薪酬、职业发展,以及工作家庭促进(冲突)是否对组织中员工的整体幸福感以及情绪体验产生影响?如果有,怎样提高积极的影响或降低消极的影响?

第三,员工绩效薪酬、职业发展前景以及工作家庭促进(冲突)是否在雇佣关系模式与员工主观幸福感之间起到中介作用?

最后,本书也将研究雇佣关系模式影响员工主观幸福感可能存在的边界条件。本书拟研究绩效付薪感知、工作控制,以及工作/家庭需要对上述的三条路径可能存在的调节作用。具体而言,雇佣关系模式通过提升员工工作绩效进而影响员工幸福感这一路径可能受到员工感知到绩效付薪酬的调节影响,雇佣关系模式通过提升员工职业发展前景感知进而影响员工幸福感这一路径可能受到员工工作控制的影响,以及员工-组织关系通过减少工作-家庭冲突进行影响员工幸福感这一路径可能受到员工工作需求的影响。

总之,本书期望通过研究雇佣关系模式与员工幸福感之间的关系以及影响机制,构建一个组织中员工主观幸福感的提升模型,并期望通过实证数据验证这一模型,为中国企业提升员工幸福感提供借鉴意义。

1.3 研究对象与研究方法

1.3.1 研究对象与范围

结合本书的研究背景、研究问题与研究目的,本书主要选择以企业中的个体员工为主要研究对象。

本书研究的场景是组织、企业或工作场所。幸福感的内容研究多种多样,有的幸福感研究涉及家庭场景、有的幸福感研究涉及整个人生、有的幸福感研究不指定研究场景。本书将研究场景界定为组织、企业或工作场所,一是为了确定本书的研究对象,二是为了确定员工主观幸福感的研究内容。

在界定了研究场景后,本书研究的对象是组织、企业或工作场所中的员工。主要研究的是员工主观幸福感提升研究的理论构建与实证检验。虽然本书的研究内容可能对组织中的管理人员也适用,但考虑到管理人员与员工在工作性质以及工作内容方面的差异,本书并不以管理人员为研究对象。

幸福感涉及的内容是多方面的,包括心理幸福感、主观幸福感、享受幸福、现实幸福感等(Diener,1984;Ryff,1989;Kahneman,Diener & Schwarz,1999;Robertson & Cooper,2011)。考虑到本书的研究对象,本书主要选取员工的主观幸福感(包括整体满意度、积极情感和消极情感)(Diener,Scollon & Lucas,2009)作为具体的幸福感研究内容。

1.3.2 研究方法

依据本书的研究内容,拟有针对性地采用丰富而行之有效的研究方法:

理论研究与定性演绎。在整理和分析国内外已有文献的基础上,本书将结合已有的雇佣关系、人力资源管理、组织行为学和积极心理学等多领域的研究成果,较为全面地梳理已有的员工-组织关系、员工幸福感、工作家庭关系、职业发展前景等相关研究文献;以工作要求-资源理论等研究为基础,本书对员工工作绩效、员工职业发展前景感知、员工工作-家庭冲突、感知到绩效付薪、工作控制和工作需求等在影响员工幸福感的过程中发挥的中介作用与调节作用进行了理论推理和定性演绎,为企业进行系统的雇佣关系管理、制定员工幸福感提升策略提供了一定的理论思路。在已有理论与学术研究的基础上,本书较好地厘清了该研究领域各部分内容的逻辑关系和脉络,为后续研究提供坚实的理论基础。

定量研究与定性研究相结合。本书所需要的大部分数据主要采用问卷调查(定量研究)、半结构化访谈(定性研究)等研究方法收集。借助问卷调查的方式获取实证分析所需要的数据,并通过质性研究对本书提出的研究框架进行再次理论验证和拓展。同时,在预调研过程中,对参与企业的相关负责人进行充分访谈,形成了本书最终使用的问卷条目与理论研究模型。

实证检验。本书主要采用 SPSS17.0、HLM7.0 等统计分析软件对问卷调研收集的数据进行分析。主要使用的统计方法有信度分析、验证性因子分析、区分效度检验、相关分析、回归分析、跨层次回归分析、Sobel 检验、Bootstrapping 检验等,进而科学地对员工-组织关系与员工幸福感之间的关系以及影响机制进行较为全面的探索。

1.4　关注员工幸福感的价值

1.4.1　潜在的理论价值

第一,企业雇佣关系模式对社会、企业和员工的人文福祉有何影响?不同雇佣关系模式存在着不同的影响效果吗?其影响的机理是什么?对此问题的探究具有双重意义:一是响应学术界做"有同情心学术"的呼唤,从现有研究雇佣关系模式的效果主要关注其经济绩效,拓展至探讨雇佣关系对社会、企业和员工人文福祉效果;二是紧扣中国社会经济的发展节奏,响应时代召唤,探讨企业雇佣关系模式的人文福祉效果。2004 年,中国共产党十六届四中全会提出建设和谐社会,2012 年党的十八大明确提出"经济建设、政治建设、文化建设、社会建设、生态文明建设五位一体的总体布局,建设社会主义和谐社会"。在强调经济建设的同时,党和政府越来越多把精力和优先权放置于文化、政治、社会和生态文明建设上。诸如劳资和谐、企业社会责任、员工幸福等社会、企业和员工的人文福祉正是和谐社会的重要表征。因此,对这些问题的回答紧扣时代主题,具有重大的理论和实践意义。

第二,本书在关注企业雇佣关系模式对员工幸福感的直接影响外,还致力于打开雇佣关系模式影响工作场所员工幸福感的机制与原理,研究雇佣关系模式对工作场所员工幸福感影响的可能解释机制。现有研究重点探讨雇佣关系模式对员工态度行为和企业绩效的影响,主要从社会交换理论、社会结构理论和激励理论来解释影响机制(Song, Tsui & Law, 2009; Hom et al., 2009; Jia et al.,2014)。但是,如果考察员工幸福感,可能存在不同的解释机制。本书的研究拟根据工作要求-资源理论来解释企业雇佣关系模式如何提升工作场所员工幸福感,这将丰富和扩展关于雇佣关系文献研究,也能够增加工作要求-资源理论的应用范围和普适性。

第三,本书的研究也可能对员工工作-家庭冲突、职业发展前景感知、工作控制等文献产生贡献。员工的工作绩效、工作-家庭冲突以及职业发展前景并不是新的构念,以往的研究中或多或少有研究过其与员工幸福感之间的关系,但它们并没有在以往的研究中得到系统的评估。同时实证研究也未表明,这三个因素对于产生更高的员工幸福感是不可或缺的,本书的研究试图填补这些疏忽。

最后,员工幸福感是一个有着丰富研究的领域。在过去的 20 多年里,通过积极心理学提升人类幸福感已经成为一项运动(Seligman & Csikszentmihalyi, 2000; Seligman, Steen, Park et al., 2005)。这项运动由心理学家发起,他们也积极地参与其中。然而,却很少有管理学者参与到这项伟大的运动中来。对于每一个人、每个员工,除去睡眠时间,他们将有一半的时间花费在工作上。因此,提升工作场所员工幸福感不仅对员工具有重要的意义,而且对组织未来的发展、构建幸福企业、建设和谐社会也具有极其重要的意义。本书认为,管理的终极目的组织系统的井然有序与和谐生动,所以必须考虑其组成个体的心理状态与感知,并且,组织系统的井然有序与和谐生动也必然会影响甚至决定员工的心理状态与感知。从人文主义出发,作为研究管理的学者,我们的最终目的也应该是提升包括我们自己在内的所有人的幸福感。而本书的研究是从管理的角度考虑与提升员工幸福感的一次有益尝试。

1.4.2 潜在的实践价值

第一,先前关于雇佣关系模式的研究表明,在相互投资型与过度投资型雇佣关系模式下,员工能够展现更高水平的角色内与角色外绩效,包括员工工作绩效(Tsui et al., 1997; Hom et al., 2009)、创造力(Jia et al., 2014)、组织公民行为(Song, Tsui & Law, 2009),以及组织承诺(Tsui et al., 1997)等。本书的研究可能支持,在相互投资型与过度投资型雇佣关系模式下,员工能够展现出更强的员工幸福感。这样的研究结果对企业而言具有重要实践指导意义,即建立相互投资型或过度投资型雇佣关系模式不仅能够获得员工良好的经济性回报,也能够产生良好的非经济性回报,提高员工工作场所的幸福感。

第二,本书的研究结果可能表明,在投资不足型的雇佣关系模式下,即组织要求员工做出的贡献远远大于其获得时,员工的幸福感最低。这个研究表明,感受到被剥削是员工不幸福的根源,这也是目前我国劳动关系问题日益严重的重要原因之一(席猛和赵曙明,2014)。因此,对组织的一个重要启示是,尽量不要选择建立投资不足型雇佣关系模式。

第三,本书的研究可能会发现工作家庭平衡与促进、员工职业发展前景、工作控制等对员工幸福感增进的现实意义。本书的研究指出,工作家庭促进以及职业发展前景在雇佣关系模式与员工幸福感之间起着中介作用。这一结论对企业的一个启示是企业需要关注员工的工作家庭平衡问题、做好员工的职业生涯规划问题,以及提高员工的工作控制感或自主权。

最后,打造和谐社会、幸福社会的前提是建立和谐企业、幸福企业。本书的研究是从管理的角度研究企业中的员工幸福感问题,以及提出工作场所员工幸福感提升的三条路径,这为打造和谐企业、幸福企业、让组织更有意义提供了有益的借鉴,为企业制定员工幸福感管理与提升策略提供了思路与方向。

1.5 本书的研究内容与章节安排

本书旨在较为全面地探索与分析中国企业工作场所员工幸福感提升的理论与现实依据,采用理论与实证相印证的方法分析雇佣关系模式(员工组织关系)影响员工幸福感的机制、路径与边界条件。

首先,本书将全面梳理雇佣关系模式(员工组织关系)的现有文献,并根据工作需要-资源理论检验雇佣关系模式(提供诱因与期望贡献)与员工相关重要的结果变量的影响,包括工作场所员工整体幸福感与情绪体验;接着,本书将依据工作需求-资源理论、目标设定理论、社会资本理论以及边界溢出理论分析雇佣关系模式(提供诱因与期望贡献)对员工工作绩效、员工职业发展前景以及员工工作-家庭冲突的影响;再者,本书将进一步检验员工工作绩效、员工职业发展前景以及员工工作家庭冲突在企业雇佣关系模式与员工整体幸福感与情绪体验之间可能起到的中介作用。最后,本书将研究绩效付薪感知、工作控制以及工作需要对上述三条路径可能存在的调节作用,包括员工-组织关系通过提升员工工作绩效进而影响员工幸福感这一路径可能受到员工感知到绩效付薪酬的影响,员工-组织关系通过提升员工职业发展前景感知进而影响员工幸福感这一路径可能受到员工工作控制的影响,以及员工-组织关系通过实现家庭工作促进进行影响员工幸福感这一路径可能受到员工工作或家庭需求的影响。

具体地,本书的章节安排如下:

第一章，企业员工幸福感的研究问题由来。本章将主要介绍本书的研究背景、研究问题、研究对象与研究方法，以及研究的理论意义与现实意义，并且对本书的主要研究内容、技术路线进行较为详细的阐述。

第二章，文献综述。本章将主要针对雇佣关系模式（员工组织关系）和员工幸福感（员工整体幸福感与情绪体验）相关文献进行全面回顾与梳理；对研究涉及的员工工作绩效、职业发展前景、工作家庭冲突、感知到绩效付薪、工作控制以及工作需要等变量进行梳理与分析，为本书第三章的研究假设提供坚实的文献基础。

第三章，理论基础与假设提供。本章主要包括两个部分，第一是全面分析本书可能用到的理论，包括工作要求-资源理论、目标设定理论、社会资本理论以及边界溢出理论；第二是提出本书的研究假设和理论模型构建，进行详细阐述与分析。

第四章，研究设计与方法。本章将主要阐述本书的研究问卷设计、数据收集过程、变量的选用与测量、研究样本。

第五章，数据分析与假设检验。这一章主要是对收集到的样本数据进行分析、对本书提出的理论模型与研究假设进行验证。具体而言，首先，对收集的研究样本进行描述性分析；接着，对测量量表进行信度与效度检验；再者，本章将对变量之间的相关性进行分析并检验控制变量对于员工幸福感（员工整体幸福感与情绪体验）的影响；最后对本书的理论模型与研究假设进行检验，并对研究假设进行分析汇总。

第六章，研究结论与展望。本章首先对主要的研究结论进行了讨论与分析，接着更为详细地指出本书的理论贡献与实证意义；最后对本书的研究不足与未来研究展望进行阐述。

1.6　本书的研究思路

本书的技术路线与主要研究方案如下：

（1）根据本书确定的研究目的与研究内容，以及对现实问题的发现与分析，来检索本书涉及的文献，并对其进行分析、整理。

（2）建立初步的理论模型与实证模型，并针对研究内容与现实中发现的问题设计半结构化访谈问卷，然后对其他相关的资料进行收集、整理与分析。

（3）选择南京地区不同行业不同企业不同职业背景的员工进行半结构访谈，访谈的目的一方面期待对本书提出的研究模型再次进行验证，确保研究模型的稳健性与实用性;另一方面,也期待从质性研究的角度考量员工幸福感在企业中的演化机理。

(4) 根据上述确定的理论模型,设计、发放、回收调查问卷,然后对回收的样本问卷进行录入、整理与分析。

(5) 利用回收的数据进行假设检验,并汇总、分析各研究成果,为全面认识雇佣关系模式与员工幸福感之间的关系提供理论与实证支持,进而为建立幸福企业、和谐社会提供有价值的建设性的建议与对策。

1.7 可能的创新点

第一,研究内容独特。由于雇佣关系模式(员工组织关系)是从雇佣经济关系的角度出发研究员工与组织之间的关系,因此,迄今为止关于雇佣关系模式(员工组织关系)结果变量的研究基本集中在经济效益变量,而忽视了那些对于和谐关系有益的人文结果变量。本书首次将雇佣关系模式的研究聚焦于那些对于员工重要的变量上面,包括员工在工作场所的整体幸福感、情绪体验、工作家庭平衡、职业发展前景等。对于这些变量的研究迅速扩大了雇佣关系模式研究的范畴,为后续的雇佣关系模式研究提供了新的研究方向。另外,除了雇佣关系模式,本书还研究了三种影响员工幸福感的因素以及相应的边界条件。可见本书的研究内容具有非常强的创新性与独特性。

第二,研究理论视角新颖。雇佣关系模式的理论基础是社会交换理论,因此,目前学术界对于雇佣关系模式的研究也较多地采用社会交换理论对雇佣关系模式与结果变量之间的关系进行解释,而忽视了其他可能存在的理论解释视角。虽然 Jia 等(2014)学者用社会结构理论解释了雇佣关系模式(员工-组织关系)与团队创造力之间的关系,但新的理论视角还非常缺乏。本书主要采用了工作需求-资源理论解释了雇佣关系模式与员工幸福感、工作家庭冲突、职业发展前景之间的关系。同时,本书也采用了目标设定理论、社会资本理论以及边界溢出理论等理论对本书的理论基础进行了有益的补充。

第三,研究方法科学合理。首先,为了确定本书的理论模型合理性与严谨性,作者首先查阅了多种有关中国企业员工的幸福感调查报告,并根据调查报告提取出影响员工幸福感的核心要素;其次,为了丰富研究内容与提升本书政策建议的合理性和实践价值,作者将对来源于不同行业不同企业不同职业背景的 10 余名员工进行半结构化访谈,以确定影响工作场所员工幸福感最主要的因素,以及提供员工幸福感的方法与措施,更重要的是再次保证理论模型的合理性与严谨性;第三,本书采用的测量量表均是成熟的量表,并且经过了严格严谨的信度与效度的检验;第四,为了能够获得准确的调查结果、提高调研数据的严谨性,以及避免同源方差问题,本书分别调研了企业人力资源管理部门负责人、部门主管,以及部门员工,并获得相应的调研数据;最后,本书采用了多层次回归的研究方法对调研数据进行分析处理,以期待得到更为严谨的结果。

第四,研究结果具有重要的理论意义与实践价值。员工幸福感作为一个对于员工重要而非常对于雇主重要的变量,本书全面地梳理了雇佣关系模式(员工-组织关系)与员工幸福感之间的关系,为雇佣关系模式的研究提供了新的研究方向。其次,本书采用了工作需求-资源理论对雇佣关系模式与员工幸福感之间的关系进行了有效的解释,为雇佣关系模式的研究提供了新的理论视角。第三,本书提出雇佣关系模式影响员工幸福感的三种中介机制以及三种边界条件,为企业进行员工幸福感管理提供了丰富的实践启示和指导意义。进一步地,为企业进行幸福企业建设提供理论支撑与方法支持,为建设幸福社会、和谐社会提供有益的启示。

1.8 本章小结

本章内容首先介绍了理论研究背景和实践研究背景,提出本书想要研究的问题与研究目的,并介绍了本书的研究对象与研究方法,指出研究工作场所员工幸福感的潜在理论意义和实践意义。接着,对本书的研究内容、章节安排以及技术路线图进行介绍。最后,对本研究可能存在的研究创新进行分析与总结。

第二章　文献回顾

2.1　雇佣关系模式研究现状

2.1.1　雇佣关系模式的研究视角与概念界定

自 20 世纪初,雇佣关系,也称"工业关系或劳动关系(industrial relations or labor relations)",成为解决工业革命所带来的劳资冲突和社会问题的重要研究课题(Kaufman,2001;Osterman,2011)。到 20 世纪 80 年代,雇佣关系成为人力资源管理研究领域的重要研究课题,以应对全球化背景下的雇佣关系剧烈变化给人力资源管理实践带来的挑战(O'Reilly & Pfeffer,2000;Rousseau,1989;Shore & Coyle-Shapiro,2003;Shore et al.,2004;Tsui et al.,1995,1997)。

雇佣关系是指"雇主与员工之间的正式和非正式的经济、社会和心理联系"(Tsui & Wang,2002,p.78)。如果把"企业"看作参照系,那么研究雇佣关系有两种视角:外部视角和内部视角(Kaufman,2002)。

从企业外部研究雇主与雇员间关系,主要属于工业关系(industrial relations)研究范畴。其学科背景主要根植于制度经济学、劳动经济学,其主要观点是:(1)"劳动力天然地蕴含在劳动者身上,不是商品(labor is embodied in human being and is not a commodity)"(Kaufman,2010,p.74,p.79),所以用新古典经济学的供给-需求的均衡方法分析企业雇佣关系模式是不恰当的。(2)劳资关系是一个制度过程,不仅是由劳资双方,而且是由多方,如政府、工会、利益团体等,以及政治与经济等环境所决定的(Osterman,2011),所以仅由外部劳动力市场的供求关系,或仅由企业人力资源管理制定政策决定企业雇佣关系模式,都是不恰当的。(3)劳资冲突是不可避免的,仅由劳资双方是解决不了冲突的,冲突的解决需要第三方。第三方主要为两类,一是雇员利益代表的工会,另一是社会利益代表的政府、法院和社会保障。该观点把企业人力资源管理看作是外部解决方案的主要补充(Bennett & Kaufman,2004;Kaufman,2012)。(4)工业关系不仅关注企业绩效。该观点关注雇员幸福(employee wellbeing)和社会福祉(social welfare);并且把雇员利益看作重要的独立的最终目标(Kaufman，2002，2010)。

从企业内部研究雇主与雇员间关系，主要属于人事管理(personnel management，Kaufman，2000，2002)或人力资源管理(human resource management，Shore et al.，2004)研究范畴。如果说基于经济学视角着重从外部探究雇主与雇员间的关系，那么，自20世纪20—30年代的霍桑研究以来，"人际关系(human relations)"学说和行为科学让人们换个视角看待雇主与雇员间的关系：着重从企业内部的人事管理和人力资源管理来解决劳资冲突，提升企业绩效和社会福利。随着经济全球化，技术变迁加速，市场更加不确定，以及跨国公司的迅猛发展，人才成为企业持续竞争优势的主要来源。把雇员(人)看作企业的最重要的资源、核心资本和关键资产，管理日益多样化的雇员资产(多种族、多文化、多地区等)，以在多变和竞争激烈的全球市场中获取持续竞争优势，成为企业的首要任务(O'Reilly & Pfeffer，2000)。所以到1980年代，人力资源管理成为一门显学(Kaufman，2002)。作为人力资源管理的主要内容——雇主与雇员的关系，雇佣关系研究成为热点(例如，Hom et al.，2009；Jia et al.，2014；Robinson，1996；Rousseau，1989；Shaw et al.，1998，2009；Shore & Barksdale，1998；Tsui et al.，1995，1997)。研究者主要以工业心理学和组织行为学为理论基础，认为雇主和雇员之间的冲突并非不可避免，雇主可以通过不同配置的人力资源管理实践来满足雇员的需求，从而实现雇佣双方利益均等的和谐雇佣关系。从企业内部研究雇佣关系，由于角度不同，又形成了两个理论分支：组织(雇主)角度和员工(雇员)角度。

从组织角度看待员工与组织的关系，主要探讨在实际工作中，组织给员工提供了何种类型、何等程度的激励和报酬，以及组织要求员工完成何种类型、何等程度的工作与贡献。该研究主要沿着Tsui等(1995)关于员工-组织关系(employee-organization relationship，EOR)的开创性理论工作和Tsui等(1997)的初步实证研究向前推进。Tsui的雇佣关系的概念建立在Barnard(1968)的社会协作系统框架上。Barnard认为组织是一个协作系统，组织的成功依赖于组织对"效用交换"的管理。这种交换涉及组织提供的诱因(工资、权力、社会支持、参与)来交换雇员努力的数量和质量，这种效用交换创造的协作系统本身就是一种组织情境(Coyle-Shapiro & Shore，2007)。March和Simon(1958)明确地把这种"效用交换"模型演化为诱因-期望模型。Tsui等(1995)从组织角度出发，在Barnard(1968)及March和Simon(1958)的理论基础上开创性地提出了基于诱因-贡献两维度的雇佣关系分类模型。组织给员工的诱因主要指为员工配置完成任务所需的相应资源，这种资源的配置通过员工感知到的报酬来体现。这种报酬包括两部分：一部分是物质性报酬，包括工资、奖金、福利等以货币形式的狭隘的物质性报酬；另一部分是发展性报酬，包括充分的授权、支撑员工持续成长的培训、职业生涯的计划与发展等宽范围的人力资本投资；组织对员工贡献的期望指组织期望员工努力的数量和质量。组织对员工的贡献期望越高，即要求员工表现宽领域的任务外绩效和高组织承诺(Tsui et al.，1995)。组织对员工的期望也可以分为两部分：一部分是角色内的绩效，主要指保证契约内规定的员工需要承担的具体性工作的完成；另一部分是角色外的绩效，主要指表现出高的组织承诺，用新的工作方式和技术来完成工作，表现出高的组织公民行为等开放性任务的完成。Tsui等(1995)根据组织对雇员的诱因和组织对雇员的贡献期望是否对等提出了平衡性雇佣关系和非平衡性雇佣关系。Tsui 等(1997)又进一步地按照提供诱因和贡献期望两个维度的高/低构造出了四种形式的雇佣关系模式，分别命名为：相互投资型(或组织导向型)，准现货契约型(或工作导向型)，过度投资型和投资不足型雇佣关系模式。

从员工角度看待员工与组织的关系，主要探讨在实际工作中，个体员工所感知到的组织与自己之间的义务与责任。个体层次的雇佣关系本质上指的是个体对不同社会信息加工后的心理感知(Salancik & Pfeffer，1978)。该研究主要沿着 Rousseau(1989)关于心理契约(psychological contract)的开创性理论工作以及 Rousseau、Robinson 和 Shore(Robinson，Kraatz & Rousseau，1994；Robinson & Morrison，1995；Robinson，1996；Shore & Barksdale，1998)等系列实证研究向前推进。Rousseau(1989)的心理契约概念建立在Argyis(1960)、Levinson 等(1962)以及 Schein(1965)的相关工作的基础上。Argyis(1960)最早提出"心理工作契约(psychological work contract)"概念，来描述一线员工与其直接上司间"心照不宣的理解"或"默契"(implicit understanding)(p. 96)。Levinson 等(1962)把心理契约定义为雇员与雇主的"一系列相互期望(mutual expectations)"(p. 21)，Schein(1965)界定"相互期望""不仅包括报酬，而且包括员工和组织间的各种形式的权利、特权和义务"(p. 11)。Rousseau(1989)把心理契约定义为"交易个体对双方相互协定的条款和条件的信念"(p. 123)，信念的核心是双方感知到的承诺(perceived promises)。因此 Rousseau 的心理契约概念主要包括感知义务(perceived obligations)和感知相互关系(perceived mutuality)两方面。心理契约的研究主要沿着两个方向进行：一是着眼于感知义务的水平及其相互间的平衡性，类似 Tsui 等(1995，1997)的工作，研究者把心理契约分为平衡型和不平衡型，其中平衡型包括关系型和交易型两类，不平衡型包括雇员义务过度和雇员义务不足两类；研究不同类型心理契约的效果(Rousseau & McLean Parks，

1993；Shore & Barksdale，1998）。另一是着眼于感知义务完成情况，探究心理契约违背（breach of psychological contract）的前因与后果（Robinson & Morrison，1995；Robinson，1996）。如果把心理契约定义为交换双方感知到的义务和相互关系，那么，员工感知的雇佣关系对象可以是组织实体，也可以是其他的组织代理者，如工作伙伴、直接主管、HR 主管、高层主管、CEO，这样就衍生出许多构念，如感知的组织支持（POS）、团队成员交换（TMX）、领导-成员交换（LMX）等。这些构念都可以视作从雇员视角来看待的雇佣关系。

以上对现有雇佣关系文献中主要两类雇佣关系模式做了回顾，但正如本书在第一章中的理论背景所述，本书主要聚焦于企业内部视角下的雇佣关系，更具体的是指组织视角下的员工与组织关系。因此，本书采用 Tsui 等（1995，1997）的诱因-贡献框架下的雇佣关系模式，而非 Rousseau（1989）的心理契约框架下的雇佣关系模式。诱因-贡献框架下的雇佣关系被定义为"雇主期望从雇员那里获得的贡献以及雇主向雇员提供的诱因"（Tsui & Wang，2002，p.5）。这种关系聚集于实际的期望和实际的贡献，且这种关系通常被定义为工作层面或者相似的工作层面。一个企业可能对所有员工采用一种雇佣关系模式，也有可能针对不同类型的员工（如，销售人员、研发人员、行政人员等）采用不同的雇佣关系模式。

2.1.2 雇佣关系模式的理论基础与应用理论拓展

长久以来，研究雇佣关系模式（员工-组织关系）的主要理论基础和分析框架是社会交换理论（Blau，1964；Tsui & Wang，2002；Wang et al.，2003；Shore et al.，2003）。最早应用社会交换的观点研究雇佣关系问题的学者是 Barnard（1968）。他提出，组织是一个协作的系统，员工的贡献就是对组织诱因或投资的回报。然而他并没有深入探讨这种交换关系的实质内涵与形式。后来，Blau（1964）正式提出社会交换理论。基于 Blau（1964）的社会交换理论，雇佣关系或员工-组织关系的研究越来越丰富。

根据社会交换理论，雇佣关系或员工-组织关系本质上是组织与员工之间的交换关系，包含社会交换与经济交换两个方面。社会交换涉及一系列的互动，而这些互动能够产生一定的义务（Emerson，1976）。在交换理论中，互动通常是相互依赖的，并且随对方的行为变化而变化（Blau，1964）。社会交换理论的一个基本信条是关系随着时间的推移能够产生信任、忠诚和相互交流。社会交换能够平衡运行依赖一些原则，如互惠原则、交换原则、关系原则，以及其他一些较少研究的原则包括理性原则、利他主义原则、集体收获原则（大锅饭）、竞争原则；而在这些原则当中，无疑互惠原则是社会交换理论得以高效运行的最基本原则(Cropanzano & Mitchell,2005)。Gouldner(1960)指出,个体感知到的提供回报义务或责任取决于这个个体是否能够在与对方的互动中获得相应的交换或资源。经济交换与社会交换相互联系,但在性质和内容上存在着差异。社会交换更加强调交换的长期互动,内容更关注情感与精神,并不会对双方的责任和义务作出较为明确的规定;而经济交换则可能是短期的,更为强调通过明确的责任和义务来规定相关的行为或承担的职责。

在雇佣关系或员工-组织关系当中,即在 Tsui 等(1995,1997)的诱因贡献框架下,准现货契约型(工作导向型)雇佣关系模式是一种纯粹的经济交换,是指雇主向雇员提供短期、具体的经济诱因以交换雇员具体、量化的贡献。典型的工种如,无底薪或底薪非常少、主要依靠销售提成的销售代表。契约双方的贡献或诱因是非常明确的、具体的,也是短期的。相互投资型(组织导向型)的雇佣关系模式是一种社会交换关系(Blau, 1986),双方的权利和义务是宽泛的、开放的、长期的,而不是具体、明确、短期的。在这种关系下,雇主提供的诱因超越了短期的金钱奖励,而雇员的义务,即贡献,也超越了简单的工作绩效,还包括视组织或团队利益如自己利益一样重要。在不平衡的雇佣关系模式当中,当雇主期望雇员做出的贡献超过提供的诱因时,这种雇佣关系模式被称为投资不足型 雇佣关系模式;而当雇主期望雇员做出的贡献低于雇主向雇员提供的诱因时,这种雇佣关系模式被称为过度投资型雇佣关系模式。

随着时代的发展、商业环境的变化以及组织内工作场所、工作方式的变迁,雇佣关系模式的内涵与外延也在不断地发生变化。一些学者开始采用新的理论来解释雇佣关系模式与结果变量之间的关系。例如,Zhang、Song、Tsui 和 Fu(2014)同时采用社会学习理论和社会交换理论来解释雇佣关系模式与结果变量之间的关系。社会学习理论能够解释个体能够通过学习社会环境后以社会期待的、合理的方式来表现自己的行为(Grusec,1992;Khan & Cangemi,1978)。环境权变因素包括强化和认知加工。强化可以通过外部机制,如暴露在奖励和反馈中;认知加工,如暴露在理想行为的指导和榜样下。环境系统——提供诱因和期望贡献——与两种强化因素相对应。提供诱因可能通过直接的奖励来塑造员工的行为,而期望贡献通过认知加工来影响员工的行为。因此,他们提出一个双路径模式并依据社会交换理论(Blau, 1964)和社会学习理论(Bandura,1977)来分析为什么雇佣关系模式中的提供诱因与期望贡献对员工的影响是存在差异的。他们利用社会学习理论中的外部强化机制和社会交换理论来解释员工如何对提供诱因作出反应;用社会学习中的认知强化和心理授权理论来解释员工如何对期望贡献作出反应。

此外,Jia、Shaw、Tsui 和 Park(2014)从社会结构的视角来解释雇佣关系模式与团队创造力之间的关系。社会资本文献表明,工作团队如同个体一样可以被视为信息处理单元,能够编码、存储和检索信息(Nahapiet & Ghoshal,1998;Sparrowe,Liden,Wayne & Kraimer,2001)。对于组织中,特别是网络中,社会资本是如何形成的,Nahapiet 和 Ghoshal(1998)总结了工作相关的信息交流、知识转移,以及整合的四个理论前提:第一,个体能够发展紧密的沟通网络;第二,团队成员能够创造价值(或有价值期望),即使最后的结果存在不确定性;第三,团队成员相信自己能够获得个人价值;第四,团队能够利用沟通网络形成优势。Jia 和他的同事认为,雇佣关系模式的两个维度——提供诱因和期望贡献——对于社会资本的形成有直接的作用,特别是团队成员之间的工作相关的沟通密度。在雇佣关系模式中,提供诱因包括发展性奖励与物质性奖励。通过采用高水平的发展性奖励,如职业发展机会、授权、决策参与、培训等,雇主向雇员传递这样的信号,即雇主想要发展长期的雇佣关系并乐意向员工进行投资。而更多直接的物质性奖励,如竞争性的薪酬水平和福利,也表明了雇主对人力资本的一个长期、实质性的投资。基于 Nahapiet 和 Ghoshal(1998)形成交流联系的前提条件,提供诱因能够为团队成员创造机会以形成和固化相互联系。而对于高水平的期望贡献,团队主管通常会设定高的绩效标准、强调团队合作、期待快速准确地完成任务(Shaw et al.,2009)。同样,基于 Nahapiet 和 Ghoshal(1998)的模型,期望贡献与动机基础的前提条件高度相关。相比于提供诱因,高水平的期望贡献提供了更大的价值期望。与价值期望相关,雇主与雇员也能够期望这一过程能够实现个人价值。因此,Jia 和他的同事(2014)提出,当提供诱因高的时候,期望贡献与团队成员工作相关沟通密度是正向相关的,但当提供诱因低的时候这种正向关系将会减轻。

以上是对雇佣关系模式主要理论基础和一些新应用的理论的回顾。为了拓展雇佣关系模式的应用理论,本书一方面以工作要求-资源理论为基础来解释雇佣关系模式与员工主观幸福感之间的关系;另一方面,本书也将引入其他理论,包括目标设定理论、社会资本理论以及边界溢出理论,来解释本书的具体研究内容。

2.1.3 雇佣关系模式的影响前因与影响结果

2.1.3.1 雇佣关系模式的前因变量研究

早期对于员工-组织关系(雇佣关系模式)前因变量的研究更多的是停留在概念或定性层面上。例如,Tsui 等(1995)从概念层面上提出,有大量的因素可能会影响员工-组织关系的选择,包括外部环境因素,如经济、政府规范、产业以及劳动力市场条件,和内部因素,如企业战略、技术、组织结构、文化等。

这些因素可能会影响一个企业采取何种雇佣关系模式。具体而言,在技术更新换代特别快的行业如高科技行业,企业为了培育人力资本、实现可持续竞争优势,更倾向于采用相互投资型雇佣关系模式。但是在技术稳定的行业如代工行业,企业追求是如何能够对各种生产要素最优化配置,从而实现最高规模经济;人力资源作为生产要素中的一种只是为了使其他生产要素功效发挥到最大化,雇佣双方权责义务界定得十分清晰,因此企业更倾向于采用准现货契约型雇佣关系模式。行业竞争激烈程度与雇佣关系模式之间的关系可能更为复杂,其还受其他情境因素的影响。比如在中国情境下,竞争激烈的行业如代工行业,像富士康这样的行业龙头采用的是准现货契约型雇佣关系,但是在竞争激烈的行业如通信器材行业像华为、中兴等企业采用的是相互投资型雇佣关系。产业发展阶段与雇佣关系模式的关系也较为复杂,可能受到不同情境因素的影响。但是作为主效应总体来讲,在产业发展初期,企业主要采取单一型雇佣关系模式;在产业发展成熟期,企业基于对人力资本价值性、稀缺性、可替代性等因素将企业内部细分出不同类型的岗位,因此主要采取混合型雇佣关系模式(Tsui et al.,1995)。与此同时,他们也呼吁能够有更多的研究检验这些因素对于雇佣关系模式选择的影响。另外,Lepak 和 Snell(1999)在他们的一篇人力资源结构的概念文章中指出,员工知识和技能的独特性与价值会影响雇佣关系模式的选择。例如,过度投资型的雇佣关系模式可能应用于那些具有独特价值且在劳动力市场较为稀缺的员工身上。相反,当人力资本充足且价值性不高的时候,企业更有可能采取投资不足型的雇佣关系模式。因此,技术与工作特征有可能是雇佣关系模式选择的一个重要潜在前因。企业家因素也有可能影响企业雇佣关系模式的选择。比如,企业家和高管团队作为企业的主要决策者也是企业雇佣关系模式决策的主要制定者,决策必然反映其个人特征及个人偏好,因此企业家和高管团队的价值观、领导风格、社会网络等可能是企业建设和形成雇佣关系模式的重要影响因素。

逐渐地,一些实证研究开始检验影响企业雇佣关系模式选择的因素,如人力资源管理特征、所有权结构、领导特征等(赵曙明,席猛和蒋春燕,2016;张一驰,2004;Delery & Doty,1996)。例如,Delery 和 Doty(1996)把高承诺工作系统看作是最佳人力资源管理实践,而 Huselid(1995)认为高绩效工作系统必须和企业层次或个体层次的一些特征或策略相匹配,从而才能使其产生更有效的积极作用。如此,不同类型的企业人力资源管理实践将会影响企业建立和形成不同模式的雇佣关系。比如采用高绩效工作系统实践的企业由于其致力于全方位发展员工的素质,并且鼓励员工为企业做出各方面的贡献,其更加倾向于采用相互投资型雇佣关系模式;采用外包人力资源管理实践的企业由于其将企业对员工的要求和企业提供的报酬界定得很清楚,其更加倾向于采用准现货契约型雇佣关系模式。赵曙明、席猛和蒋春燕(2016)也认为,人力资源管理特征,即人力资源管理在企业中的重要性与人力资源管理部门能力,是影响企业雇佣关系模式选择的重要因素。人力资源管理在企业中的相对重要性越高、人力资源管理部门能力越强,企业越会选择组织导向型(相互投资型)雇佣关系模式;反之,企业则会选择工作导向型(准现货契约型)雇佣关系模式。张一弛(2004)运用 Tsui 等(1997)"贡献-诱因"(或"贡献-激励")的四分法雇佣关系模式理论分析了我国企业所有制类型对企业所采用的雇佣关系模式的影响,并比较了传统国有企业、外资企业和民营企业在对经理人员提出的期望和提供的激励方面存在的差别。实证分析结果表明:(1)运用激励-贡献四分法雇佣关系模式在我国雇佣关系研究中具有可行性;(2)组织中心型的雇佣关系是当前各种所有企业雇佣关系的主导模式;(3)在对经理人员提供的职业化管理行为方面,传统国有企业显著低于非国有企业,但是在对经理人员具有良好的工作态度方面,传统国有企业显著地高于非国有企业;(4)在为经理人员提供的发展性报酬方面,传统国有企业显著低于非国有企业,而在为经理人员提供的物质性报酬方面,传统国有企业和民营企业都显著低于外资企业。康力与石金涛(2011)发现,以过度投资型雇佣关系模式为基准,领导成员交换对相互投资型雇佣关系模式有正向影响,对准现货契约型雇佣关系模式有负向影响。

总之,企业员工-组织关系既受到组织内部因素如人力资源管理实践、企业家特征的影响,同时,也受到组织外部因素,如工会和党组织、集体谈判制度等的影响。但对于员工-组织关系前因变量的实证研究还需要加强,也是员工-组织关系未来研究的一个重点。

2.1.3.2　雇佣关系模式的结果变量研究

相较于对员工-组织关系前因变量的研究,学者对于雇佣关系结果变量的研究成果较为丰富。员工-组织关系不仅对个体层面的员工态度、员工行为和员工绩效产生重要影响,还会对团队层面因素如团队创造力,组织层面的因素如组织氛围、组织绩效等,产生重要的影响。在员工-组织关系与结果变量研究当中,多数的研究获得较为一致的结论,即相互投资型(组织导向型)雇佣关系模式下的结果变量更多是积极、正面的,而准现货契约型(工作导向型)雇佣关系模式下的结果变量更多是负面、消极的。

(1)员工个体层面的结果变量

在个体层面的员工态度方面,员工情感承诺和对同事的信任在相互投资型和过度投资型雇佣关系模式中最高(Song, Tsui & Law, 2009;Tsui et al.，1997；Zhang，Song，Tsui & Fu，2014；马箭，2014)；中层经理人员对组织的信任在相互投资型雇佣关系模式下是最高的，而在准现货契约型雇佣关系模式下是最低的(Zhang，Tsui，Song et al.，2008)；相互投资型和过度投资型雇佣关系模式下的员工基于组织的自尊心更强(包玲玲和王韬，2011)；员工的职业幸福感、工作满意度以及身心健康在相互投资型雇佣关系模式下最高(李召敏和赵曙明，2015)；离职意愿在相互投资型雇佣关系模式下最低(李召敏和赵曙明，2015；Tsui et al.，1997；Hom，Tsui，Wu et al.，2009)；员工感受到的组织支持感在相互投资型雇佣关系模式下最高(徐燕和周路路，2012)。

在个体层面的员工行为方面，员工组织公民行为在相互投资型雇佣关系模式中是最高的(Tsui et al.，1997)或者两者之间的关系是正向的(Song，Tsui & Law，2009)，员工缺勤频率在相互投资型雇佣关系模式中最低(Tsui et al.，1997)；员工创造力和员工创新行为在相互投资型雇佣关系模式下是最高的或者两者是正相关的(郭桂梅和段兴民，2008；康力，2011；郭桂梅和赵曙明，2011)；员工的职业目标进展、职业能力、晋升速度以及薪酬增长在相互投资型的雇佣关系模式下最高，在投资不足型雇佣关系模式下最低(徐燕和周路路，2012)；员工的助人行为在相互投资型雇佣关系模式下也最高(包玲玲和王韬，2011)。

在个体层面的员工绩效方面，相互投资型雇佣关系模式与员工的任务绩效正相关，准现货契约型雇佣关系模式与员工任务绩效负相关(Song，Tsui & Law，2009)。除了员工的态度、行为和绩效外，一些学者也发现，相互投资型或过度投资型雇佣关系模式下的员工工作嵌入(Hom，Tsui，Wu et al.，2009)、内在动机(郭桂梅和赵曙明，2011)、心理授权(Zhang et al.，2014)、心理所有权(俞明传，顾琴轩和朱爱武，2014)、正面情绪(Shin，Taylor & Seo，2012)是最高的或者两者之间的关系是正向的。

虽然绝大部分学者对于雇佣关系模式与结果变量的研究结论是类似的，但也有一些不一样的地方。例如，Tsui等(1997)发现，员工任务绩效在准现货契约和投资不足型雇佣关系模式中是最高的；徐燕和周路路(2012)发现，员工的组织支持感在投资不足型的雇佣关系模式下是最低的。

(2) 团队与组织层面的结果变量

相较于雇佣关系模式与个体层面的结果变量研究，学者对于雇佣关系模式团队层面和组织层面结果变量的研究相对较少，但也得出了一些较为一致的结论。在团队层面，Jia等(2014)依据社会结构视角，提出相互投资型雇佣关系模式下的团队成员沟通密度最高，员工的团队创造力也更强；而准现货契约雇佣关系模式下的团队成员沟通密度和团队创造力最低。另外,员工的群体公民行为和集体效能感在相互投资型雇佣关系模式下是最高的,在投资不足型雇佣关系模式下是最低的(许虎和蒋慧荣,2011)。而在组织层面,李召敏和赵曙明(2015)研究发现,企业的劳资和谐程度和企业声誉在相互投资型的雇佣关系模式下是最高的。Wang等(2003)研究发现,企业的绩效在相互投资型雇佣关系模式下是最高的;然而,当一个企业采取探索型战略或者企业完全是私有的时候,投资不足型而不是相互投资型的雇佣关系模式能够给组织带来更多的竞争优势,其组织绩效也更高。

从对于雇佣关系模式前因变量和结果变量研究的文献回顾中,可以看出,学者对于雇佣关系模式结果变量的研究要远多于前因变量的研究;而在对雇佣关系模式结果变量的研究中,个体层面的结果变量研究又占据了大部分内容。对于这些研究,徐云飞、席猛和赵曙明(2017)在员工-组织关系的文献综述中整理了一份员工-组织关系研究框架(如图2-1);同时,他们也提到,学者对于雇佣关系模式的研究虽然很多,但远远没有达到充分的程度,未来对于雇佣关系模式前因变量和结果变量的研究还应该加强。

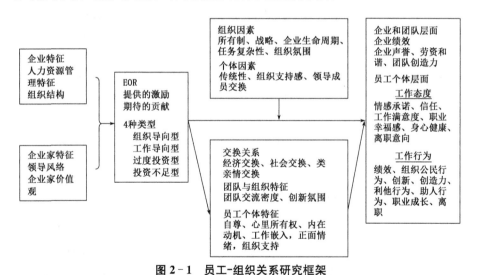

图2-1　员工-组织关系研究框架

2.1.4　雇佣关系模式研究述评与小结

在过去的近30年里,无论是中国还是美国,由于员工-组织关系的巨大变化,学者对于雇佣关系的研究日益增多(Hom et al.,2009;Shore,Porter & Zahra,2004;Tsui et al.,1997;Tsui & Wang,2002)。虽然现在文献对于员工-组织关系的概念界定、测量、前因变量以及结果变量的研究有了较多的探索，但是仍然存在着大量的研究值得学者深入探讨。

正如前述分析提到的，学者对于员工-组织关系前因变量以及结果变量的研究还远远没有达到充分的地步。众多影响员工-组织关系的前因变量，如企业外部因素，包括劳动法、工会、党组织、集体谈判等制度因素，以及企业内部因素，包括企业人力资源管理实践、企业工会与党组织、企业集体谈判制度、企业文化、企业规模、企业生命周期、企业所有制、企业家与高管团队的价值观与领导风格等因素，大部分还停留在概念或理论层面上，缺乏实证性的研究。这些在徐云飞、席猛和赵曙明（2017）的文章中也提到了。

前述分析提到，学者对于员工-组织关系结果变量的研究较多地考察了个体层面的行为、态度和绩效，而对于团队层面和组织层面结果变量的研究还非常缺乏。与此同时，对于现有变量的研究更多地关注经济性的结果变量，而忽略了人文性的结果变量。因此，未来对于雇佣关系模式的研究不仅需要更多地关注团队层面和组织层面的结果变量，还需要关注一些人文福祉性质的结果变量，如企业和谐、劳资和谐、幸福企业建设、员工幸福感等。

本书上述回顾了雇佣关系模式研究的基础理论是社会交换理论，同时，一些学者尝试新的理论视角，如社会交换理论和社会学习理论（Zhang，Song，Tsui & Fu，2014）、社会交换理论和工作嵌入理论（Hom et al.，2009）以及社会网络框架（Jia et al.，2014）来理解、解释和预测雇佣关系模式与结果变量之间的关系。然而，相比于其他构念的研究，学者对于采取新的理论来研究雇佣关系模式（员工-组织关系）与结果变量之间的关系还较少。因此，未来的研究可能需要关注更多新的理论视角。

2.2 员工主观幸福感

1967 年，Warner Wilson 对主观幸福感（subjective well-being）作一个简要的回顾，基于有限的数据，Wilson 总结了一个幸福的人应该是这样的："年轻、健康、受过良好的教育、收入丰厚、外向、乐观、没有烦恼、有宗教信仰、已婚、高自尊、工作舒适、适度的自我激励、有智慧"（p. 294）。

自 Wilson 的综述发表以来，主观幸福感的研究已经跨越了半个世纪。在这 50 年里，学者对主观幸福感做了大量的研究，经过多个发展阶段。苗江元（2011）指出，学者对于主观幸福感的研究大概经历了以下几个阶段：早期阶段是调查人们的幸福感，主要是回答什么样的人幸福感是比较高的；中期阶段主要是解释一个人幸福感产生的内在机制,例如用人格理论(personality theory)、活动理论(activity theory)、目标理论(telic theory)以及判断理论(judgment theory)来解释幸福感的心理机制;近期阶段主要是对幸福感进行理论构建和编制测量量表,如 Diener 等的总体生活满意度量表以及 Bradburn 的情感量表,包括积极情感、消极情感以及情感平衡;而在现代阶段,主要是研究幸福感的应用问题,如"幸福指数"的应用;最后在未来阶段,主要是提供幸福感,如果通过积极心理学中的幸福感"操控"进而增加"幸福量"。

尽管苗江元(2011)按照时间的顺序对主观幸福感的研究进行了回顾与总结,但本书并不打算继续沿着这一思路对主观幸福感研究进行更为详细的梳理与总结。根据本书的研究需要,本书将主要回顾主观幸福感的概念、结构与测量、部分理论模型、重要前因以及现有研究中提升工作场所员工主观幸福感的思路与方法。

2.2.1 幸福感的概念界定

在心理学的研究中,幸福感如同一把大伞,是众多构念的一个集合,包括心理元素、认知元素、情感元素、社会的以及身体元素(Diener,1984;Ryff,1989;Kahneman,Diener & Schwarz,1999;Robertson & Cooper,2011)。不同的学者由于研究视角的差异,对幸福感的定义及其包含内容的界定存在着一定的差别。通常有两种对幸福感进行定义的方法:(1)享受主义的方法(hedonic tradition),即强调开心、积极情感、低的消极情感,以及生活满意度(如,Bradburn,1969;Diener,1984;Kahneman,Diener & Schwarz,1999);(2)幸福主义方法(eudaimonic tradition),即强调积极的心理功能和人的发展(如,Rogers,1961;Ryff,1989;Waterman,1993)。尽管在方法上的差异,但多数学者认为,幸福感是一个多维度的构念(Diener,2009;Stiglitz,Sen & Fitoussi,2010;Robertson & Cooper,2011)。一般而言,幸福感包括主观幸福感(subjective well-being)和心理幸福感(psychological well-being)。

Shin 和 Johnson 将主观幸福感定义为"一个人根据自己选择的标准对生活质量的整体性评价"(1978:478)。而 Diener,Lucas 和 Oshi(2002)认为主观幸福感通常被定义为"一个人对于生活的主观(cognitive)的和情感(affective)的评价"(p.63)。认知元素(cognitive element)是指一个人对他/她从整体上(将生活视为一个整体)和相关领域内(特别是工作、关系等)的生活满意度的评价。情感元素(affective element)即情感(emotions)、情绪(moods)或感觉(feelings),当体验到的情绪、感觉是愉悦的时候(如,开心、兴高采烈等),情感(affect)就是积极的,即积极情感。而当体验到的情绪、感觉是不愉悦的(如,内疚、生气、羞耻等），情感就是消极的，即消极情感。如果一个人拥有高水平的生活满意度以及体验到更多的积极情感和较少的消极情感，那么这个人就有高水平的主观幸福感。因此，主观幸福感主要包括三个成分：积极情感、消极情感和生活满意度（Diener，Suh，Lucas et al.，1999）。

对于心理幸福感，Jahoda(1959)指出，一个人有多种健康的心理机制：自我接受、现实感知、自主权、环境掌控、与他人积极的关系、成长与发展，以及人格整合。Ryff 和 Singer(1996)以及 Ryff(1989)认为，一个人的心理幸福包含积极的心理状态以及一个人在不同人生阶段需要面临的挑战，包括自我接受、与他人积极的关系、自主权、环境掌控、生活目标，以及潜力实现。Waterman (1993)则认为，心理幸福感是一个积极的心理功能，包括个人表现的幸福（也叫现实幸福感，eudaimonia）和享受幸福感（hedonic enjoyment），同时也强调真我的实现（true self）。

本书主要关注工作场所中员工的主观幸福感，但这并不意味着工作场所中员工的心理幸福感是不重要的。然而，在工作场所中，工作相关的因素能够更为直接地影响一个人的主观幸福感，包括工作相关的整体满意度、积极情感与消极情感。

2.2.2　主观幸福感的结构与测量

如上文所述，通常而言，主观幸福感主要包括三个成分，即生活满意度、积极情感和消极情感。三者之间是相互独立的，并且是被单独测量和研究的（Andrews & Withey，1976；Bradburn，1969；Lucas et al.，1996）。因此，当积极情感出现的时候，不代表消极情感的消失；反之亦然。但 Diener、Scollon 和 Lucas(2009)提出，主观幸福感的主要成分应该有四种：积极情感、消极情感、整体生活评价以及领域满意度（具体见图 2-2）。尽管这些成分在一定程度上是相关的，但它们都提供了评价一个人主观生活质量的特有信息。

2.2.2.1　积极情感与消极情感

积极情感与消极情感反映了一个人对生活中不间断发生事情的基本体验，也是主观幸福感的基本组成部分（Frijda，1999；Kahneman，1999）。情感评价（affective evaluations）主要是对情感（emotions）和情绪（moods）的评价。尽管学者对积极情感和消极情感的本质和关系有一定的争议，但情感（emotions）通常是指对具体事件或外部刺激的短期、限时的反应（Frijda，1999），而情绪（moods）是指更为分散的情绪体验，而这种情感体验可能与具体的事件无关（Morris，1999）。通过研究个体体验到的不同情绪反应，我们能够更好地理解人们评价生活中的条件和事件的方式。

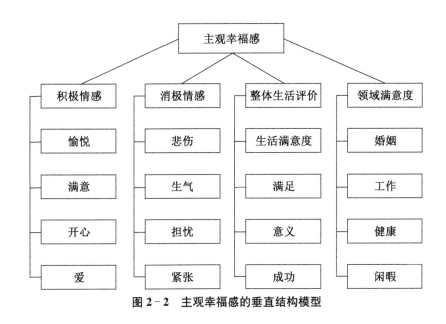

图 2-2　主观幸福感的垂直结构模型

Diener、Scollon 和 Lucas(2009)认为,学者通常有两种方式来测量一个人的情感评价。第一种方法是先识别和确定一些基本的特征情绪,然后通过检验这些基本特征情绪的变异以确定哪些情感(emotions)是最基本的。例如,Frijda(1999)提出情感有五种基本特征。第一,情感涉及情绪,与愉悦或痛苦相关;第二,情感包括对事务好坏的评价;第三,情感的诱发与行为的变化有关;第四,情感通常是自动觉醒的;最后,情感通常涉及认知活动的改变。通过检验这些特征的变异,研究人员识别了一些基本情感。第二种测量基本情感的方式是维度法。研究人员认为,情绪与情感在个体之间随着时间的推移可能是高度相关的。例如,一个人如果体验到高度的悲伤,他/她也可能体验到程度较高的恐惧和焦虑。情感之间的高度相关性表明这些情感的产生可能存在着相同的内在机制。因此,根据情感的维度识别法,研究人员能够识别一些人们体验到的一些情感的基本维度(Zelenski & Larsen,2000)。

尽管学者识别了情感的两个基本维度,但一些学者在积极情感与消极情感是否是真正相互独立的维度上仍然存在着争议(Diener,Scollon & Lucas,2009)。一些研究人员认为,积极情感与消极情感是两个极端,是完全相互独立的(Diener & Emmons,1985)。因而,一个人不可能同时体验到积极情感或消极情感(Diener & Iran-Nejad,1986),但随着时间的推移,一个人有可能体验到这两种情感。但是,一些学者认为,在特殊的情况下,一个人可以同时体验到积极情感与消极情感(Larsen et al.,2001)。

对于积极情感与消极情感的强度与频率问题，一般学者认为这两者是存在差异的，即一个人体验的情感强度程度与他感觉到这些情感的频度并不是一回事。Schimmack 和 Diener(1997)研究发现，情感的强度独立于情感的频率。情感的频率可能通过计算一个人在一定时期内体验到某种情绪的次数来衡量；而情感的强度可以通过计算这个人感受到这种情感的平均强度来衡量。Diener 等(1991)的研究发现，对于一个人的整体幸福感而言，情感体验的频率要比情感体验的强度更重要。这是因为(1) 导致积极情感强度的机制通常与导致消极情感强度的机制是一样的，因而同样强度的积极情感与消极情感能够相互抵消(Larsen et al. , 1987；Diener et al. , 1992)；(2) 情感的强度应该不会影响一个人的整体幸福感水平，因为极端强度的情感体验是非常少的(Diener et al. , 1991)；(3) 以频率为基础的情感测量更容易进行测量(Kahneman，1999)。因此，测量一个人的情感体验，更适合的方法是测量这个人在一段时间内的某种情感体验的次数。

总之，情感(affect)反映了一个人对于他的生活条件与状态的持续性评价，是这个人主观幸福感的重要组成部分。如果一个人体验到较高程度的负面情感，很难说明他是一个有较高幸福感的人。然而，情感性的幸福感(affective well-being)并不能完全代表一个人对于生活状态的整体评价。因此，除了情感性幸福感，我们还需要评价一个人整体幸福感的其他方面。

2.2.2.2　生活满意度

生活满意度是指一个人对其生活质量的整体性评价，即一个人对他的生活状态和条件的重要性进行衡量并按照不满意到满意的程度进行打分。一些研究表明，一个人目前的情绪状态可能会影响他对于生活满意度的评价(Schwarz & Clore，1983)，但在大部分情况下，一个人对生活满意度的评价是较为稳定的(Magnus & Diener，1991；Ehrhardt et al. , 2000)，这是因为一个人对满意度的评价是基于某一时点的综合信息，而且这些信息在一定的时间内基本上是会保持不变。另外，一个人可能会通过与重要标准的比较来对生活满意度进行评价。例如，一个人会通过比较自己与周围人的收入或比较自己现在和过去的收入来判断当前的满意度状态(Cambell et al. , 1976)。有趣的是，人们选择评价标准的时候是灵活的。因而，社会比较的结果并不总是一致的(Diener & Fujita，1997)。一些人可能选择比自己优秀的人作为比较标准并视为榜样，从而导致积极的幸福感；而有些人可能通过这样的比较导致负面的幸福感。

用生活满意度来作为主观幸福感测量的一个优势是它能够从整体上获得一个人的幸福感知。尽管不同的个体可能选择各自的标准进行判断，但这些标准可能在不同的个体间是适用的,而且这些标准是相关的。

2.2.2.3 领域满意度

主观幸福感的第四个成分是领域满意度(如,婚姻、工作、健康等)。领域满意度反映了一个人对他生活中具体领域的评价。如果一个人能够对生活中所有的重要的领域进行评价,那么这些评价就构成了整体生活满意度。然而,不同个体对于生活中不同领域的重要性程度的看法是存在差异的。Diener et al. (2002)认为,幸福的人可能更为看重生活中表现好的领域(婚姻、工作、健康等),而不幸福的人则可能对生活中表现不好的领域看得过重。例如,学生可能更加关注学习成绩,而老人则可能会过多地关注健康以及社会和家人的支持。另外,如果想要测量员工在工作场所中的幸福感,工作相关的满意度量表可能比整体幸福感量表能够提供更多有价值的信息(Diener, Scollon & Lucas, 2009)。因此,领域满意度不仅反映了一个人生活满意度的重要组成部分,也能够对评价一个人的整体幸福感提供独有的价值。

以上是对于人们主观幸福感各个主要维度的概念以及测量的回顾。本书研究关注的焦点是工作场所中员工的主观幸福感。因而,在本书的研究中,生活满意度与领域满意度存在着重叠之处。因此,本书中员工主观幸福感的研究内容包括员工在工作场所中的整体生活满意度、员工在工作场所中体验到的积极情感和消极情感。另外,在第四章中,本书在测量员工主观幸福感变量时,会明确告诉员工本书的研究情境,并在测量时会对变量测量条目的表述作一定程度的微调,以适应工作场所这一情境。

2.2.3 员工主观幸福感研究中的理论模型

2.2.3.1 动态均衡理论

Headey(2006)认为,一个合适的主观幸福感模型应该至少能够包括三个方面的变量:稳定的人格特征(如,人格特质)、生活事件与幸福感的测量(如,生活满意度、积极情感),以及不健康(如,焦虑、压抑、消极情感)。同时,这个理论需要基于长期的数据以解释幸福感的变化。

1989 年,Headey 和 Wearing 在 Brickman 和 Campbell(1971)的工作基础上提出了动态均衡理论(Dynamic Equilibrium Theory),也叫作设定点理论(Set Point Theory),用以解释人格特质、生活事件、幸福感以及不幸。

Headey 和 Wearing 认为,"对于大多数人,在大部分时间内,主观幸福感是相当稳定的;这是因为存量基准(stock levels)、精神收入流(psychic income flow)和主观幸福感是在动态均衡中"(1991, p. 49)(见图 2 - 3)。

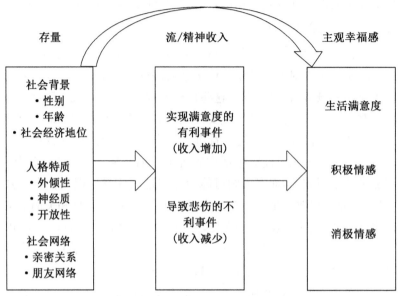

图 2 - 3 主观幸福感动态均衡模型

在这一模型当中,人与人之间的主观幸福感的差异主要来自"稳定的存量"的不同(如,稳定的人格特质)。一个人主观幸福感有着自身独特的常态均衡水平(1991, p.57),而精神收入流影响一个人满意度的高低。因此,在这一模型中,主观幸福感是一个波动的状态而不是一个稳定的特质。这一理论得到了大量的实证检验(Ormel & Schaufeli, 1991; Suh, Diener & Fujita, 1996)。

然而,随着研究的深入、新的纵向数据的应用,一些新的发现开始拓展主观幸福感的动态均衡理论。例如,除了长期稳定的特征,Lykken 和 Tellegen (1996)认为,遗传对长期的主观幸福感也有很强的解释力度。还有一些研究调查能够中长期影响生活事件的一些因素,包括无法预料到的孩子的离去(Wortman & Silver, 1987)、重复失业(Clark et al., 2004)、伴侣离开或结婚(Lucas et al., 2003)。

2.2.3.2 内稳态模型

Cummins(2010)认为,Headey 和 Wearing(1991)的主观幸福感动态均衡模型并没有尝试去解释动态均衡中的主观幸福感与其他人口统计学特征以及心理特征变量之间关系的本质。因此,Cummins(2010)用主观幸福感内稳态(homeostasis)来取代主观幸福感动态均衡(equilibrium),以关注主观幸福感管理的整个过程(见图 2 - 4)。

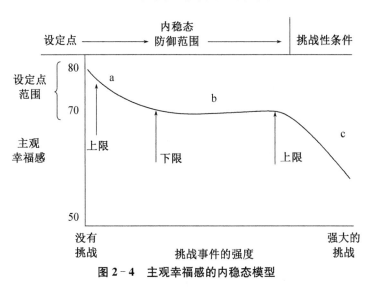

图 2-4　主观幸福感的内稳态模型

Cummin 的内稳态模型关注挑战的强度以及这种挑战如何影响主观幸福感的水平。根据内稳态模型：(1) 纵轴显示了人们设定的一个主观幸福感基准点，一般是 70 分到 80 分，不同的个体会存在着一定的差异；(2) 低的横轴展示了一个负面挑战对于主观幸福感的影响，如贫困或焦虑对于幸福感的影响；如果一个人没有体验到挑战，主观幸福感将保持在设定点上；(3) 高的横轴展示了主观幸福感控制的主导性来源，而控制变化的来源依赖于挑战性事件的强弱；(4) 反应曲线描绘了主观幸福感由于挑战强度的变化而引起的变化，70 分与 80 分范围线叫作临界值。

如果一个人体验到的挑战是温和的，他的主观幸福感水平将会在设定点之内徘徊，即阶段 a；阶段 b 表明，由于强内稳态的抵抗，一个人的主观幸福感并不会因为挑战的逐渐增加而降到设定点下方；如果挑战变得太强导致内稳态无法处理，一个人的主观幸福感将会迅速下降，这可见于阶段 c。

2.2.3.3　生活质量分析框架

在 Kabneman，Diener 和 Schwarz(1999)的研究中，享乐幸福感(hedonic well-being)是主要的研究内容。享乐幸福感主要是研究生活中愉快或不愉快的体验，关注的焦点是对愉悦与痛苦、有趣与无聊、快乐与悲伤，以及满意与不满意的感觉。Kahneman 等(1999)希望能够构建一个整合性的框架以适用于所有的情形。他们认为，未来的享乐心理学应该能够分析所有类型的可以评估的体验,包括从感官愉悦到狂喜、从转逝的焦虑到长期的压抑,以及从痛苦到快乐;同时,它也能够分析这些体验的前因,包括从基因上的到社会上的、从生物化学上的到文化上的。

因此,如何过一个好的生活可以从多个方面进行研究。为此,Kahneman等(1999)提出了生活质量分析框架(Levels in the Analysis of the Quality of Life)(见图 2-5)。在这个框架中,任何对生活质量的评价都是嵌入在文化和社会环境当中,包括评价主体和被评价者。一个社会的客观特征,如贫困、婴儿死亡率、犯罪率或环境污染,属于文化与社会情境。接下来是主观幸福感,涉及跟理想、抱负、他人以及自己过去的比较与判断。在主观幸福感下面是情感状态,以对特定事件的持续的和松散的联结为特征。人们在情绪特征方面有着较大的差异,这可以明确地被用来评价一个人的幸福感。再下面是情绪状态,与当前的状态密切相关,包括很多的愉快、痛苦以及短暂的情绪状态变化。最低层面涉及神经系统和神经传递素和激素中生物化学,这些规范着情感反应所有层面的动机系统。生活质量分析框架表明,想要更好地理解更高层面的因素就需要仔细地分析低层面的因素。

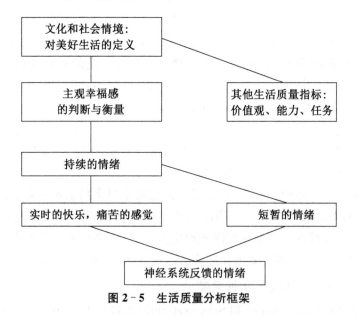

图 2-5　生活质量分析框架

2.2.4　主观幸福感的前因变量研究

影响一个人幸福感的因素多种多样,从上文的主观幸福感理论模型中便可窥之一二。研究认为,影响一个人幸福感最大的因素是遗传(heredity),这能够解释一个人主观幸福感变异的 50％（DeNeve，1999；Newman et al.，1998）；其次是人格特质（DeNeve & Cooper，1998；Lucas，Diener，Grob，Suh & Shao，2000；Magnus，Diener，Fujita & Payor，1993）；最后是其他的相关因素，如社会网络、家庭关系等（Headey & Wearing，1991；Ormel & Schaufeli，1991；Ormel & Wohlfaryh，1991；Suh，Diener & Fujita，1996）。

本书研究的内容是工作场所中员工的主观幸福感，因而本书将重点回顾能够影响工作场所中员工主观幸福感的主要因素，包括员工的人格特质因素、收入或金钱，以及组织中的因素，如企业文化、领导与人际关系、企业的管理实践，以及工作特征等。

2.2.4.1 基因或遗传与主观幸福感

在主观幸福感的研究当中，遗传是影响一个人幸福感的最大因素。Tellegen 等（1988）对同卵双胞胎和异卵双胞胎被在一起抚养和分开抚养做了一项研究。他们发现，相比于在一起或不在一起抚养的异卵双胞胎，在不同家庭抚养的同卵双胞胎之间的相似性更高；进一步地，在同一个家庭抚养的双胞胎并没有比在不同家庭抚养的双胞胎有着更大的相似性。Tellegen 等（1988）估计，基因能够解释大约 40％的积极情感特质和 55％的消极情感特质，而共同的家庭环境大概能够解释 22％的积极情感特质和 2％的消极情感特质。

在一项重复 Telllegen 等（1988）的双胞胎研究中，Lykken 和 Tellegen（1996）计算得到，尽管有 40％至 55％的当前主观幸福感是由基因决定的，但 80％长期的主观幸福感是由遗传决定的。基于遗传的估计，要想改变一个人的幸福感如同改变一个成年人的身高。然而，尽管 Lykken 和 Tellegen 的研究表明遗传解释了 80％的变异，但这种稳定的变异解释是长期的或超过 10 年的。而对于任何一个特定点的主观幸福感，遗传只能解释中等程度的百分比。

在其他的一些研究中，McGue 和 Christensen（1997）在一项对西班牙双胞胎老人的研究中发现，遗传大约能解释 27％的幸福感变异。Gatz、Pedersen、Plomin 和 Nesselroade（1992）发现，遗传对抑郁症的回归只有一个中等程度的得分，但对抑郁症和幸福感而言，遗传的得分是最低的。另外，独特的生活体验也能够解释大部分的主观幸福感变异。例如，Silberg 等（1990）发现，非共同的环境因素能够解释大部分抑郁情感和积极情感的变异。因此，遗传对幸福感的解释可能并没有 Lykken 和 Tellegen（1996）发现得那么高。

2.2.4.2 人格特质与幸福感

一个人对待生活的想法或方式会影响这个人的主观幸福感。在主观幸福感的研究当中,人格特质是非常重要的一个方面。大量的研究表明了人格特质与主观幸福感之间的关系。

在上文提到的 Headey 和 Wearing(1989)的动态均衡理论中,在好的或坏的事件发生后,人们最终还是会回到积极情感或消极情感的基准线。Kozma、Stone 和 Stones(1997)的研究中,主观幸福感的稳定性更多的是来自环境的稳定、人格特质的稳定,以及情感反应方式的稳定。在对于人格特质与主观幸福感关系的研究中,外倾性与神经质得到了大量的研究。Costa 和 McCrae(1980)提出,外倾性影响积极情感,而神经质影响消极情感。在 Lucas、Diener、Grob、Sub 和 Shao(1998)的研究中,外倾性与积极情感之间的关系是非常强的,相关系数达到了 0.74。一些研究认为,外向的人比内向的人更有幸福感的原因是更强的人格特质与环境匹配(Diener et al.,1992;Diener,Larsen & Emmons,1984)。理由是,社会要求人们进行社会参与,并且外向的人在社会情境当中会感觉到更舒适,因此平均而言,外向的人要比内向的更幸福。

除了外倾性,Diener 等(1999)也发现,乐观主义(一种更多美好的事情会在不久发生的预期)、内部控制点(一个人对自己生活有控制感的信念)以及自尊(一个人对自己、自我价值以及能力的价值的评估)等人性特质与一个人的主观幸福感是显著相关的。在自尊方面,Dunning、Leuenberger 和 Sherman(1995)以及 Lucas 等(1996)发现,自尊与主观幸福感高度相关。在一项跨文化的研究当中,Diener 和 Diener(1995)发现,在集体主义文化中,自尊与生活满意度是低相关的。Kwan、Bond 和 Singelis(1997)也发现,在美国,自尊与生活满意度是高度相关的,而在我国香港,和谐是预测生活满意度的重要指标。在乐观主义方面,Scheier 和 Carver(1985)认为,如果一个人期待积极的结果,他将会努力地为实现这个目标而努力,如果他预期失败,他将不会花费时间在这个目标上,因此,相比于悲观的人,乐观的人更容易取得成功。另外,气质性乐观理论(Scheier & Carver,1985)认为,一个人对于未来的想法能够影响一个人的周围环境,如果一个人预期做好一件事,他便会更有效率地做好这件事情也会坚持地实现设定的目标,进而更有可能实现这些目标以及最终拥有更强烈的主观幸福感。对于控制点,Lachman 和 Weaver(1998)发现,低收入对幸福感的影响受到控制信仰的调节。

2.2.4.3 收入(金钱)与幸福感

收入与幸福感的关系一直是比较复杂的。一般意义上,收入高的人要比收入低的人幸福感更强。但从整个人的生命周期来说,一个人的幸福感可能并不会随着收入的持续增加而增加。

一些横向调查数据表明,收入与幸福感之间存在着一定的关系。对于低收入群体而言,收入与幸福感的关系更强(Diener & Biswas-Diener, 2002; Dolan et al. , 2008)。非经济性因素对幸福感的影响作用随着收入的增加而逐渐增加(Diener et al. , 1993)。在大部分发达国家中,收入与幸福感之间的关系是非常小的(Frey & Stutzer, 2000; Caporale et al. , 2009)。根据发达国家的一些纵向的调查数据,收入与幸福感之间的关系不再显著(Diener & Biswas-Diener, 2002)。但在转型时期发展中国家,如中国,收入与幸福感之间存在着一定程度的正相关(Brockmann et al. , 2009)。

2.2.4.4　工作与幸福感

根据 Diener 等(1991)对主观幸福感的定义,如果一个人在工作场所中:(1)满意他的工作,(2)能够体验到更多的积极情感和更少的消极情感,那么这个人就拥有较高程度的工作相关的主观幸福感。而工作对员工幸福感的影响主要包括两个方面:一是工作本身对员工幸福感的影响;二是工作相关的因素对员工幸福感的影响。

对于工作本身对于员工幸福感的影响,研究表明,拥有工作的比没有工作的人可能更幸福;进一步地,拥有丰富技能的员工比技能欠缺的同事可能更幸福(Argyle, 2001)。Warr(1999)指出,如果一个人的工作能够有效地匹配他/她的技能、天赋和才能,拥有一定的自主权,工作任务是多样性的,能够有一定的运动机会以及与同事沟通交流的机会,这个人的工作当中的主观幸福感会比较高。同时,Warr(1999)也提出,如果工作拥有一定的社会价值、能够提供财务或身体安全的话,将是更好的。Csikszentmihalyi(1975)认为如果一个人从事的工作既能够匹配他的技能又是有趣的,那么这个人将会是最开心的。当然,一个人有可能是从事一项高技能化、任务多样性的工作,也有团队成员或领导的支持,但有可能是不知所措和焦虑的,因为这份工作的挑战超出了他/她的能力范围。不管怎样,相比没工作的人,有工作的人拥有更多的机会与别人相互交流并建立联系,而失业可能会导致更高的失望、压抑和低水平的生活满意度(Oswald,1997)。

关于工作相关的因素对于员工幸福感的影响,赵宜萱(2016)在其博士论文中有一个较为详细的总结与归纳。她认为,影响员工幸福感较大的工作相关的因素分为四类:企业文化与氛围、领导力与人际关系、人力资源管理,以及工作特征。

影响员工幸福感的组织文化与氛围类因素有组织文化(Diener et al. , 2003;Findler et al. ,2007)、组织中的工作与家庭文化(Beauregard,2011)、组织支持(Thompson & Prottas, 2006;Panaccio & Vandenberghe, 2009;陈

刚,2010)、组织氛围(阳红等,2008)。

影响员工幸福感的领导与人际关系类因素有变革型领导(Arnold,2007；Kelloway,2012)、道德型领导(Kalshoven & Boon,2015)、积极型领导(Kelloway et al.,2013)、领导合法性(Keyes et al.,2000)、管理者支持(Moyle,1998)、辱虐管理(Lin et al.,2013)、领导成员交换(Epitropaki & Martin,1999；Sparr & Sonnentag,2008)、积极的领导-下属关系(Aycan & Eskin,2005；Kramer & Tyler,1996；Morris & Feldman,1996)、人际关系(王燕平,2011),以及工作场所人与人的联系(Dimotakis et al.,2011)。

影响员工幸福感的人力资源管理类因素有战略性人力资源管理(Brown et al.,2009)、人力资源实践与政策(Vanhala & Tuomi,2006)、高参与工作实践(Macky & Boxall,2008)、人力资源管理实践(Kooij et al.,2013；Turner,2008)、全面薪酬(黄培伦和徐新辉,2007)、人与组织匹配(王鑫,2014)、健康的工作实践(Grawitch et al.,2006),以及人力资源管理氛围(徐宁和李普亮,2013)。

影响员工幸福感的工作特征类因素有工作特征本身(Doest & Jonge,2006；Karasek,1979；Parker et al.,1997；Warr,1999；栾晓琳,2009)、工作要求与控制(Van Der Doef et al.,1999)、工作浸入与投入(Shimazu & Schaufeli,2009；Shimazu et al.,2012)、工作复杂性(Warr,1987)、工作资源与工作要求(Bakker et al.,2003)、工作时间(Luttmer,2004)、工作条件(Grebner et al.,2005)、职业发展与职业认同(Danna & Griffin,1999；陈龙,2012),以及工作动机(Wegge et al.,2006)。

除了大量的实证研究支持了工作相关因素对员工幸福感的影响,一些学者也提出了理论模型来概括与总结工作相关的因素对员工幸福感的影响。

Weiss 和 Cropanzano(1996)开发了情感事件理论(affective events theory)以同时考虑情感状态和引起情感状态的工作事件。根据情感事件理论,稳定的工作环境特征能够影响积极或消极情感事件的产生,而体验到这些情感事件会影响一个人的情感状态,这一影响过程可能会受到个人性格的影响。情感状态反过来会直接导致终端的"情感驱动的行为"和促进工作态度的形成,而后者也会被稳定工作环境特征影响。最后,工作态度会影响"判定驱动的行为"。例如,压力状态(环境特征)可能会导致一个员工受到主管的公开批评(事件),由此产生的生气或挫折(情感状态)可能导致工作不满意(态度)以及可能的公开的争论(情感驱动的行为)。最终,工作不满意减少员工留在公司的意愿(判断驱动的行为)。

Grawitch,Gottschalk 和 Munz(2006)提出构建一个健康的工作场所的

"路径模型(PATH Model)",这一模型包括五类组织实践以最大化员工的幸福感和提升组织效能。这一类实践包括工作-家庭平衡、员工成长与发展、健康与安全、认可以及员工参与。

Danna 和 Griffin(1999)提出了一个工作场所关于健康与幸福感的组织导向的理论、研究与实践框架。在这一个框架中,他们提出,工作场所幸福感的内容包括生活或非工作相关的满意度以及工作相关的满意度,工作场所的健康包括精神上、心理上以及身体上的健康。影响工作场所幸福感和健康的前因变量有工作场景,包括健康危害、安全危害,以及其他的危害因素;人格特质,包括倾向类型、控制点,以及其他的特质;职业压力,包括工作本身的因素、组织中的角色、职业发展、组织结构和氛围、家庭工作介入,以及其他的压力因素。

2.2.5　主观幸福感研究述评与小结

总体而言,幸福感是一个高度复杂的领域。尽管基因或遗传、人格特质因素对幸福感有着非常强的影响。然而,这两类因素是无法通过外界因素的调控而产生变化。因此,探索影响员工主观幸福感的工作与生活中的因素,对于提升员工的幸福感体验、管理员工的幸福感是极其必要的。

Aldana(2001, p.297)将健康促进计划定义为"尽全力提升意识、改变行为,以及创造环境以支持良好的健康实践"。幸福虽然不等同于健康,但健康是幸福的重要前提。

另外,对于幸福感的研究,很少有学者考虑到文化差异的影响。集体主义与个体主义文化下的幸福感存在着巨大的差异,一些跨文化对比性的研究也许能够帮助我们更好地发现和理解幸福感在集体主义与个体主义文化下的差异性。

最后,对于管理学学者而非心理学学者,探究影响员工主观幸福感的工作场所实践,构建一个员工主观幸福感提升模型,为企业进行幸福管理提供实践上的参考,将是一件极具意义的研究。

2.3　员工绩效薪酬与员工幸福感

2.3.1　工作绩效的概念与定义

根据维基百科对于工作绩效的定义:工作绩效(job performance)是来评

价一个人完成工作的好坏。工作绩效是工业与组织心理学、组织行为学,以及人力资源管理领域最基本的研究内容,也是组织、团体、群体和个体的一项重要结果和成功的标准之一。

Campbell(1990)将工作绩效描述为一个个体层面的变量,或者一个人做的事情,这与更高层面的组织绩效或团队绩效有着显著的差异。根据Campbell(1990)对于工作绩效的概念化定义,多个标准可以帮助我们明晰工作绩效的含义。首先,绩效是一种行为,即一个员工完成的事情。这一概念将绩效与结果进行了区分。结果部分是由一个人的绩效导致的,但也可能是由于其他因素导致的。工作绩效的另外一个特征是它必须是与目标相关的。绩效必须直接指向组织的目标,这些目标与工作或角色相关。因此,绩效并不包括为了实现外围目标而开展的活动。再者,工作绩效是一个多维度的构念,并不是一个单一的统一的构念。工作类型多种多样,因此绩效标准也多种多样。为了提取对所有工作都符合的工作绩效维度,Campbell(1990)提出了工作绩效的8个维度:任务相关的行为、非任务相关的行为、沟通、努力、个人纪律、获得团队或同事的帮助、在监管或领导下工作以及管理任务。

工作绩效基本上可以分为任务绩效(task performance)和周边或关系或情境绩效(contextual performance)(Borman & Motowidlo,1993;Motowidlo & Van Scotter,1994)。任务绩效是指完成某一项或多项工作任务所展现出来的工作行为以及取得的工作结果,是强制性的,表现为工作效率、工作数量和工作质量等;周边绩效是指那些并不需要强制履行的与完成工作任务相关的方面,包括通过组织、社会、心理等途径提升组织效率的行为以及在非正式工作时间内自愿地帮助同事或协助他人完成任务绩效的行为,如建立良好的同事关系、主动加班、工作场所的组织公民行为等。

同时,Campbell(1990)提出了影响个体工作绩效的四个主要前因变量是陈述性知识(declarative knowledge)、程序性知识(procedural knowledge)和技能(skills),以及动机(motivation)。陈述性知识是指关于事实、原则、目标等的知识,是关于一项给定的任务所要求的知识。如果陈述性知识是知道做什么,那么程序性知识和技能就是知道如何做。程序性知识和技能包括认知技能、感知技能、人际技能等。动机是指三种选择行为的整合努力,包括是否提高努力的选择、是否提高努力水平的选择,以及是否坚持这种努力水平的选择。它反映了意志性行为的方向、密度和韧度(Dalal & Gulin,2008)。

2.3.2 工作绩效的前因变量与结果变量

作为组织行为学和人力资源管理领域最基本的员工层面的变量,几乎所有的组织中的因素都会对工作绩效产生影响,相关的文献也汗牛充栋。

截至 2017 年 2 月 27 日,通过中国知网以"工作绩效"为关键词查询,共找到 11 337 条结果,其中来自《中国学术期刊网络出版总库》的有 6 327 条结果,来自《中国博士学位论文全文数据库》262 条结果;以"员工工作绩效"为关键词查询,共发现 1 651 条结果,其中来自中《中国学术期刊网络出版总库》的有 737 条结果,来自《中国博士学位论文全文数据库》35 条结果;以"任务绩效"为关键词,共检索到 2 535 条结果,其中来自中《中国学术期刊网络出版总库》的有 1 277 条结果,来自《中国博士学位论文全文数据库》118 条结果;以"周边绩效"为关键词,共检索到 920 结果,其中来自《中国学术期刊网络出版总库》的有 489 条结果,来自《中国博士学位论文全文数据库》23 条结果;以"角色内绩效"为关键词,共检索到 43 条结果;以"角色外绩效"为关键词,共检索到 24 条结果;以"job performance"为关键词,通过 ProQuest 数据库,限定同行评审和学术期刊,共得到 19 497 条搜索结果;根据 web of science 数据库,共检索到 9 515 条结果;而根据 EBSCO host 数据库,限定学术期刊(同行评审),共探索到 51 814 条结果。

对于工作绩效的前因变量,相关的文献数不胜数。但主要分布在两个方面:员工个人的人格特质和员工所处的工作环境。对于员工内在特质的研究又主要集中于人格特质以及个人能力两个方面;对员工所处的工作环境,则种类繁杂,数不胜数(罗正学和苗丹民,2005)。

关于人格特质对工作绩效的预测作用,多项元分析表明(Tett, Jackson & Rothstein, 1991;Barrick & Mount, 1991;Hurtz & Donovan, 2000),大五人格的每一个维度都与工作绩效相关。具体而言,神经质与工作绩效负相关、外倾性与工作绩效正相关、经验开放性与工作绩效正相关、宜人性与工作绩效正相关、责任感与工作绩效正相关。Barrick 和 Mount(1991)得出了类似的结果,责任感与所有工作类型(专家、警察、管理者、销售以及技能工人)的工作绩效(工作效率、培训效率和个人数据)都显著正相关,外倾性和经验开放性也都是一个相当稳定的工作绩效观测变量,而神经质和宜人性对某些工作类型的部分工作绩效有预测作用。而在 Hurtz 和 Donovan(2000)研究中,他们也发现,责任心与工作绩效的结论与 Barrick 和 Mount(1991)的研究结论高度一致,相关系数大约是 0.22。情绪稳定性(emotional stability)也展现了相当稳定的预测水平。对于销售绩效,宜人性、经验开放性和情感稳定性有一定较低水平的观测力度(相关性为 0.12~0.17)。因此,从上述三篇的元分析可以看出,大五人格与工作绩效的关系基本是确定且是稳定的。除了大五人格,其他的一些人格特质,如与处理人际关系相关的和谐与面子,与人际关系绩效显著正相关（Kwong & Cheung，2003）。

关于能力与工作绩效之间的关系，一般认知能力最为学者所重视（Hunter & Hunter，1986；Hunter & Schmidt，1996；Hunter & Thatcher，2007；Vinchur，Schippmann，Switzer et al.，1988）。研究表明，一般认知能力高的员工学习新知识的速度更快，而员工的工作知识水平越多，员工的工作绩效就可能越高。一般认知能力通过提升员工工作知识的获取进而促进工作绩效（Hunter & Schmidt，1996）。无论对于复杂的工作或是简单的工作，一般认知能力对工作绩效都有显著的预测作用（Hunter & Hunter，1986）。除了一般认知能力，员工的工作经验对员工的工作绩效也有很强的预测作用（Hunter & Thatcher，2007）。关于工作经验与工作绩效的一项元分析指出（Quinones，Ford & Teachout，1995），工作经验的数据和水平与员工工作绩效具有非常高的相关关系；同时，工作经验与硬绩效（如工作数量）之间的关系比其与软绩效（如绩效评价）之间的关系更强。另外，社交能力与身体素质也与员工的工作绩效相关。Ferris、Witt和Hochwater（2001）发现，个体的社交能力与一般认知能力能够交互影响员工的工作绩效。

对于员工所处工作环境中的因素对员工工作绩效的影响，这方面的研究非常多。本书仅以发表在美国管理评论杂志（Academy of Management Journal）上有关"工作绩效"的部分文章为例，发现影响员工或个体工作绩效的前因变量就有：种族与组织经验（Greenhaus，Parasuraman & Wornley，1990）、社会网络或关系（Sparrowe et al.，2001）、阻断性压力和挑战性压力（Lepine，Podsakoff & LePine，2005）、工作敬业度（Rich，Lepine & Crawford，2010）、责任感与外倾性、服务氛围与员工参与（Liao & Chuang，2004）、目标导向与领导成员交换关系（Janssen & Van Tperen，2004）、对主管的承诺（Becker，Billings，Eveleth et al.，1996）、工作嵌入（Lee，Mitchell，Sablynski et al.，2004）、工作要求与公平感知（Janssen，2001）、压力、承诺与工作经验（Hunter & Thatcher，2007）等。

根据作者对工作绩效相关文献的回顾与搜索，所有有关工作绩效的文献都在探讨相关因素对工作绩效的影响或预测作用，并没有发现任何文献讨论或研究工作绩效的结果变量。因此，本书将不在这一章节回顾工作绩效的结果变量问题。但本书将在下一章（第三章）中的"工作场所员工主观幸福感提升路径一：绩效薪酬"一节具体探讨工作绩效与员工主观幸福感之间的关系。

2.3.3　绩效付薪感知相关研究

考虑到给予绩效高的员工高的工资有大量的益处，如激励员工表现出符合要求的行为、创造和沟通生产准则,以及通过有效地管理人力资源帮助组织实现其战略目标(Haire, Ghiselli & Porter, 1963；Lawler & Jenkins, 1992),组织为了提升工作场所员工的能动性以及提高员工的薪酬满意度,大多数会实施以绩效为基础的薪酬体系。然而,从组织的角度来看,这种体系是否有效很大程度上取决于员工是否能够感知到这种评价体系。

绩效付薪感知一般是基于绩效为基础的薪酬计划,即绩效工资。绩效工资被定义为一种薪酬计划,在这个薪酬计划中,员工收到的工资增长是基于他们过去一段时间内的绩效评估(Heneman, 1990；1992)。如果一个员工的工作绩效是高的,薪酬又是根据员工过去一段时间内的绩效支付的,那么这个员工意味着有一个较高的薪酬水平。工作动机理论认为,基于员工绩效的奖励能够激励员工提升他们的绩效(Adams, 1963；Locke, 1968)。

尽管绩效付薪的政策并不一定能保证薪酬是一定按照绩效确定的。例如,绩效付薪感知可能受到员工收到的真实工资增长数量与感知到的工资增长数量之间的差异的负面影响(Heneman, 1992)。尽管如此,员工感知到绩效付薪仍有大量的益处。Tansky 和 Gallagher(1997)发现,绩效付薪感知与员工的情感承诺、工作满意度以及对主管的信任显著正相关。St-Onge(2000)认为,更多地了解绩效付薪感知有助于提升激励性薪酬计划的有效性；他通过研究发现,员工感知到绩效付薪不仅与真实的绩效付薪存着高度相关性,也与他们对决策制定者的信任、他们的程序公平感知、结果的规模即薪水增长和绩效评价以及结果的满意度正相关。此外,Kim、Mone 和 Kim(2008)根据多个韩国公司的研究发现,员工的自我效能与整体的薪酬满意度以及三个子维度包括薪酬水平满意度、福利满意度以及薪酬结构满意度呈负向相关关系；而员工感知到的绩效付薪中介了自我效能与福利满意度以及薪酬结构满意度之间的关系。

2.4　员工职业发展与员工幸福感

2.4.1　职业发展前景研究的起源与概念界定

我们生活在一个比以往任何时候都复杂的世界中。在这个世界中,人们处于多种身份、多种承诺、不同的义务与责任,以及高水平的压力和焦虑的交织中。组织正经历快速的变化,变得越来越无边界、全球性和竞争性。这些变化不断地从社会层面、经济层面、组织层面以及个体层面塑造着当代的职业系统。

Baruch 和 Rosenstein(1992)将职业定义为"员工在一个或多个组织中沿着某条经验或工作路径的发展过程"。一方面,职业是个人的"所有权",可能是由新的社会规范所激励或鼓舞;另一方面,对于被雇用的员工,职业是在很大程度上是被他们的组织所规划和管理。在过去,职业规划和职业管理被视为员工的主要责任。例如,Arthur 等(1989)将职业定义为"一个人工作经验随着时间变化的一个演进顺序"。后来,职业发展的焦点从个体转移到组织(Gurreridge, Leibowitz & Shore, 1993)。在组织中,职业体系是垂直导向的(Whyte, 1956; Wilensky, 1961, 1964)。在这些职业体系中,人们竞争有限的晋升机会,以及沿着职业阶梯往上爬直到最终的职业成功(Townsend, 1970)。

员工希望在他们的职业方面获得成长并取得成功(Okurame & Balogun, 2005),这种将希望变为现实的可能性是职业发展前景的潜在推动力。因此,职业发展前景是指一个人得到晋升和获得职业发展经验的机会,是这个人工作动力的基本来源(Weer, 2006; Okurame, 2012)。

职业发展前景感知是指一个个体对未来在组织内的职业发展和晋升机会的感知与评估,主要包括两大特征:(a)员工个人的技能、知识和能力(skills, knowledge, activities, SKAs)与他在组织中的整体职业规划相关联(Feldman & Thomas, 1992; Reiche, Kraimer & Harzing, 2011)和(b)个人的职业生涯发展与组织的整体职业生涯规划相匹配(Granrose & Portwood, 1987; Reiche, Kraimer & Harzing, 2011)。如果一个员工的价值观、技能、知识和能力与组织的价值观和要求相匹配的话,他就能更好地理解什么是组织最需要的,也就更可能识别和理解组织的发展要求(Ashforth & Mael, 1989),因而会对他自己在组织中的职业发展机会和前景有着更为清晰的感知和预期(Podolny & Baron, 1997)。例如,有社会化的文献指出,积极地与新员工沟通价值观和工作方式有助于塑造他们对于工作相关行为的预期(Chatman, 1991; Louis, 1980)。

2.4.2 职业发展前景的前因与结果

在影响员工职业发展前景或职业成功的因素当中,社会资本(social capital)是极其重要的一个(Bozionelos, 2003, 2006; Chen & Tjosvold, 2006; Ng et al. ,2005; Wong & Slater, 2002)。社会资本既可以应用在个体层面,也可以用在集体或组织层面。个体层面的社会资本是指个体创建和维持的与他人之间的关系纽带,包括关系的结构、质量或强度;组织层面的社会资本是指个体与社会群众之间的关系纽带,同样包括关系的结构、质量或强度(Coleman,1988;Adler & Kwon,2002)。社会资本意味着一个人拥有的可支配的资源(如,信息、影响力、团结)。社会资本通过人际关系的互动过程得以形成,并影响一个人的成就取得(Coleman,1988)。研究表明,社会资本,如良好的人际关系,对个体的职业发展前景或职业成功有着重要影响。例如,Wei、Liu、Chen 以及 Wu(2010)研究发现,在中国的组织情境下,主管与下属之间的关系与下属的职业前景显著正相关,并且主管与下属之间的关系能够中介下属的政治技能与职业发展前景。Bozionelos(2003;2006)研究发现,员工在组织间的社会网络资源促进员工内部的和外部的职业发展与职业成功。Wong 和 Slater(2002)也发现,基于中国文化传统中的关系是中国管理人员实现职业成功的实质性因素。Reiche、Kraimer 和 Harzing(2011)认为,外派人员与总部员工的联系(与高层人员的联系以及信任)能够积极地影响他们在总部中的职业发展前景感知。社会资本,如关系,对主管的晋升决定有着积极的影响(Cannings & Montmarquette,1991;Lin,1999)。除了社会资本,一个人的人力资本(human capital)也会影响一个人的职业发展前景感知和职业成功。人力资本是指个体的教育上、人际上以及职业上的经验(Becker,1964)。Judge 等(1995)和 Wayne 等(1999)认为,人力资本能够提升个体的职业依附,并经常作为职业成功的重要预测变量。

另外,个体与组织的价值观匹配也是影响个体职业发展的重要因素。Reiche、Kraimer 和 Harzing(2011)认为,外派人员与总部的价值观与目标的匹配能够积极地影响他们在总部中的职业发展前景感知。Judge(1994)认为,个人与组织匹配对个体的职业成功有着直接的影响。

对于职业发展前景的结果变量的研究认为,在组织中晋升意味着一个人地位和责任感的提升,反映了他在组织中的价值被认可;意味着一份更好的薪水以及创造更多的进一步提升的机会(London & Stumpf,1983)。另外,对一个个体而言,拥有光明的职业发展前景和实现职业成功是非常重要的工作动机。拥有职业发展前景,一个员工就有可能获得和享受职业成功所带来的奖励与薪酬(Reiche,Kraimer & Harzing,2011)。通过晋升和获得职业发展经验来实现在组织层级中上升能够提升员工的努力程度和激励他们对组织和职业活动更大的投入(Mowday,Porter & Steers,1982;Eisenberger,Lieberman & Williams,2003)。Maertz 和 Campion(2004)发现,晋升机会与员工的意愿行为显著负相关。根据对外派人员的研究,Reiche、Kraimer 和 Harzing(2011)发现,外派人员感到的职业发展前景与他们留在总部意愿是显著正相关的;外派人员的职业发展前景能够中介外派人员与总部员工的联系与他们在总部留职意愿之间的关系。还有一些研究表明,职业发展前景能够提升工作效率(Avey, Nimnicht & Pigeon, 2010),提高工作参与(Eisenberger, Huntington, Hutchision & Sowa, 1986)以及更强的留职意愿(Meyer & Allen, 1984;Okurame, 2012)。

2.4.3 工作控制相关研究

控制(control)意味着一个人对各种条件以及对他实现更高目标的各种活动有影响(Frese,1977)。控制与目标相关,没有目标,就谈不上控制。这一定义不同于Seligman(1975)的定义,他将控制定义为事件的非偶然性(一个事件的出现与否无关一个人的行为)。

当一个人对他的行为和他行动状态下的条件有影响时,他就在运用控制(Frese,1989)。有影响意味着能够决定哪个目标、哪种计划、何种反馈,以及在哪种条件下。如果外在环境不能提供决定的自由,一个人就没有任何控制。决策可能性会出现在顺序、时间框架以及内容中。决策点是指人们能够决定一项任务谁第一个做、谁第二个做,一项计划开始和执行的时间序列。时间框架是指决策可能性的两种集合:第一,某种任务被跟进或计划被执行的时间决策;第二,某项任务或计划执行的时长。内容是指任务、计划、信号以及条件等决定的实质,包括哪项任务被执行、哪个计划被实施、哪个信号被选择使用,以及工作中存在的哪种条件。

工作控制是指一个人能够对他的工作目标包括工作的内容、时间安排以及目标实现的顺序有相应的影响,以及对他的工作策略、工作反馈和工作条件有一定的影响(Frese,1989;Frese, Garst & Fay, 2007)。高水平的工作控制意味着一个员工能够有一定的自主权去处理工作相关的问题。当然,工作控制的程度与工作的内容并不是一样的。即使工作控制可能嵌入于某些工作(例如,教授拥有高水平的工作控制、能够自由地决定从事何种项目以及这个项目的进展情况),但对于大部分工作(如,教师、护士、管理人员、车间员工等),这些员工可能会拥有一定程度的工作控制,但这取决于企业的人力资源管理政策、企业文化或管理方式。

在工作控制的研究当中,Karasek(1979)的工作要求与控制模型(Job-Demand-Control Model)和Johnson和Hall(1988)的工作要求-控制-支持模型(Job Demand-Control-Support Model)的研究成果是无法回避的。JDC或JDCS模型主要是用来解释工作场所中心理紧张的产生。工作场所中的负面结果基本上都与工作要求和工作控制有关。工作要求是指组织中定量的一些方面,如工作负荷和时间压力(Karasek, 1985; van der Doef & Maes, 1999)。

角色冲突以及身体上和情感上的需求也通常被认为是工作要求的一部分（Karasek et al.，1998）。工作控制（也叫作决策范围）是指一个人能够控制人的任务和一般工作活动的程度。工作控制一般包括两个方面：技能自由裁量权（skill discretion）和决策权威（decision authority）。技能自由裁量权是指一个人在工作过程中使用具体工作技能的机会；而决策权威是指一个人在任务相关的决策当中自主的程度。将工作要求和工作控制整合起来，Karasek（1979）认为，如果一个人的工作在要求方面是高的、在控制方面是低的（高紧张的工作），他可能会承受高的疾病风险和低的幸福感。相反，如果这个人的工作是低要求、高控制的时候（低紧张的工作），负面反应出现的概率就相当低了。

后来，Johnson 和 Hall（1988）扩展了工作要求-控制模型，提出了工作要求-控制-支持模型（JDCS 模型）。JDCS 模型认为，在高工作要求、低工作控制以及低社会支持的工作情形中，一个人的幸福感是最低的。根据 JDCS 模型的缓冲假设，社会支持调节高紧张（高要求和低控制）的负面影响，即工作要求、工作控制和工作支持三项交互预测结果变量。Johnson 和 Hall（1988）认为，在高的社会支持下，高的工作控制最有效地缓冲高的工作要求的负面影响。

一些具体的实证研究表明，工作控制能够影响一个人的情感体验、认知评价和工作中的行为。例如，Karasek（1979）发现，控制对一个人的开心、积极情感有着正向的影响。更高的控制也与更积极的自我评价有关（Hackman et al.，1978）。Frese、Garst 和 Fay（2007）认为，更高水平的工作控制能够提升员工的主动性，这是因为高水平的工作控制能够增加员工对于整个工作的责任感（Hackman & Oldman，1976），以及更广泛和更主动的角色导向（Parker，Wall & Jackson，1997）。通过刺激主动性思想、自我开始的方法，以及努力战胜困难，这些有助于提升员工的主动性（Karasek & Theorell，1992）。另外，Bond 和 Bunce（2003）认为，让自己决定自己的行为是员工心理健康和行为有效性的主要前因变量。工作控制对员工的工作满意度也有着正向的影响（Hackman，Pearce & Wolfe，1978）。

除了对员工态度、行为产生影响外，工作控制还可能对员工的生理健康产生影响。根据工作要求-控制模型，Fox、Dwyer 和 Ganster（1993）研究发现，主观和客观的工作压力以及感知到的工作控制能够预测员工生理上和态度上的结果变量；他们发现，客观的工作要求与血压和皮质醇水平显著相关。另外，一些学者还发现，工作控制对心脑血管疾病有一定的影响（Love，Irani，Standing et al.，2007；Marmot，Bosma，Hemingway et al.，1997）。

2.5　员工工作-家庭议题与员工幸福感

2.5.1　工作-家庭冲突的概念界定

工作与家庭的关系问题(work-family issues)一直是组织行为学与人力资源管理领域的重要研究问题,也是影响员工幸福感的重要因素之一,这一问题无论对员工个体还是对组织而言都是极其重要的议题(Kossek & Ozeki,1998)。自 Greenhaus 和 Beutell(1985)发表在美国管理评论(Academy of Management Journal)发表《工作与家庭角色冲突的来源》(Sources of Conflict Between Work and Family Roles)一文以来,学者对工作家庭冲突这一议题的研究兴趣有增无减,相关研究持续增长,至今已经持续了有 30 年时间。

基于 Kahn 等人(1964)对于角色冲突定义,Greenhaus 和 Beutell(1985)将工作家庭冲突定义为:角色间冲突的一种形式,即来自工作和家庭领域的角色压力在某些方面是相互不兼容的。当一个人参与到工作(或家庭)角色当中就很难参与到家庭(或工作)的角色中。基于此,他们提出检验工作家庭冲突的三种形式:基于时间的冲突(time-based conflict)、基于压力的冲突(strain-based conflict)以及基于行为的冲突(behavior-based conflict)。由于工作家庭冲突的双向性,根据冲突的方向可将工作家庭冲突划分为两类:因工作原因对家庭产生干扰叫工作-家庭冲突(work-to-family conflict,WFC)和因家庭原因对工作产生干扰叫家庭-工作冲突(family-to-work conflict,FWC)(Frone,Russell & Cooper,1992)。

随着工作家庭冲突议题研究的深入发展,学者对于工作家庭议题研究侧重点和研究内容的差异,导致相关的构念层出不穷(张伶和张大伟,2006;林忠、鞠蕾和陈丽,2013),如工作家庭角色冲突(work family role conflict)、家庭干扰工作(family interference with work)、工作干扰家庭(work interference with family)、工作家庭增益(work family enrichment)、工作家庭界面(work family interface)、工作家庭交互作用(work family interaction)、工作家庭卷入(work family involvement)等等。但在本书的研究当中,作者主要关注因工作原因产生的对家庭的负面影响,即工作-家庭冲突。

2.5.2　工作-家庭冲突的缘起与前因

由于对工作家庭议题的关注焦点的差异,学者对于工作-家庭冲突形成原因的解释有着多种不同的研究视角,包括角色视角(Greenhaus & Beutell, 1985)、边界视角(Staines,1980;Burke & Greegglass,1987;Edwards & Rothbard,2000)、文化视角(Duxbury & Higgins,1991)以及社会支持视角(Thomas & Ganster,1995;Carlson & Perrewe,1999)。

早期对于工作家庭冲突议题的研究基本上是基于 Greenhaus 和 Beutell (1985)的角色冲突(role conflict)理论视角。Kahn 等(1964)认为,角色冲突是指"当两种压力(或压力集)同时出现时,遵守一种角色将很难再遵守另外一种角色"。在工作与家庭中,一个人有两种角色:工作角色与家庭角色。当个体对工作角色和家庭角色的不同期望会引发心理上和心理上的压力,导致工作和家庭两种角色压力地产生。而当工作角色压力与家庭角色压力发生不兼容时,工作家庭冲突便产生了(Greenhaus & Beutell,1985)。

Nippert-Eng(1996)根据以往学者对于工作-家庭议题的研究,提出了边界理论(boundary theory)。边界理论认为,工作和家庭有着各自存在边界的相对独立的域,域同时又有一定的边界。工作和家庭两个边界存在三种类型:分割(segmentation)、溢出(spillover)和补偿(compensation)(Staines,1980;Burke & Greenglass,1987;Edwards & Rothbard,2000;Nippert-Eng,1996)。分割理论认为,个体的工作域与家庭域是两个相互独立、相互分离、自然分割的,两者的边界不相接触也没有交叉。溢出理论认为,个本的工作域和家庭域的边界存在着渗透性(permeability)和灵活性(flexibility)(Nippert-Eng,1996)。渗透性是指工作域或家庭域中的元素渗透到对方角色领域的程度。例如,工作域和家庭域中的价值观、情感、行为等会相互影响、相互渗透。当工作域中的积极元素,如满意、激励等,渗透到家庭域中,给家庭域带来满意和精力时,这种溢出就叫积极溢出(positive spillover);而当工作域中的元素,如压力、紧张等,渗透到家庭域中,给家庭带来困扰、自己不能参与家庭生活时,这种溢出叫作消极溢出(negative spillover)(Higgins & Duxbury,1992)。根据溢出理论,消极溢出是工作家庭冲突来源的根本原因(Higgins & Duxbury,1992)。补偿理论认为,工作域或家庭域中的不满可能通过对方的满意进行补偿(Burke & Greenglass,1987)。

林忠、鞠蕾和陈丽(2013)认为,性别角色、个体主义与集体主义文化倾向等文化因素也被用于工作家庭冲突的研究当中。基于性别角色期望理论(gender role expectation),Duxbury 和 Higgins(1991)认为,非传统的性别角色卷入是导致人们,尤其是女性,工作家庭冲突的重要原因。传统的性别角色认为男性与女性承担着不同的角色,男性更应该取得物质成功,而女性应该追求家庭生活(Eagly et al.,2000)。因此,当女性在工作中花费的时间越长、精力越多，就越容易感受到工作家庭的冲突（Gutek et al.，1991）。另外，个体主义与集体主义文化（individualism & collectivism）倾向也是影响工作-家庭冲突的根源问题之一。相比于个体主义文化，在集体主义的文化中，个体获得的社会支持，尤其是家庭支持更高，因而其感受到的工作-家庭冲突相对较低（Powell, Francesco & Ling, 2009）。由于中国和美国文化的差异，美国人的工作-家庭冲突更可能是由于家庭因素导致；而中国人的工作家庭冲突更可能是由于工作因素导致（Yang et al.，2000）。因此，中国人的生活满意度更可能受到工作对家庭冲突的影响（Aryee, Fields & Luk, 1999）。

作为降低角色压力的重要应对机制，社会支持（social support）理论受到诸多工作-家庭冲突领域的学者的关注（Garlson & Perrewe, 1999；Thomas & Ganster, 1995）。社会支持是指来自他人的工具性帮助、情感关心、信息或评价功能，用以提升一个人自我重要性的感觉（Carlson & Perrewe, 1999；House, 1981；Matsui, Ohsawa & Onglatco, 1995）。在工作域当中的社会支持包括来自同事、直接主管以及组织本身的支持；在家庭域当中的社会支持来配偶和/或整个家庭的支持。组织支持体现了企业对员工身心健康、幸福感的关注，并愿意利用自身资源来支持员工（Shaffer et al.，2001），包括正式制度支持、工作氛围以及主管支持三个方面（Taylor, DelCampo & Blancero, 2009）。组织的正式制度主要包括针对工作家庭友好的政策与福利，如灵活的工作安排、带薪休假等；工作氛围是员工对组织表现出对员工家庭关心的一种感知。家庭支持包括来自家庭成员的情感关心、工具性帮助以及信息和评价等功能（Michel 等,2011）。一些研究也表明，缺乏社会支持能够导致高水平的工作-家庭冲突；而来自家人的支持与鼓励，能够减少或缓解来自家庭的压力，进而降低工作-家庭冲突（Garlson & Perrewe, 1999）。

2.5.3 工作-家庭冲突的结果与干预

目前，学术界对工作-家庭冲突结果变量的研究多种多样：从心理状态和行为结果、从消极结果与积极结果、从个体到组织（林忠、鞠蕾和陈丽,2013）。

在工作-家庭冲突的态度类结果变量包括工作满意度、工作家庭生活质量、离职意愿、组织承诺、心理健康、公平感知、幸福感（Kossek & Ozeki, 1998；Ernst Kossek & Ozeki, 1998；Frone, Russell & Cooper, 1997；Bruck, Allen & Spector, 2002），状态类结果变量包括工作压力、心理压力、抑郁、工作耗竭、情绪耗竭等（Aryee et al.，1999；Frone, Russell & Cooper, 1992；Brummehuis et al.，2013）；行为类结果变量包括：药物滥用、酗酒、缺勤、离职、报复行为、职业晋升、帮助行为等（Allen, Herst, Bruck et al.，2000；

Frone, 2000；Carlson et al.，2011；Taylor et al.，2009)。

考虑到工作-家庭冲突主要是由于工作领域和家庭领域的因素导致的,进而导致员工对工作或家庭方面的不满,从 Greenhaus 和 Beutell(1985)提出工作-家庭冲突以来,学者基本上都在探讨工作-家庭冲突的负面结果。例如,认为,工作-家庭冲突会导致工作沮丧和家庭沮丧、产生抑郁(Frone, Russell & Cooper,1992)、导致情绪耗竭和压力上升(Karambayya & Reilly, 1992);进一步地,工作-家庭冲突会导致员工缺勤甚至离职行为(Car et al.,2008),最有可能会限制企业发展和规模扩张(Jennjing & McDougald, 2007)。而随着积极心理学和积极组织行为学的兴起,工作-家庭冲突领域的一些学者开始研究工作-家庭议题中的正面结果。例如,工作-家庭增益(work-family enrichment)议题越来越受到学者的重视,并检验了大量工作家庭增益导致的正面结果变量,如心理健康、幸福感、工作满意度等(Greenhaus & Powel, 2006；McNall, Nicklin & Masuda, 2010；Rothbard, 2001)。

此外,在早期关于工作-家庭冲突的结果变量研究当中,基本是考虑个体层面的结果变量。但近年来,部分学者开始尝试将工作家庭冲突的议题引入到企业成长与企业战略的研究当中。Jennings 和 McDougald(2007)指出,由于性别角色期望的存在,女性企业家会感受到更多的时间压力,进而引发工作-家庭冲突;由于女性企业家更可能受到来自家庭的干预,进而产生较高的心理压力,最终会影响企业的成长。而在战略选择方面,由于体验到更多的工作-家庭冲突,女性企业家更可能会选择“成长约束”型战略而非“成长促进”型战略,进而限制企业的发展规模。

考虑到工作-家庭冲突带来的众多负面影响,学者在一开始便探讨如何通过调控或干预来减少工作-家庭冲突。在所有的研究当中,社会支持,包括组织支持和家庭支持,是相对有效的方法(林忠、鞠蕾和陈丽,2013；Frone et al.，1997；Greenhaus & Beutell, 1985；Michel, Kotrba, Mitchelson et al.，2011)。众多的研究表明,社会支持有助于减少工作-家庭冲突。例如,Galinsky(1994)发现,在没有支持的工作环境当中,员工能够体验到更多的负面家庭结果;组织的家庭友好政策能够降低工作-家庭冲突带来的工作压力紧张等负面结果(Thomas & Ganster, 1995)。

社会支持能够有效减少工作-家庭冲突可以通过角色理论和资源消耗理论来解释。根据角色理论和资源消耗理论,个体在工作域和家庭域有着多种需求和期望。在某一领域体验到的社会支持能够降低这一领域内的时间、精力和能力的消耗,而这些时间、精力和能量能够帮助他履行另一角色的职责。

2.5.4 工作需要的相关研究

在工作-家庭冲突的文献当中,不同类型的压力是工作-家庭冲突的重要来源。一种类型的压力存在于一个人的客观环境当中,来自角色的期望或压力是客观压力的一种(Kahn et al.,1964)。另外一种压力类型存在于个体主观的心理环境中。客观的压力必须被这个人感知到才能对他的绩效产生影响。需要(demands)也来源于一个人内部,叫作"我的力量"(own forces)(kahn et al.,1964)。工作需要通常被作为一种心理压力,例如快速完成某项工作、在最短的时间完成尽量多的工作,或者很强的工作负荷(Fox,Dwyer & Ganster,1993;Karasek,1979)。工作需要一般是工作行动的推动者。员工会被要求承担规定的工作行为以满足各种绩效标准(Janssen,2000)。

由于主观的环境既反映了客观的环境,也反映了这个人的价值观和期望。Ying、Choi 和 Zou(2000)将需要(demand)定义为角色者对于压力的感知与感觉。他们将工作需要(job demands)定义为"由超负荷工作和工作场所时间压力,如临时工作和截止日期,而导致的各种压力"。工作压力反映了社会期望和自我期望,也最容易受到价值观、信念以及角色相关的自我概念的影响(Greenhaus & Beutell,1985;Kahn et al.,1964;Parasuraman et al.,1996)。

在工作需要的研究当中,众多的证据表明工作需要会产生心理紧张和压力(Karasek,1979;Van Yperen & Snijders,2000),以及心理健康问题(Fox,Dwyer & Ganster,1993;Theorell & Karasek,1996),甚至生理上的疾病,如冠心病(Kuper & Marmot,2003)。另外,一些学者也研究了工作需要与工作绩效与工作满意度之间的关系。例如,员工的工作绩效和工作满意度可能随着工作需要的增加而增加,但当工作需要增加到某一个点后,员工的工作绩效和工作满意度可能又会随之下降(Garder,1986;Janssen,2001)。

此外,对于工作需要研究最多的是 Karasek(1979)提出的工作要求-控制模型(Job-Demand-Control Model)以及 Van der Doef 和 Maes(1998;1999)工作要求-控制-支持模型(Job-Demand-Control-Support Model)。具体的相关表述可见本章第 2.4.3 节的工作控制相关研究述评。

2.6 本章小结

本章先后综述了本研究所涉及的相关变量。首先,本章综述了雇佣关系模式的研究视角与概念界定、雇佣关系模式的理论基础与应用理论拓展、雇佣关系模式的影响前因与影响结果,并对雇佣关系模式研究进行了简要的述评。
接着,本章回顾了主观幸福感的研究现状,包括幸福感的概念界定、主观幸福感的结构与测量、主观幸福感研究中的理论模型、主观幸福感的前因变量研究等。进一步地,本章以工作绩效与绩效付薪感知为例回顾了绩效薪酬的相关研究内容、以职业发展前景感知与工作控制为例的职业发展相关研究内容,以及以工作-家庭冲突和工作需要为例的工作与-家庭研究相关内容。这一章节的文献回顾为下一章节的理论模型构建与假设提出提供了重要的理论基础。

第三章 理论基础、研究假设与理论构建

3.1 理论基础

本书提出在工作场所中员工主观幸福感提升有三条不同的路径：(1) 提升工作绩效，获得更高的收入；(2) 提升职业发展前景，实现职业成功；(3) 减少工作-家庭冲突，实现工作与家庭和谐。尽管三条路径都非常重要，但不同的员工对三条路径的关注点可能存在着差异性。有些员工可能更看重第一条路径，有些员工可能更看重第二条路径，有些员工可能更看重第三条路径，有些员工可能三条路径的关注度是相近的。

不同的提升路径需要不同的理论支持，为此本书提出第一条路径的支撑理论是 Locke(1968)的目标设定理论(Goal-Setting Theory)、第二条路径的支撑理论是 Coleman(1988)的社会资本理论(Social Capital Theory)、第三条路径的支撑理论是边界溢出理论(Boundary Theory)。另外，为了能够三条路径整合在一个研究框架中，本书又引入工作要求-资源理论(Job Demands-Resources Theory)作为基础性的支撑理论。

3.1.1 目标设定理论与绩效薪酬

1968 年，Locke 在《面向任务动机与激励》一文中提出目标设定理论(Goal-Setting Theory)。他希望通过他的文章来回答心理学中一个长期忽视的问题：意识性目标和意图与任务绩效之间的关系。他认为，一个人的意识想法会影响他的行为。具体而言，他发现，困难的目标比容易的目标产生更高水平的绩效，具体的困难性目标比"尽最大努力"的目标有更高的产出，行为意图能够规范行为选择。目标设定理论将目标和意图视为激励与任务绩效之间的中介变量。金钱激励、时间限制以及结果知识并不会独立于个人的目标和意图之外来影响个人的绩效水平。

基于目标设定理论(Locke, 1968, 1978; Locke & Latham, 1984)，Locke 和 Latham(1990)后来提出高绩效循环(high performance cycle)。如图 3-1。高绩效循环是一个归纳型理论，是基于先前关于目标设定绩效、满

意度和组织承诺的实证研究发现。根据这一理论,具体的困难的目标加上高的自我效能感是员工追求高绩效的动力。目标和自我效能影响行动的方向,而努力展现出了对实现目标的坚持。另外,目标与自我效能激励战略的有效实现,而目标对绩效的影响受到个人的能力、任务复杂性、情境限制以及目标承诺的调节作用。如果感知到的高绩效任务是有意义和成长促进的,并且存在高的外部与内部奖励,人们就会有高的工作满意度,进而员工会乐意留在组织当中,并接受未来的挑战,从而形成了一个高绩效循环。

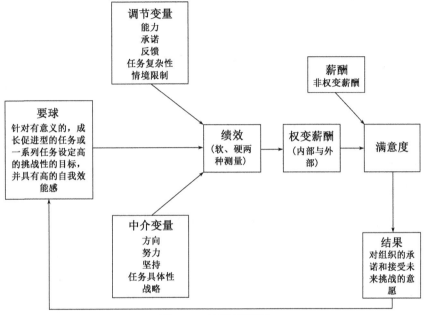

图 3-1　高绩效循环

3.1.2　社会资本理论与职业发展

社会资本理论有很多,本书采用的 Coleman(1988)的社会资本理论(Social Capital Theory)。Coleman(1988)以微观和宏观的联结为切入点对社会资本的概念、形成、结构以及应用做了系统的研究。他认为社会资本研究的目的就在于通过对社会资本的研究来研究社会结构。Coleman(1988)指出:"蕴含某些行动者利益的事件,部分或全部处于其他行动者的控制之下。行动者为了实现自身利益,相互进行各种交换……其结果,形成了持续存在的社会关系。""这些社会关系不仅被视为社会结构的组成部分,而且是一种社会资源。"Coleman 由此提出了社会资本的概念。

Coleman(1988)认为社会资本是由其功能所定义的,它不是某一单独的实体,而是具有各种形式的不同实体。社会资本两个共同的元素:他们都是由社会结构的某些方面组成,以及他们都促进组织内——无论个人还是企业——行动者的某些行为。Coleman(1988)认为,社会资本与人力资本和物质资本是并存的,每个人天生就具有这三种资本。社会资本是由于人与人之间关系的变化产生的。社会资本是无形的,且存在于人与人之间的关系当中。与物质资本和人力资本一样,社会资本能够促进生产活动。社会资本的形式有义务、期望与结构的可信度、信息网络、规范与有效惩罚、权威关系、多功能社会组织和有意创建的组织等。

社会资本意味着资源(如,信息、影响力、团结),这些资源通过一个人与他人的关系和一个人在特定社会结构中的位置体现出来(Adler & Kwon, 2002;Coleman, 1988)。社会资本由人际的互动过程创造出来,并且让某些看起来不可能完成的事件成为可能(Coleman, 1988)。社会资本包括专用性和可置换性(Adler & Kwon, 2002)。可置换性是指社会资本能够替代或补充其他资源或品质的能力(如,对于信息、个体、绩效或职位权力的直接访问)。专用性是指某一类型的关系(如,友谊)能够被用于多样化目的(如,情感支持、接触信息、绩效反馈、暴露在上级组织决策者下)的事实。

3.1.3 边界溢出理论与工作家庭冲突

边界理论(Boundary Theory)是工作家庭议题中极其重要的一个理论。边界理论认为,工作和家庭有着各自存在边界的相对独立的域,域同时又有一定的边界。如上一章第五节所述,工作和家庭两个边界存在三种类型:分割、溢出和补偿(Edwards & Rothbard, 2000)。边界溢出理论认为,工作域与家庭域的边界存在着非对称性渗透,工作和家庭的边界根据一个域的需要向另外一个域以一定的频率和程度进行非对称渗透(Frone et al.,1992)。溢出是指工作和家庭对另一方产生的影响,这种影响会在工作域和家庭域之间形成相似性。这种相似性包括四个方面的内容:工作家庭情感(如,情绪和满意度)、价值观(如,工作和家庭追求的内容的重要性)、技能以及行为。

边界溢出理论将溢出分为积极溢出(positive spillover)和消极溢出(negative spillover)。当工作域中的积极元素,如满意、激励等,渗透到家庭域中,给家庭域带来满意和精力时,这种溢出就叫积极溢出(positive spillover);而当工作域中的元素,如压力、紧张等,渗透到家庭域中,给家庭带来困扰、自己不能参与家庭生活时,这种溢出叫作消极溢出(negative spillover)(Higgins & Duxbury, 1992)。积极溢出是工作家庭促进的基础,也是减少工作家庭冲突的重要手段;而消极溢出是导致工作家庭冲突的根本原因(Higgins & Duxbury,1992)。

3.1.4 工作要求-资源理论

为了更好地理解、解释和预测工作场所中的员工幸福感(如,耗竭、健康、动机、敬业度、情感),Bakker 和 Demerouti(2007;2014)提出了工作要求-资源理论(Job Demands-Resources Theory)(见下图)。根据工作要求-资源理论,所有的工作特征、工作环境以及工作条件都可以划分为两类:工作要求(job demands)与工作资源(job resources)。

工作要求是指那些物理的、心理的、社会的或组织方面的工作要求,包括需要持续的身体的和心理的(认知和情感的)努力或技能,并且与一定的心理或心理的成本有关(Demerouti et al.,2001)。工作要求的例子有高的工作压力、一个不受人欢迎的工作环境,或者需要与客户进行情感上的互动等。尽管工作要求并不一定是负面的,但当满足这些要求需要很高的努力却不能得到充分的恢复时,工作要求就可能转化成工作压力(Meijman & Mulder,1998)。因此,工作要求通常是耗竭、身心失调的健康问题,以及重复性劳损的最佳预测变量。工作资源是指那些与工作相关的物理的、心理的、社会的或组织方面的内容,包括能够实现工作目标、减少工作要求和生理和心理成本,以及促进个人成长、学习和发展等方面的内容。工作资源不仅可以处理工作要求,对员工自身的权益而言也是非常重要的(Bakker,2011;Bakker & Demerouti,2007)。因此,工作资源通常是工作享受、动机,以及敬业度的最佳预测变量。

在工作要求-资源模型当中,有两个不同的潜在心理机制在工作压力和动机中扮演着重要的角色。第一个机制是健康损害机制,即非常差的工作设计或长期的工作要求(如超负荷工作、情感需要)会消耗员工心理上和身体上的资源,进而可能导致能量损耗(如,耗竭状态)和健康问题。第二个机制是动机机制,即工作资源具有激励潜能、产生高的工作敬业度、低的犬儒主义以及优秀的绩效。工作要求和工作资源不仅拥有各自的影响机制,它们也可以交互对结果变量产生影响。一方面,工作资源能够缓冲工作要求对员工工作紧张、耗竭等产生的负面影响;另一方面,员工拥有工作资源能够更好地处理日常工作要求。

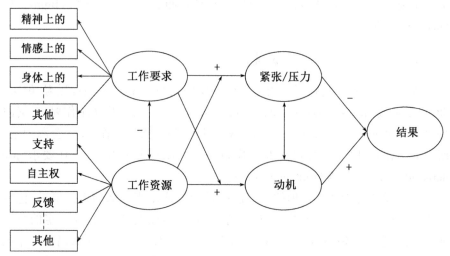

图 3-2 工作要求-资源模型

3.2 研究假设

3.2.1 提供诱因、工作资源以及期望贡献与工作要求之间的概念平行构建

根据工作要求-资源理论与员工-组织关系理论,本书认为,雇佣关系模式中的提供诱因与工作要求-资源理论中的工作资源存在概念平行的关系。

组织向员工提供诱因包括两类因素:物质性奖励和发展性奖励。其中,物质性奖励包括工资、资金、福利等以货币形式的物质性报酬,发展性奖励包括充分的授权、支撑员工持续成长的培训、职业生涯的计划与发展、决策参与、尊重员工等宽范围的人力资本投资(Tsui et al.,1997;Jia et al.,2014)。工作要求-资源理论中的工作资源包括能够实现工作目标的、减少工作要求和生理和心理成本的,或能够促进个人成长、学习和发展的资源,如薪酬、职业机会、工作安全、主管或同事的支持、团队氛围、员工参与以及员工个人的资源,如自我效能、积极和自我评价等(Bakker & Demerouti,2007;2014)。从上述的内容可以看出,无论组织提供的物质性奖励还是发展性奖励都属于工作资源的重要内容。因此,本书认为,组织向员工提供的诱因越多,员工就能获得越多的工作资源;反之,员工只能获得较少的工作资源。

组织对员工贡献的期望指组织期望员工努力的数量和质量。组织对员工的贡献期望越高,即要求员工表现宽领域的任务外绩效和高组织承诺(Tsui et al.,1995)。一般而言,组织对员工的期望可以分为两部分:一部分是角色内的绩效,主要指保证契约内规定的员工需要承担的具体性工作的完成;另一部分是角色外的绩效,主要指表现出高的组织承诺、用新的工作方式和技术来完成工作、表现出高的组织公民行为等开放性任务的完成(Tsui et al.,1995,1997;Jia et al.,2014)。工作要求-资源理论中的工作要求包括需要持续的身体的和心理的(认知和情感的)努力或技能,并且与一定的心理或心理的成本有关(Demerouti et al.,2001)。虽然期望贡献强调的是组织期望的结果(outputs),工作要求强调的是资源消耗(时间、能量等),从表面上看,两者在概念上存在着一定的错位,但员工实现这些结果的过程意味着大量的资源消耗。因此,期望贡献暗含着大量的、多种类的工作要求。从这一角度来看,组织期望员工做出越多的贡献,员工就需要承担越多的工作要求(消耗更多的资源);反之,员工承担的工作要求就越少。

3.2.2 员工-组织关系与员工主观幸福感

工作要求-资源理论能够帮助我们理解、解释和预测员工幸福感和工作绩效。根据这一理论,工作资源能够预测员工的工作享受、工作积极性,以及工作投入(Bakker et al.,2007;2010),而工作要求预测员工的工作倦怠与耗竭(Bakker,Demerouti & Schaufeli,2003;Hakanen et al.,2006)。

本书认为,组织向员工提供越多的诱因或资源,员工在工作场所中将拥有更高水平的主观幸福感(即,更高的工作场所整体生活满意度、更多的积极情感和更少的消极情感);而组织期望员工做出更多的贡献或工作要求,工作场所中的员工幸福感就会越低(即,更低的工作场所整体生活满意度、更少的积极情感和更多的消极情感)。

四种雇佣关系模式类型由不同水平的提供诱因与期望贡献组成。本书认为,在过度投资型的雇佣关系模式中,员工的主观幸福感处于最高水平。在这种雇佣关系模式下,组织向员工提供高水平的诱因与宽泛的投资(意味着更多的工作资源),并期望员工做出较少的贡献(意味着较少的工作要求),因而员工拥有足够的工作资源完成组织分配的工作任务、履行职责。先前的研究也表明,工作资源(如,组织支持、职业机会、发展与培训)能够缓冲工作要求的负面影响(Bakker et al.,2005;Xanthopoulou,Bakker & Dollard,2007)。

本书认为,在投资不足的雇佣关系模式下,员工的主观幸福感将处于最低水平。在这种雇佣关系模式下,组织向员工提供的诱因和投入很少,但期望员工做出贡献很多。根据工作要求-资源理论,员工将缺少足够的资源来完成大量的工作任务与职责。较少的工作资源也不能缓冲过高工作要求带来的负面影响,因而导致低水平的员工幸福感。类似的研究表明,员工的离职倾向在投资不足的雇佣关系模式下是最高的、员工的组织承诺在这一模式下是最低的(Hom et al.,2009)。

在相互投资型与准现货契约型两种均衡的雇佣关系模式下,员工的主观幸福感将处于中等水平。然而,相对于准现货契约型雇佣关系模式,本书认为员工的主观幸福感在相互投资型的雇佣关系模式下相对更高。在相互投资型的雇佣关系模式下,组织在向员工提供丰富的诱因和长期投资的同时也期望员工做出更高水平的角色内与角色外工作绩效。在这种雇佣关系模式下,员工获得的工作资源与需要承担的工作要求是平衡的但都处于高水平;而在准现货契约的雇佣关系模式下,虽然组织提供诱因与期望贡献也是均衡的,但处于较低水平。契约型工作是准现货契约型雇佣关系模式中的典型例子。准现货契约型雇佣关系模式下的员工的整体工作体验尽管不一定与投资不足型雇佣关系模式下员工工作整体体验一样低,但也很少是积极的。

综合上述,本书提出下述研究假设:

假设 1a:组织向员工提供诱因(提供诱因)对工作场所中员工的主观幸福感有积极的影响(更高的整体生活度、更高的积极情感和更低的消极情感),组织期望员工做出的贡献(期望贡献)对工作场所中员工的主观幸福感有消极的影响(更低的整体生活度、更低的积极情感和更高的消极情感);

假设 1b:提供诱因与期望贡献联合预测工作场所中员工的主观幸福感;具体而言,员工的主观幸福感在过度投资型雇佣关系模式下最高,在相互投资型雇佣关系模式下高,在准现货契约雇佣关系模型下低,在投资不足型雇佣关系模式下最低。

3.2.3 组织中员工主观幸福感提升路径一:提高绩效薪酬

3.2.3.1 员工工作绩效在员工-组织关系与主观幸福感之间的中介作用

员工的工作绩效包括两个方面:核心任务绩效和周边绩效 Borman & Motowidlo,1993;Motowidlo & Van Scotter,1994)。任务绩效是指完成某一项或多项工作任务所展现出来的工作行为以及取得的工作结果,是强制性的,表现为工作效率、工作数量和工作质量等;周边绩效是指那些并不需要强制履行的与完成工作任务相关的方面,如良好的同事关系、主动加班、工作场所的组织公民行为等。对企业或组织而言,绩效评估的基础是任务绩效。只有完成了规定的任务和职责,员工才能得到相应的绩效评价。组织期望员工能够在完成甚至超额完成任务绩效的基础上,能够有更高、更多的周边绩效(Dalal & Gulin, 2008)。

在员工-组织关系理论中,期望贡献与员工的工作绩效直接相关。期望贡献是指组织期望员工努力的数量和质量。组织对员工的贡献期望越高,就会要求员工表现宽领域、高水平的任务绩效和周边绩效(Tsui et al., 1995)。另外,根据目标设定理论中的高绩效循环模型(Locke & Latham, 1990),更高的工作要求(期望贡献)会提高员工的工作绩效。组织向员工提供的诱因包括物质性奖励与发展性奖励。从单一的视角来看,提供诱因或投资本身并不含有某种意图,因而相比于期望贡献,提供诱因与员工的工作绩效之间可能不会有直接的关系;或者说,提供诱因对于工作绩效的正向预测作用在期望贡献的影响下的不再显著。

然而,组织向员工提供诱因的同时,也期望员工在未来为企业做出贡献。一般而言,企业向员工提供的诱因或投资越多,期望员工做出的贡献就越多;反之亦然。另外,工作要求-资源理论(Bakker & Demerouti, 2007;2014)认为,工作要求与工作资源能够交互地预测员工的工作绩效,拥有工作资源的员工能够更好地处理日常的工作任务。一些关于雇佣关系模式文献的实证研究也表明,提供诱因与期望贡献的交互项能够预测员工的工作绩效(Tsui et al.,1997)。例如,Tsui 等(1997)发现,在相互投资型雇佣关系模式下,员工拥有更高的工作绩效。

因此,基于上述的讨论,本书提出下述假设:

假设 2a:组织期望贡献与员工工作绩效呈正向相关关系,组织提供诱因与员工工作绩效没有关系;

假设 2b:组织期望贡献与员工工作绩效之间的正向相关关系在组织提供诱因高的情况下会得到加强,而在组织提供诱因低的情况下会得到弱化。

在以往的文献当中,工作绩效一般作为幸福感的结果变量被学者所研究。学者研究幸福感的目的是提高工作绩效。然后在不同的研究情境当中,工作绩效与幸福感之前关系是不确定的。Judge、Throesen、Bono 和 Patton(2001)通过定量与定性方法分析了工作满意度与工作绩效之间的关系。他们认为,工作满意度能够预测工作绩效,同样工作绩效也能够预测满意度;工作满意度与工作绩效之间的关系存在着不完全相同的中介变量和调节变量,正是这些不完全相同的中介变量和调节变量影响着两者之间的因果关系。例如,积极情感是在工作满意度和工作绩效的关系之间起着中介作用,而权变薪酬会调节工作绩效与工作满意度之间的关系(Judge et al.,2001)。Bowling(2007)的研究认为,满意度与绩效之间的关系受到一般性人格特质的影响,当控制了大五人格或核心自我评价后,满意度与绩效之间相互关系的强度会减弱。因此,工作绩效与幸福感可能互为因果关系,但谁是因谁是果需要看具体的研究情境。

根据本书第一章实践背景所述,提高工作场所中员工的薪酬待遇是增加员工主观幸福感的重要手段。对于组织或企业而言,提高员工的收入或薪酬的一个重要前提是员工拥有更高的工作绩效。因此,员工的更高的工作绩效可能导致员工更高的主观幸福感。

另外,根据目标设定理论(Goal-Setting Theory)中的高绩效循环模型(Locke & Latham,1990),有意义的、促进成长的、高挑战性的目标或一系列任务,即更高、更宽的工作要求或期望贡献,是员工实现更高工作绩效的重要前因,而组织提供的反馈、授权或员工的自主权(发展性诱因的重要内容)是实现这些目标的重要调节变量。更高的工作绩效水平,意味着更多的权变薪酬(即,基于工作绩效的薪酬),而更多的权变薪酬是员工实现更高水平的工作满意度的重要前提。根据这一理论,员工工作绩效可能在组织期望贡献与提供诱因的交互项与工作场所中的员工主观幸福感(整体生活满意度、积极情感和消极情感)之间起到中介作用。

基于上述讨论,本书提出:

假设 2c:员工工作绩效与员工主观幸福感之间呈正向相关关系。

假设 2d:员工工作绩效中介了组织期望贡献与提供诱因交互项与员工主观幸福感之间的相关关系。

3.2.3.2 员工绩效付薪感知在员工工作绩效与主观幸福感之间的调节作用

组织为了提升工作场所员工的能动性以及提高员工的薪酬满意度,大多数会实施以绩效为基础的薪酬体系。然而,从组织的角度来看,这种体系是否有效很大程度上取决于员工是否能够感知到这种评价体系。

绩效付薪感知一般是基于绩效为基础的薪酬计划,即绩效工资。绩效工资被定义为一种薪酬计划,在这个薪酬计划中,员工收到的工资增长是基于他们过去一段时间内的绩效评估(Heneman,1990;1992)。如果一个员工的工作绩效是高的,薪酬又是根据员工过去一段时间内的绩效支付的,那么这个员工意味着有一个较高的薪酬水平。St-Onge(2000)认为,更多地了解绩效付薪感知有助于提升激励性薪酬计划的有效性;他通过研究发现,员工感知到绩效付薪不仅与真实的绩效付薪存着的高度相关性,也与他们对决策制定者的信任、他们的程序公平感知、结果的规模即薪水增长和绩效评价以及结果的满意度正相关。

前文所述,提高工作场所中员工的收入水平是增加员工主观幸福感的重要手段。当员工取得较高的工作绩效,同时员工又能感知到企业支付员工的薪酬是根据员工过去的绩效,这意味着员工能够获得更高的收入,因而,员工可能会拥有更高的主观幸福感。

根据上述的分析,本书提出下述假设:

假设 2e:员工感知到绩效付薪调节了员工工作绩效与员工幸福感之间的正向相关关系;即当员工感知到绩效付薪更高时,员工工作绩效与员工幸福感之间正向相关关系更强,反之,则更弱。

综合上述,本书将本小节的所有假设整合在图 3-3 的框架当中。

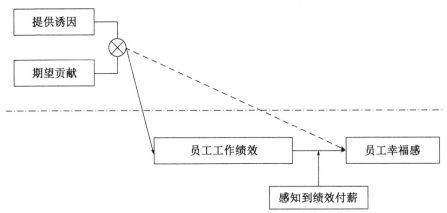

图 3-3　组织中员工主观幸福感提升路径一:
员工工作绩效在员工-组织关系与员工主观幸福感之间的中介作用
以及员工绩效付薪感知的调节作用

3.2.4　组织中员工主观幸福感提升路径二:促进职业发展

3.2.4.1　职业发展前景感知在员工-组织关系与主观幸福感之间的中介作用

类似于员工-组织关系影响员工主观幸福感的逻辑,本书认为员工-组织关系模式会对员工的职业发展前景感知作出类似的预测。具体而言,如果组织向员工提供更多的诱因与投资,包括丰富的物质奖励,如竞争性的薪酬,和发展性的奖励,如培训与职业发展机会(意味着高水平的工作资源),员工便能够提升与丰富自身的知识、技能与态度。在这种情况下,员工将会感受到光明的职业发展前景和丰富的发展机会。否则,员工很难拥有职业发展与成长以实现职业成功。当组织期望员工做出更多的贡献,如更高水平的角色内与角色外绩效(意味着高水平的工作要求),如果这些工作要求超过了员工知识、技能与态度,将会导致员工工作负担过重或迷失自己,那么员工在组织内也将很难拥有光明的职业未来和发展前景。尽管工作要求本身可能含有一定的发展机会(Crawford,LePine & Rich,2010),但过多的工作要求和充满压力的工作环境可能会阻止员工感受到在组织中长期的职业发展前景。

另外,根据社会资本理论(Coleman,1998),提供诱因对于员工的社会资本的形成有直接的作用,对员工之间关系的建立有着直接的影响。在雇佣关系模式中,提供诱因包括发展性奖励与物质性奖励。通过采用高水平的发展性奖励,如职业发展机会、授权、决策参与、培训等,雇主向雇员传递这样的信号,即雇主想要发展长期的雇佣关系并乐意向员工进行投资。而更多直接的物质性奖励,如竞争性的薪酬水平和福利,也表明了雇主对人力资本的一个长期、实质性的投资。更多的社会资本意味着一个人拥有的可支配的资源(如,信息、影响力、团结)。一方面,社会资本通过人际关系的互动过程得以形成,并影响一个人的成就取得(Coleman,1988)。一些研究表明,社会资本,如很好的人际关系,对个体的职业发展前景或职业成功有着重要影响。例如,Wei、Liu、Chen以及Wu(2010)研究发现,在中国的组织情境下,主管与下属之间的关系与下属的职业前景显著正相关,并且主管与下属之间的关系能够中介下属的政治技能与职业发展前景。另一方面,根据工作要求-资源理论,过多的工作要求或工作任务会消费大量的工作资源。因此,可以预测,当员工需要完成过多的工作任务时(期望贡献),员工必然会损耗大量的资源(如,个人关系),从而导致个人的社会资本降低,进而可能对员工在企业中的职业发展前景产生负面影响。

基于上述的分析,本书提出:

假设 3a:提供诱因与员工职业发展前景感知显著正相关,而期望贡献与员工职业发展前景感知显著负相关。

尽管提供诱因与期望贡献对员工职业发展前景感知有着不同的预测,但两者可能会对员工职业发展前景产生联合影响。对此,本书认为有两种可能的解释。第一,组织提供诱因(等同于工作资源)能够缓冲期望贡献(等同于工作要求)对员工职业发展前景带来的负面影响。一些工作要求-资源理论文献表明,工作资源,如工作自主权、组织支持、发展机会,类似于提供诱因中的发展性奖励,能够缓冲工作要求的负面影响(如,Bakker et al.,2005;Xanthopoulou et al.,2007)。第二种可能的解释是,期望贡献能够强化提供诱因对员工职业发展前景感知的正面影响。一些研究也支持了这种假设(Hakanen,Bakker & Demerouti,2005;Bakker et al.,2007)。例如,挑战性的压力(如高工作要求或期望贡献)能够通过提供发展性机会帮助员工成长(Cavanaugh, Boswell, Roehling et al. , 2000；LePine, Podsakoff & Lepine, 2005；Crawford et al. , 2010)。

鉴于上述讨论,本书提出下述假设:

假设3b:组织提供诱因与员工职业发展前景感知之间的正向相关关系在组织期望贡献高的情况下会得到加强,而在组织期望贡献低的情况下会得到弱化。

实现职业发展与职业成功是员工努力工作的重要动力之一(Anderson & Schalk, 1998；Baruch, 2006；Okurame, 2012)。对所有员工来说,拥有光明的职业发展前景和实现职业成功都是非常重要的动机。拥有职业发展前景,一个员工就有可能获得和享受职业成功所带来的奖励与薪酬(Reiche, Kraimer & Harzing, 2011)。通过晋升和获得职业发展经验来实现在组织层级中上升能够提升员工的努力程度和激励他们对组织和职业活动更大的投入(Mowday, Porter & Steers, 1982；Eisenberger, Lieberman & Williams, 2003)。有大量的研究表明,职业发展与工作整体满意度以及实现有意义的工作之间存在着相关关系。例如,Browne(2000)认为,内部职业发展机会与培训是员工工作满意度的重要预测变量。Grawitch、Gottschalk 和 Munz(2006)发现,职业成长与发展是提升员工承诺、动机以及工作满意度的一项重要健康场所实践。

尽管很少有研究直接检验员工的职业发展前景感知与员工主观幸福感之间的因果关系,但一些研究发现表明员工的职业发展前景感知能够有效地预测员工的留职意愿(Reiche, Kraimer & Harzing, 2011),并且与员工的离职意愿显著负相关(Maertz & Campion, 2004)。另外,职业发展前景感知还能够提升员工的工作效率(Avey, Nimnicht & Pigeon, 2010)以及提高他们的工作参与(Eisenberger, Huntington, Hutchision & Sowa, 1986)。

基于上述的讨论,本书认为,员工的职业发展前景感知能够预测他在工作场所中的主观幸福感。整体前述提到的假设,本书也认为,员工的职业发展前景感知能够中介提供诱因与期望贡献交互项与员工主观幸福感之间的关系。因此,本书提出下述假设:

假设3c:员工职业发展前景感知与员工主观幸福感之间呈正向相关关系。

假设3d:员工职业发展前景感知中介了组织期望贡献与提供诱因交互项与员工主观幸福感之间的相关关系。

3.2.4.2 工作控制在员工职业发展前景感知与主观幸福感之间的调节作用

工作控制是指一个人能够对他的工作目标包括工作的内容、时间安排以及目标实现的顺序有相应的影响，以及对他的工作策略、工作反馈和工作条件有一定的影响(Frese,1989;Frese, Garst & Fay, 2007)。高水平的工作控制意味着一个员工能够有一定的自主权去处理工作相关的问题。一些具体的实证研究表明,工作控制能够影响一个人的情感体验、认知评价和工作中的行为。例如,Karasek(1979)发现,控制对一个人的开心、积极情感有着正向的影响。而更高的控制也与更积极的自我评价有关(Hackman et al.,1978)。Frese、Garst 和 Fay(2007)认为,更高水平的工作控制能够提升员工的主动性,这是因为高水平的工作控制能够增加员工对于整个工作的责任感(Hackman & Oldman,1976),以及更广泛和更主动的角色导向(Parker, Wall & Jackson,1997)。另外,Bond 和 Bunce(2003)认为,让自己决定自己的行为是员工心理健康和行为有效性的主要前因变量。工作控制对员工的工作满意度也有着正向的影响(Hackman, Pearce & Wolfe,1978)。

尽管工作控制可能也会影响员工的主观幸福感,但本书认为,工作控制更可能会加强员工职业发展前景感知与员工主观幸福感之间的关系。一方面,工作控制意味着一定的自我效能和内在激励(Van Yperen & Hagedoorn, 2003),如果员工拥有的工作只有低水平的工作控制,那么员工就不太愿意对他们的职业前景作出反应。另外,对控制的需要是人类的基本驱动力(Deci & Ryan,1975;Ryan & Deci,2000)。员工拥有低水平的工作控制可能会限制他们的技能、知识和能力的应用以及限制他们的动机去实现职业发展与职业成功。因此,低水平的工作控制会减弱员工职业发展前景感知与主观幸福感之间的关系。另一方面,感知到高的职业发展前景意味着员工拥有实现职业发展与职业成功的期望(Okurame,2014)。然而,让这样的可能性成为现实,员工需要做出令人满意的贡献,而这意味着员工需要一定程度的自主权去控制他们的职业发展。如果感知到职业发展前景能够影响员工的主观幸福感,那么拥有高水平的工作控制就能够加强这种关系。基于上述的分析,本书提出:

假设 3e:员工的职业发展前景感知与主观幸福感之间的关系受到员工工作控制的调节作用,即这种积极的关系当员工工作控制高的时候更高。

综合上述,本书将本小节的所有假设整合在图 3-4 的框架当中。

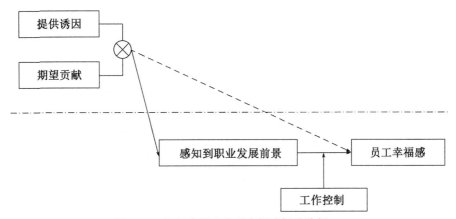

图 3 - 4　组织中员工主观幸福感提升路径二:
员工职业发展前景感知在员工-组织关系与员工主观幸福感之间的中介作用
以及员工工作控制的调节作用

3.2.5　组织中员工主观幸福感提升路径三:降低工作-家庭冲突

3.2.5.1　工作-家庭冲突在员工-组织关系与主观幸福感之间的中介作用

Kahn 等(1964)认为,角色冲突是指"当两种压力(或压力集)同时出现时,遵守一种角色将很难再遵守另外一种角色"。一个人在工作与家庭中有两种角色:工作角色与家庭角色。当个体对工作角色和家庭角色有不同期望时会引发心理上或生理上的压力,进而导致工作和家庭两种角色压力的产生,而当工作角色压力与家庭角色压力发生不兼容时,工作家庭冲突便产生了(Greenhaus & Beutell,1985)。根据工作家庭边界理论,工作-家庭冲突意味着工作域或家庭域中的某个角色需要扩张,导致两者的边界产生交叉并发生位移。为了应对工作家庭边界的位移或变化,人们需要付出额外的认知、情感或心理上的资源。当人们为了满足工作域或家庭域中日益增加的角色要求而消耗大量的认知、情感或心理资源时,却没有及时地获得相应的资源进行补充,人们就会产生相应的紧张感和逐渐增加的角色压力(高中华和赵晨,2014;Eagle et al.,1997;Hobfoll,1989;Huang & Cheng,2012)。

在雇佣关系模式当中,组织期望员工做出的贡献(工作要求)可能会导致员工对工作域中的角色要求增加。组织对员工的贡献期望越高,即要求员工表现宽领域的角色内绩效和角色外绩效。这一方面要求员工保证完成契约内规定的具体性工作,另一方面还需要员工做出高的组织承诺、用新的工作方式和技术来完成工作,以及高的组织公民行为等开放性任务的完成(Tsui et al.,1995,1997;Jia et al.,2014)。完成这些工作要求需要消耗员工大量的认知、情感和心理上的资源,不断增强员工在工作域中的角色压力,由此可能产生员工的工作对家庭的干涉,从而产生工作-家庭冲突。而雇佣关系模式当中的组织向员工提供的诱因(工作资源)则可能减少员工工作对家庭的干涉。这是因为,一方面,组织向员工提供大量的物质性奖励包括工资、资金、福利等以货币形式的物质性报酬,这能够给予员工家庭大量的物质生活保障;另一方面,组织向员工提供发展性奖励包括充分的授权、支撑员工持续成长的培训、职业生涯的计划与发展、决策参与、尊重员工等宽范围的人力资本投资(Tsui et al.,1997;Jia et al.,2014),能够丰富员工在工作域中的工作资源,提升员工应对工作压力的能力,进而减少员工的工作对家庭的干涉,甚至通过边界溢出效应,形成工作家庭增益。

因此,基于上述的分析,本书提出:

假设 4a:组织提供诱因与员工工作-家庭冲突显著负相关,而期望贡献则与员工工作-家庭冲突显著正相关。

组织提供诱因与期望贡献除了单独对员工工作-家庭冲突产生影响外,两者的交互项也会对员工的工作-家庭冲突产生影响。一方面,期望贡献(高的工作要求)会消耗员工在工作域当中大量的认知、情感或心理上的资源,对员工的工作角色形成压力,但与此同时,组织提供诱因又能够及时地补充员工消耗的资源,以平衡或减少员工的工作角色压力。工作要求-资源理论(Bakker & Demerouti,2007;2014)也表明,工作资源,如工作自主权、组织支持、发展机会,类似于提供诱因中的发展性奖励,能够缓冲工作要求的负面影响(如,Bakker et al.,2005;Xanthopoulou et al.,2007)。另一方面,根据边界溢出理论,如果当工作域中的元素,如压力、紧张等,渗透到家庭域中,给家庭带来困扰、自己不能参与家庭生活时,便会形成工作-家庭冲突(Higgins & Duxbury,1992)。而员工根据组织提供的物质性奖励和发展性奖励,包括充分的薪酬、授权、支撑员工持续成长的培训、职业生涯的计划与发展、决策参与、尊重员工、支持等等能够提高员工应对工作压力的能力、帮助员工减缓工作紧张,防止工作域中的消极元素流向家庭域,最终防止员工的工作域对家庭域的干涉。

基于上述讨论,本书提出:

假设 4b:组织期望贡献与提供诱因的交互项影响员工的工作-家庭冲突,即组织期望贡献与员工工作-家庭冲突的正向关系受到组织提供诱因的抑制,组织提供诱因越高,这种抑制作用越强;反之则越弱。

正如本书在第二章第五小节所述,考虑到工作-家庭冲突主要是由于工作领域和家庭领域的因素导致的,进而导致员工对工作或家庭方面的不满,从Greenhaus 和 Beutell(1985)提出工作-家庭冲突以来,学者基本上都在探讨工作-家庭冲突的负面结果。例如,认为,工作-家庭冲突会导致工作沮丧和家庭沮丧、产生抑郁(Frone, Russell & Cooper, 1992)、导致情绪耗竭和压力上升(Karambayya & Reilly, 1992);进一步地,工作-家庭冲突会导致员工缺勤甚至离职行为(Car et al., 2008),最有可能会限制企业发展和规模扩张(Jennjing & McDougald, 2007)。

一些学者也研究了工作-家庭冲突对员工主观幸福感的影响。基于资源保存理论,Matthews、Wayne 和 Ford(2014)认为,当员工体验到高水平的工作-家庭冲突的时候,由于工作资源的减少(如,时间、精力),他们会体验到主观幸福感的下降。其他的一些学者也探讨了工作-家庭冲突对员工主观幸福感的负面影响(如,Diener et al., 2006;Fredrick & Loewenstein, 1999)。另外,元分析也支持了工作-家庭冲突与员工幸福感之间的负向关系(Allen, Herst, Bruck & Sutton, 2000;Ford, Heinen & Langkamer, 2007;Michel et al., 2009)。

基于上述的分析,本书也认为,工作-家庭冲突会负面影响员工的主观幸福感,包括降低员工在工作场所中的整体生活满意度、降低员工的积极情感和增加他们的消极情感。

假设4c:员工工作-家庭冲突与员工主观幸福感之间呈负向相关关系。

整体前述提到的假设,本书认为,员工工作-家庭冲突将中介组织提供诱因与期望贡献交互项与员工主观幸福感之间的关系。因此,本书提出下述假设:

假设4d:员工工作-家庭冲突中介了组织期望贡献与提供诱因交互项与员工主观幸福感之间的相关关系。

3.2.5.2　工作需要在工作-家庭冲突与主观幸福感之间的调节作用

在工作-家庭冲突的文献当中,不同类型的压力是工作-家庭冲突的重要来源。一种类型的压力存在于一个人的客观环境当中,来自角色的期望或压力是客观压力的一种(Kahn et al., 1964)。另外一种压力类型存在于个体主观的心理环境中。客观的压力必须被这个人感知到才能对他的绩效产生影响。要求(demands)也来源于一个人内部,叫作"我的力量"(own forces)(Kahn et al., 1964)。

由于主观的环境既反映了客观的环境,也反映了这个人的价值观和期望。Ying、Choi 和 Zou(2000)将需要(demand)定义为角色者对于压力的感知与感觉。他们将工作需要(job demands)定义为"由超负荷工作和工作场所时间压力,如临时工作和截止日期,而导致的各种压力"。工作压力反映了社会期望和自我期望,也最容易受到价值观、信念以及角色相关的自我概念的影响(Greenhaus & Beutell,1985;Kahn et al.,1964;Parasuraman et al.,1996)。

尽管工作需要也可能会直接影响员工的工作-家庭冲突,但本书认为,工作需要也可能会影响工作-家庭冲突与员工主观幸福感之间的关系。本书从两个方面阐述工作需要对员工工作-家庭冲突与员工主观幸福感之间关系的调节作用。第一,工作需要是导致员工工作-家庭冲突的因素之一,但并不是唯一的因素。当员工已经存在到工作-家庭冲突时,如果此时员工还需要面对额外的工作需要,即需要处理额外的工作任务时,员工会感受到强烈的不满甚至愤恨(消极情感的表现之一),此时的员工将不会有工作上的满意度。第二,工作-家庭冲突本身意味着工作域的边界挤占家庭域的边界,是工作域中的负面因素渗透到家庭域当中(Matthews,Wayne & Ford,2014)。工作需要意味着员工需要忙于各种工作任务,会感到心力交瘁,在这种状态下员工在工作域中的角色压力会更大,进而迅速降低员工在工作场所中的主观幸福感。

基于上述的分析,本书提出:

假设 4e:员工工作需要调节了员工工作-家庭冲突与员工主观幸福感之间的负向相关关系;即当员工工作需要更高时,员工工作-家庭冲突与员工主观幸福感之间的负向相关关系更强,反之,则更弱。

综合上述,本书将本小节的所有假设整合在图 3-5 的框架当中。

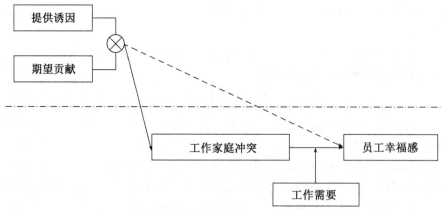

图 3-5 组织中员工主观幸福感提升路径三:
员工工作-家庭冲突在员工-组织关系与员工主观幸福感之间的中介作用
以及员工工作需要的调节作用

3.3 理论模型构建

基于第二章的文献综述以及本章的理论分析,本书提出了 17 个研究假设,具体如表 3-1 所示。

表 3-1 研究假设汇总表

研究假设		
主效应	假设 1a:组织向员工提供诱因(提供诱因)对工作场所中员工的主观幸福感有积极的影响(即,更高的整体生活度、更高的积极情感和更低的消极情感),组织期望员工做出的贡献(期望贡献)对工作场所中员工的主观幸福感有消极的影响(即,更低的整体生活度、更低的积极情感和更高的消极情感)。	
	假设 1b:提供诱因与期望贡献联合预测工作场所中员工的主观幸福感;具体而言,员工的主观幸福感在过度投资型雇佣关系模式下最高,在相互投资型雇佣关系模式下高,在准现货契约雇佣关系模型中低,在投资不足型雇佣关系模式下最低。	
提升路径一:绩效薪酬	假设 2a:组织期望贡献与员工工作绩效呈正向相关关系,组织提供诱因与员工工作绩效没有关系。	
	假设 2b:组织期望贡献与员工工作绩效之间的正向相关关系在组织提供诱因高的情况下会得到加强,而在组织提供诱因低的情况下会得到弱化。	
	假设 2c:员工工作绩效与员工主观幸福感之间呈正向相关关系。	
	假设 2d:员工工作绩效中介了组织期望贡献与提供诱因交互项与员工主观幸福感之间的相关关系。	
	假设 2e:员工感知到绩效付薪调节了员工工作绩效与员工幸福感之间的正向相关关系;即当员工感知到绩效付薪更高时,员工工作绩效与员工幸福感之间正向相关关系更强,反之,则更弱。	
提升路径二:职业发展	假设 3a:提供诱因与员工职业发展前景感知显著正相关,而期望贡献与员工职业发展前景感知显著负相关。	
	假设 3b:组织提供诱因与员工感知到职业发展前景之间的正向相关关系在组织期望贡献高的情况下会得到加强,而在组织期望贡献低的情况下会得到弱化。	
	假设 3c:员工职业发展前景感知与员工主观幸福感之间呈正向相关关系。	
	假设 3d:员工职业发展前景感知中介了组织期望贡献与提供诱因交互项与员工主观幸福感之间的相关关系。	
	假设 3e:员工感知到职业发展前景与主观幸福感之间的关系受到员工工作控制的调节作用,即这种积极的关系当员工工作控制高的时候更高。	

研究假设	
提升路径三：工作-家庭	假设4a：组织提供诱因与员工工作-家庭冲突显著负相关，而期望贡献则与员工工作-家庭冲突显著正相关。
	假设4b：组织期望贡献与提供诱因的交互项影响员工的工作-家庭冲突，即组织期望贡献与员工工作-家庭冲突的正向关系受到组织提供诱因的抑制，组织提供诱因越高，这种抑制作用越强，反之则越弱。
	假设4c：员工工作-家庭冲突与员工主观幸福感之间呈负向相关关系。
	假设4d：员工工作-家庭冲突中介了组织期望贡献与提供诱因交互项与员工主观幸福感之间的相关关系。
	假设4e：员工工作需要调节了员工工作-家庭冲突与员工主观幸福感之间的负向相关关系；即当员工工作需要更高时，员工工作-家庭冲突与员工主观幸福感之间的负向相关关系更强，反之，则更弱。

根据大量的文献回顾与相应的理论支持，本书根据工作要求-资源理论提出了本书的主效应假设，并根据目标设定理论、边界溢出理论和社会资本理论，本书分别提出了关于工作场所员工主观幸福感提升的三大类假设。本书较为系统地讨论了雇佣关系模式对工作场所员工主观幸福感的影响，以及三个不同的中介路径，形成了本书理论研究模型，即完成了组织中员工主观幸福感提升模型的理论构建工作（如图3-6所示）。这为后续两个章节的实证检验提供了基础。

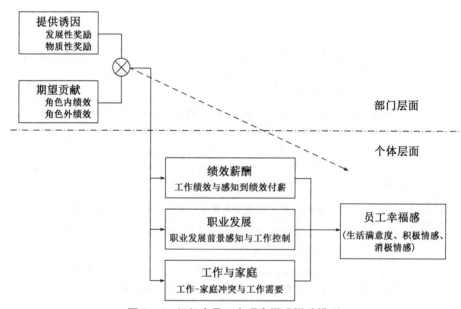

图3-6 组织中员工主观幸福感提升模型

3.4 本章小结

根据本书的研究内容,本章先后阐述了四个理论,即目标设定理论、社会资本理论、边界溢出理论以及工作要求-资源理论,为后续研究假设的提出提供了理论支撑。其次,对本书的主要研究假设进行了深入的分析和论证,剖析了员工-组织关系对员工主观幸福感的影响并深入论证了绩效薪酬、职业发展以及工作与家庭在员工-组织关系与员工主观幸福感之间的中介性作用;最后,对本书所提出的假设进行了分析汇总,最终构建本研究的理论模型。

第四章 研究设计与方法

4.1 研究问卷设计

本书采用的研究量表是南京大学商学院赵曙明教授的国家自然科学基金重点课题《中国企业雇佣关系模式与人力资源管理创新研究》(批准号:71332002)中的研究量表的一小部分。因此,本研究的问卷设计、问卷调查过程与基金课题的问卷设计、发放、回收、录入等全过程完全相同。下面是问卷的相应设计过程:

2014年9月,为进行大规模调查研究,赵曙明课题组成立专门的问卷设计与开发小组。问卷设计小组由两名青年教师、多名博士研究生和硕士研究生组成。

赵曙明教授主持的研究课题由四个子课题组成。根据课题申请书中的整体研究内容以及各个子课题的研究内容,问卷设计小组从整体性的角度查找、检索涉及研究课题内容的研究变量以及相应的量表。与此同时,问卷设计小组也询问各个子课题负责人,并请各个子课题负责人根据各自负责的研究内容,提供相应的研究变量和量表;问卷设计小组汇总、分析归类以及总结各个子课题负责人提供的研究变量和量表。对于已经在中文学术期刊上发表的成绩的量表,问卷设计小组直接采用;而对于发表在英文学术期刊上的变量及量表,问卷设计小组严格按照"双向翻译"的程序将英文量表翻译成中文量表,并邀请问卷设计小组之外的青年教师进行校对确认。

2014年10月,问卷设计小组根据课题的研究内容初步完成课题的问卷设计工作。调查问卷包括四大类:高管问卷(由企业副总填写)、HR问卷(由企业人力资源管理部门负责人填写)、部门主管或项目经理问卷(由部门主管或项目经理填写),以及员工问卷(由员工填写)。问卷设计完成后,设计小组将所有问卷以及将要调研的内容提交给课题主持人和各个子课题负责人审阅,确保问卷设计完全符合课题的研究内容。最后,问卷设计小组根据课题主持人和各个子课题负责人的意见和建议,对调查问卷再进行修订完善,并于2014年11月份完成最终的调查问卷设计工作。

4.2 研究变量测量

4.2.1 员工-组织关系

本书用 Jia、Shaw、Tsui 和 Park(2014)开发的员工-组织关系量表来测量员工-组织关系。员工-组织关系包含两个维度:提供诱因与期望贡献。提供诱因有 14 个测量条目,而期望贡献有 13 个测量条目。部门主管作为部门的负责人评价本部门向员工提供的诱因以及期望员工做出的贡献。提供诱因的典型条目如"通过员工培训来丰富他们的知识和技能,以让他们更好地履行工作和促进职业发展"和"提供竞争性的薪酬水平"。本书用 8 点量表(从 0 至 7)来测量部门向员工提供的诱因:0 表示"没有提供或没有实施",1 表示"极少提供或极少实施",7 表示"大量提供或大量实施"。期望贡献的典型条目如"保质保量完成绩效目标"和"主动地采取措施完成挑战性的任务"。本书用 8 点量表(从 0 至 7)来测量部门期望员工做出的贡献:0 表示"没有强调",1 表示"几乎不强调",7 表示"大量地强调"。

4.2.2 员工主观幸福感

本书采用 Diener、Emmons、Larsen 和 Griffin(1985)开发的五个测量条目的量表来测量在工作场所中的整体生活满意度。典型的测量条目如"在公司中,我的生活接近于理想状态"和"我非常满意我的公司中的整体生活"。本书用 7 点量表让员工测量其在工作场所中的整体生活满意度,1 表示"完全不同意",7 表示"完全同意"。

本书采用 Uncu、Bayram 和 Bilgel(2007)开发的工作相关的情感类幸福感量表来测量员工的积极情感和消极情感。本书让员工根据他在过去 30 天内的实际情况评价工作给他带来的情感感受。积极情感和消极情感各包括五个测量条目。积极情感的典型条目如"我的工作让我感觉很高兴"和"我的工作让我感觉很激动";消极情感的典型条目如"我的工作让我感受很厌烦"和"我的工作让我很沮丧"。本书用 7 点量表让员工测量员工在工作场所中的积极情感和消极情感,1 表示"极少",7 表示"总是"。

4.2.3 员工工作绩效

本书采用 Eisenberger 等(2010)开发的角色内绩效来测量员工的工作绩

效。工作绩效包括 5 个测量条目。本书让员工根据自己的实际工作绩效与所在部门或小组的其他员工总体工作绩效相比来评估自己的实际绩效水平。典型的测量条目如"近一年来的工作数量水平"和"近一年的工作质量水平"。本书用 7 点量表让员工测量员工在工作场所中的工作绩效,1 表示"远低于平均水平",7 表示"远高于平均水平"。

4.2.4　感知到绩效付薪

本书采用 Heneman、Greenberger 和 Strasser(1998)开发的 4 个条目的绩效付薪酬感知量表来测量员工对绩效付薪的感知程度。典型的测量条目如"如果我在工作中表现出色,我的薪酬就可能提高"和"在企业中绩效表现最好的员工会得到最高的薪酬"。本书用 7 点量表让员工测量员工在工作场所中的感知到的绩效付薪,1 表示"完全不同意",7 表示"完全同意"。

4.2.5　职业发展前景感知

本书采用 Reiche、Kraimer 和 Harzing(2011)开发的五个条目的量表来测量员工感知到的员工在组织中的职业发展前景。本书调整了这 Reiche 等人(2011)的量表以适用于企业情境中。典型的测量条目如"我非常确信我能够在本企业中实现我的职业目标"和"公司将会基于我获得和拥有的知识、技能和能力给我提供相应的职位"。本书用 7 点量表让员工测量员工在工作场所中的职业发展前景感知,1 表示"完全不同意",7 表示"完全同意"。

4.2.6　工作控制

本书采用 Free、Garst 和 Ford(2007)开发的 4 个条目的工作控制量表来测量员工在工作中的工作控制。典型的测量条目如"你能决定怎样开展你的工作吗?""你能按照自己的方式计划和安排工作吗?"本书用 7 点量表让员工测量员工在工作中的工作控制,1 表示"强烈不同意",7 表示"强烈同意"。

4.2.7　工作-家庭冲突

本书采用 Grzywacz 和 Marks(2000)开发的 4 个条目的工作对家庭的负面溢出来测量员工的工作-家庭冲突。典型的测量条目如"我的工作让我感到很累,以至于我无法集中精力处理家庭事务"和"由于工作中的压力,我在家里容易发怒"。本书用 7 点量表让员工测量员工在工作场所中的感知到的绩效付薪,1 表示"完全不同意",7 表示"完全同意"。

4.2.8 工作需要

本书采用 Yang、Chen、Choi 和 Zou(2000)开发的量表来测量员工的工作需要。这个量表共有两个测量条目,即"我被分配了非常多的工作任务"和"我经常感到我一直忙于各种工作事务"。本书用 7 点量表让员工测量员工的工作需要,1 表示"极少",7 表示"总是"。

4.2.9 控制变量

根据先前的员工组织关系、工作家庭冲突、职业发展前景以及员工幸福感的研究(如 Jia et al., 2014; Bakker & Oerlemans, 2011; Reiche, Kraimer & Harzing, 2011),本研究控制了两个层面的变量,以期望排除这些因素对本研究模型产生的可能的解释。在员工个体层面,本研究控制了员工的人口统计学特征相关变量,包括员工的性别、年龄、婚姻状况、受教育程度、在岗位上的任职期限,以及员工的平均月收入水平。而在企业层面,本研究控制了企业的统计学特征变量,包括企业的性质、企业所属行业、企业发展规模、企业成立时间,以及企业所处的发展阶段。具体而言,员工人口统计学特征变量有:

(1) 性别:在本研究中,男性被设为"1"、女性被设为"0"。

(2) 年龄:本研究将被调查对象的年龄分成 10 组,分别是 20 岁或 20 岁以下、21～25 岁、26～30 岁、31～35 岁、36～40 岁、41～45 岁、46～50 岁、51～55 岁、56～60 岁,以及 60 岁以上。

(3) 婚姻状况:本研究将被调查者的婚姻状况划分为四组,即未婚、已婚、离婚,以及丧偶。

(4) 教育程度:在本研究中,被调查者的教育程度被划分成 6 组,分别是高中/中专或以下、职高/大专、成人本科、全日制本科、硕士研究生以及博士研究生。

(5) 任职期限:本研究让被调查对象直接填写实际在目前岗位上的任职期限,具体到多少年多少月;但在实际数据处理时,统一将被调查者的任职期限转换为月份。

(6) 平均月收入:本研究将员工的平均月收入(包括津贴、加班费与资金等,以人民币为单位)分为 8 组:2 000 元以下、2 001～3 000 元、3 001～4 000 元、4 001～5 000 元、5 001～6 000 元、6 001～7 000 元、7 001～8 000 元,以及 8 000 元以上。

企业特征变量包括:

(7) 企业性质:本研究将被调查企业的性质划分为四组:国有企业、外资企业、民营或私营企业,以及其他。在实际数据处理里,本研究分别设定三组哑变量:第一组,国有企业设为"1",其他企业性质设为"0";第二组:外资企业设为"1",其他企业性质设为"0";第三组:民营企业设为"1",其他企业性质设为"0"。

(8) 企业所属行业:本研究主要将被调查对象划分为制造业和非制造行业;在实际数据处理里,企业处于制造业被设定为"1",非制造业被设定为"0"。

(9) 企业成立时间:本研究让被调查者填写企业成立于哪一年,而在实际数据处理里,本研究将成立年份转化为成立时间长短。

(10) 企业规模:本研究主要调查企业员工总数,并以企业员工总数多少代表企业的规模大小,具体划分为 6 种:50 人以下、50~100 人、101~500 人、501~1 000 人、1001~2 000 人,以及 2 000 人以上。

(11) 企业所处发展阶段:除了控制上述企业特征变量以外,本研究还控制了企业所处的发展阶段,并将被调查企业划分为:初创期、成长期、成熟期、转型期和衰退期。由于初创期和衰退期的被调查企业较少,在实际数据处理里,本研究设定了三组哑变量:第一组,成长期设为"1",其他类型企业设为"0";第二组:成熟期设为"1",其他企业类型设为"0";第三组:转型期设为"1",其他企业类型设为"0"。

4.3 数据收集与研究样本

本研究主要是以调查问卷的方式进行数据收集。在完成问卷设计工作后,问卷设计小组转变为问卷收集小组。

2014 年 12 至 2015 年 1 月份,问卷收集小组先后在江苏、安徽、广东等地向 50 家企业发放的调查问卷,每家企业收集 27 份研究问卷,其中高管问卷两份,人力资源管理部门负责人一份,部门主管或项目经理问卷 4 份,以及员工问卷 20 份。最终回收来自 45 家企业的调查问卷。从 2015 年 3 月至 8 月,问卷收集小组一方面继续在江苏和广东收集更多的企业调查问卷,同时也向四川、安徽、重庆、天津等省市邮寄企业问卷。此阶段共发放 150 份企业问卷,回收 119 企业调研问卷。两阶段共回收 164 家企业的调查问卷。

结合本书的研究内容,本书共收集三类调查问卷。第一类问卷是由企业人力资源负责人进行填写,主要内容是企业层面的员工-组织关系和企业特征变量;第二类问卷是由部门主管或项目经理进行填写,主要收集部门层面的员工-组织关系和部门特征变量;最后一类是员工填写的问卷,主要收集员工层面的变量以及自身的人口统计学特征变量。所有的调查问卷均采用李克特7点量表,但相应的表述会根据变量的具体测量有所差异。

自2014年12月到2015年8月,问卷收集小组总共向不同省市的200家企业发放或邮寄了3 400份问卷,其中企业副总400份问卷、人力资源负责人问卷200份问卷、部门主管800份问卷,以及员工2 000份问卷。结合本书研究内容,即一家企业收集一份人力资源管理部门负责人问卷,至少有一份部门主管或项目经理问卷,至少能够与部门主管或项目经理配对的三名以上的员工问卷,初步实现配对146家企业。接着,本书对初步配对的问卷进行深入检查,在删除缺失值较多的问卷、删除员工问卷填写内容组内差异很大的问卷。最终得到有效配对134对,包括1 274名普通员工,273名部门主管或项目经理,以及134名企业人力资源管理部门负责人,有效企业回收率达67%。

4.4　研究方法与步骤

为了详细、准确、科学地对本研究的样本进行分析,以及对有关研究假设进行检验,本研究先后采用了均值比较与单因素方差分析、信度检验、效度检验、相关性分析、回归分析,以及多层次线性分析模型。具体而言:

(1) 均值比较与单因素方差分析。为了检验各个控制变量对于员工幸福感的影响,本研究主要采用均值比较与单因素方差分析方法进行检验。均值比较与单因素分析方法通常用于检验各个变量的平均值是否存在显著差异。

(2) 信度检验。信度检验是为了测验量表测得的结果稳定性与内部一致性。量表的信度越大,量表的测量误差就越小,量表就越值得信赖。一般用Cronbachα系数来检验李克特量表的测量信度。Cronbachα系数越高,量表也就越稳定。如果量表的信度系数大于0.9,表明信度非常理想,如果大于0.7表示可以接受,如果小于0.5表明量表不可用。

(3) 效度检验。构念效度是指测量量表的准确性,即表达测量内容与构念本身含义的一致性。构念效度分为聚合效度和区分效率。一般用验证性因子分析(CFA)来检验测量量表的聚合效度和区分效度。

(4) 相关性分析。相关性分析主要是用来描述和分析两个或两个以上的变量之间相关的性质与程度的过程。相关性分析的主要目的是通过具体的数量描述来呈现变量之间的相互关系的密切程度和变化规律。一般是为其他的统计分析手段提供参考依据。

(5) 回归分析。回归分析主要用来分析变量或事务之间的统计关系,侧重于考察变量与变量之间的数量变化规律,并通过回归方程的形式描述和反映这种统计关系。回归分析可以帮助我们准确地把握和理解某个变量受到其他变量(一个或多个)影响的程度,从而为科学的决策、分析提供数据依据。

(6)多层次线性分析。多层次线性分析又称阶层线性分析、跨层次回归分析。回归分析一般是指单层次的分析,而多层次线性分析一般是指在研究当中需要考虑不同层面的变量的影响。一般是考察或检验高层次变量对低层次变量的影响。

4.5 本章小结

本章节主要是要说明本书调查问卷的设计过程、选择的测量变量以及来源、控制变量的选择、数据收集的过程和研究样本,以及研究方法与步骤。这为下一章节的研究内容提供基础性的支持。

第五章　数据分析与假设检验

5.1　研究样本描述性分析

本次调研有效样本共来自 134 家企业,包括 1 274 名普通员工,273 名部门经理,以及 134 名人力资源管理部门负责人。

根据表 5-1 所示,被调查员工具有以下特征:(1)被调查的企业员工性别比较均等,在所有有效样本中,男性与女性的百分比分别是 51.1% 和 43.1%。(2)在被调查员工的年龄方面,21 岁至 40 岁最多,其中,21~25 岁的调查员工占比为 17.0%,26~30 岁的占比为 31.7%,31~35 岁的占比为 23.1%,36~40 岁的占比为 10.3%。(3)在调查员工的婚姻状况中,未婚人士相对已婚人士较少,未婚人士占比为 30.9%,已婚人士占比为 61.8%。(4)在教育程度方面,被调查员工主要集中于全日制本科以下,其中,高中/中专或以下占比 10.5%,职高或大专占比 30.4%,成人本科占比 14.1%,全日制本科占比 35.2%。(5)在任职期限方面,最短任职期限只有一个月,最长任职期限达到 393 个月,平均任职期限为 54.69 个月,标准差为 58.76。(6)在被调查对象的平均月收入方面,平均月收入主要集中在 6 000 元以下,其中 3 001 至 4 000 元的最多;具体而言,平均月收入在 2 001~3 000 元占比 17.9%,3 001~4 000 元占比 21%,4 001~5 000 元占比 16.6%,5 001~6 000 元占比 7.8%。

此外,在被调查的 134 家企业当中,(1)国有企业有 29 家,占比 20.1%,外资企业有 26 家,占比 18.1%,民营或私营企业有 73 家,占比 50.7%。(2)在企业所在行业方面,其他制造业企业有 45 家,占比 31.3%,非制造业企业为 90 家,占比 62.5%。(3)在企业规模方面,50~100 人的企业有 16 家,占比 11.1%,101~500 人的企业有 57 家,占比 39.6%,501~1 000 人的企业有 23 家,占比 16.0%,1 000 人以上的企业有 34 家,占比 23.6%。(4)在企业成立时间方面,最短成立只有 1 年,最长成立时间有 75 年,平均成立年限为 18.90 年,标准差为 15.49 年。(5)在企业所处阶段方面,成长期的企业有 61 家,占比 42.4%,成熟期的企业有 42 家,占比 29.1%,转型期的企业有 29 家,占比 20.1%。

总体来说,本研究中的被调查企业与被调查员工涵盖面非常广泛,数量也较为庞大,具有非常好的代表性。

表 5-1　样本基本统计表($N = 134, n = 1274$)

统计变量	具体的统计类型	频数	百分数	有效百分比
性别	男	651	51.1	54.3
	女	549	43.1	45.7
	缺失	74	5.8	
年龄	20 岁或以下	4	0.3	0.3
	21~25 岁	216	17.0	17.8
	26~30 岁	404	31.7	33.3
	31~35 岁	294	23.1	24.2
	36~40 岁	131	10.3	10.0
	41~45 岁	97	7.6	8.0
	46~50 岁	43	3.4	3.5
	51~55 岁	18	1.4	1.5
	56~60 岁	7	0.5	0.6
	60 岁以上	0	0.0	0.0
	缺失	60	4.7	
婚姻状况	未婚	394	30.9	1
	已婚	787	61.8	66.2
	离异	8	0.6	0.7
	丧偶	0	0.0	0.0
	缺失	85	6.7	
教育程度	高中/中专或以下	134	10.5	11.1
	职高/大专	387	30.4	32.1
	成人本科	180	14.1	14.9
	全日制本科	448	35.2	37.1
	硕士研究生	50	3.9	4.1
	博士研究生	7	0.5	0.6
	缺失	68	5.3	
任职期限	最小值	最大值	平均数	标准差
	1	393	54.69	58.76

（续表）

统计变量	具体的统计类型	频数	百分数	有效百分比
平均月收入	2 000 元以下	35	2.7	3.3
	2 001～3 000 元	228	17.9	21.4
	3 001～4 000 元	268	21.0	25.2
	4 001～5 000 元	212	16.6	19.9
	5 001～6 000 元	100	7.8	9.4
	6 001～7 000 元	78	6.1	7.3
	7 001～8 000 元	46	3.6	4.3
	8 000 元以上	97	7.6	9.1
	缺失	210	16.5	
企业性质	国有企业	29	20.1	21.0
	外资企业	26	18.1	18.8
	民营或私营企业	73	50.7	52.9
	其他	10	6.7	7.2
	缺失	6	4.2	
企业行业	制造业	45	31.3	33.3
	其他	90	62.5	66.7
	缺失	9	6.3	
企业规模	50 人以下	9	6.3	6.5
	50～100 人	16	11.1	11.5
	101～500 人	57	39.6	41.0
	501～1 000 人	23	16.0	16.5
	1 001～2 000 人	14	9.7	10.1
	2 001 人以上	20	13.9	14.4
	缺失	5	3.5	

统计变量	最小值	最大值	平均数	标准差
企业成立时间	1	75	18.90	15.49

统计变量	具体的统计类型	频数	百分数	有效百分比
企业所处阶段	初创期	5	3.5	3.6
	成长期	61	42.4	43.6
	成熟期	42	29.1	30.0
	二次创业（转型）	29	20.1	20.7
	衰退期	3	2.1	2.1
	缺失	4	2.8	

5.2 量表信度检验

5.2.1 员工-组织关系量表的信度检验

本研究中,员工组织关系量表共有两个维度:组织向员工提供的诱因和组织期望员工做出的贡献。提供诱因共有 14 个测量条目,期望贡献共有 13 个测量条目。

如表 5-2 所示,组织提供诱因量表的信度达到了 0.927,并且"修正的项目总相关"一栏中的数值均较大,说明提供诱因的各个测量条目具有较高的相关性。另外,"项目删除后的 Cronbach's Alpha"数值均小于 0.927。因此,组织提供诱因量表具有非常高的信度。

表 5-2　组织提供诱因信度分析

变量和条目	修正的项目总相关	项目删除后的 Cronbach's Alpha	Cronbach's Alpha
组织提供诱因			0.927
1	.729	.920	
2	.752	.920	
3	.771	.919	
4	.799	.919	
5	.713	.920	
6	.800	.918	
7	.742	.920	
8	.657	.922	
9	.711	.921	
10	.594	.924	
11	.776	.918	
12	.430	.935	
13	.676	.922	
14	.576	.927	

如表 5-3 所示,组织期望贡献量表的信度达到了 0.948,并且"修正的项

目总相关"一栏中的数值均较大,说明组织期望贡献的各个测量条目具有较高的相关性。另外,"项目删除后的 Cronbach's Alpha"数值均小于 0.948。因此,组织期望贡献量表具有非常高的信度。

表 5‒3　组织期望贡献信度分析

变量和条目	修正的项目总相关	项目删除后的 Cronbach's Alpha	Cronbach's Alpha
组织期望贡献			0.948
1	.733	.945	
2	.773	.944	
3	.742	.945	
4	.739	.944	
5	.778	.943	
6	.804	.943	
7	.675	.946	
8	.800	.943	
9	.767	.944	
10	.740	.944	
11	.675	.946	
12	.686	.946	
13	.725	.945	

5.2.2　员工主观幸福感量表的信度检验

在本研究中,员工幸福感包括员工在企业中的整体生活满意度、积极情感与消极情感。

如表 5‒4 所示,员工生活满意度量表的信度达到了 0.923,并且"修正的项日总相关"一栏中的数值均大于 0.7,说明员工整体生活满意度的各个测量条目具有较高的相关性。另外,"项目删除后的 Cronbach's Alpha"数值均小于 0.923。因此,员工整体生活满意度量表具有非常高的信度。

表 5-4 员工整体生活满意度信度分析

变量和条目	修正的项目总相关	项目删除后的 Cronbach's Alpha	Cronbach's Alpha
生活满意度			0.923
1	.744	.918	
2	.802	.906	
3	.876	.891	
4	.801	.906	
5	.787	.909	

　　如表 5-5 所示,员工积极情感量表的信度达到了 0.944,并且"修正的项目总相关"一栏中的数值均大于 0.8,说明员工积极情感的各个测量条目具有较高的相关性。另外,"项目删除后的 Cronbach's Alpha"数值均小于 0.944。因此,员工在企业中的积极情感量表具有非常高的信度。

表 5-5 员工积极情感信度分析

变量和条目	修正的项目总相关	项目删除后的 Cronbach's Alpha	Cronbach's Alpha
积极情感			0.944
1	.812	.937	
2	.876	.926	
3	.844	.932	
4	.857	.929	
5	.851	.931	

　　如表 5-6 所示,员工消极情感量表的信度达到了 0.959,并且"修正的项目总相关"一栏中的数值均大于 0.8,说明员工消极情感的各个测量条目具有较高的相关性。另外,"项目删除后的 Cronbach's Alpha"数值均小于 0.959。因此,员工在企业中的消极情感量表具有非常高的信度。

表 5 - 6　员工消极情感信度分析

变量和条目	修正的项目总相关	项目删除后的 Cronbach's Alpha	Cronbach's Alpha
消极情感			0.959
1	.876	.951	
2	.883	.950	
3	.920	.943	
4	.861	.953	
5	.883	.950	

5.2.3　员工工作绩效与绩效付薪感知的信度检验

如表 5 - 7 所示,员工工作绩效量表的信度达到了 0.944,并且"修正的项目总相关"一栏中的数值均大于 0.8,说明员工工作绩效的各个测量条目具有较高的相关性。另外,"项目删除后的 Cronbach's Alpha"数值均小于 0.944。因此,员工在企业中的工作绩效量表具有非常高的信度。

表 5 - 7　员工工作绩效信度分析

变量和条目	修正的项目总相关	项目删除后的 Cronbach's Alpha	Cronbach's Alpha
员工工作绩效			0.944
1	.843	.931	
2	.863	.928	
3	.868	.927	
4	.844	.931	
5	.817	.936	

如表 5 - 8 所示,员工感知到绩效付薪量表的信度达到了 0.854,并且"修正的项目总相关"一栏中的数值均大于 0.6,说明员工感知到绩效付薪量表的各个测量条目具有较高的相关性。另外,"项目删除后的 Cronbach's Alpha"数值均小于 0.854。因此,员工在企业中的感知绩效付薪量表具有非常高的信度。

表 5 - 8　员工绩效付薪感知信度分析

变量和条目	修正的项目总相关	项目删除后的 Cronbach's Alpha	Cronbach's Alpha
感知到绩效付薪			0.854
1	.632	.641	
2	.670	.713	
3	.690	.781	
4	.817	.826	

5.2.4　职业发展前景感知与工作控制的信度检验

如表 5 - 9 所示,员工感知到职业发展前景量表的信度达到了 0.913,并且"修正的项目总相关"一栏中的数值均大于 0.6,说明员工感知到职业发展前景的各个测量条目具有较高的相关性。另外,"项目删除后的 Cronbach's Alpha"数值均小于 0.913。因此,员工在企业中感知到职业发展前景量表具有非常高的信度。

表 5 - 9　员工职业发展前景感知信度分析

变量和条目	修正的项目总相关	项目删除后的 Cronbach's Alpha	Cronbach's Alpha
感知到职业发展前景			0.913
1	.641	.921	
2	.768	.896	
3	.850	.879	
4	.833	.882	
5	.810	.887	

如表 5 - 10 所示,员工工作控制量表的信度达到了 0.887,并且"修正的项目总相关"一栏中的数值均大于 0.6,说明员工工作控制量表的各个测量条目具有较高的相关性。另外,"项目删除后的 Cronbach's Alpha"数值均小于 0.913。因此,员工在工作控制量表具有非常高的信度。

表 5 - 10　员工工作控制信度分析

变量和条目	修正的项目总相关	项目删除后的 Cronbach's Alpha	Cronbach's Alpha
员工工作控制			0.913
1	.769	.848	
2	.784	.844	
3	.760	.852	
4	.701	.875	

5.2.5　工作-家庭冲突与工作需要的信度检验

如表 5 - 11 所示,员工工作-家庭冲突量表的信度达到了 0.913,并且"修正的项目总相关"一栏中的数值均大于 0.7,说明员工工作-家庭冲突量表的各个测量条目具有较高的相关性。另外,"项目删除后的 Cronbach's Alpha"数值均小于 0.913。因此,员工工作家庭冲突量表具有非常高的信度。

表 5 - 11　员工工作-家庭冲突信度分析

变量和条目	修正的项目总相关	项目删除后的 Cronbach's Alpha	Cronbach's Alpha
工作家庭冲突			0.913
1	.793	.890	
2	.803	.886	
3	.861	.866	
4	.750	.905	

如表 5 - 12 所示,员工工作需要量表的信度达到了 0.920,并且"修正的项目总相关"一栏中的数值均大于 0.7,说明员工工作需要量表的各个测量条目具有较高的相关性。因此,员工工作需要量表具有非常高的信度。

表 5 - 12　员工工作需要信度分析

变量和条目	修正的项目总相关	项目删除后的 Cronbach's Alpha	Cronbach's Alpha
员工工作需要			0.920
1	.852		
2	.852		

5.3 量表区分效度检验

本研究主要对各个测量量表的区分效度进行检验。本研究采用验证性因子分析法对员工个体层面的变量以及对部门层面的变量分别进行区分效度检验。对于员工个体层面,本研究比较了由员工整体生活满意度、积极情感、消极情感、员工工作绩效、员工感知到绩效付薪、员工工作-家庭冲突、员工工作需要、员工感知到职业发展前景以及员工工作控制九个变量组成的九因子模型、八因子模型、七因子模型、四因子模型、二因子模型以及单因子模型的拟合指数。一般认为,当 χ^2 值是显著的,RMSEA 的值小于或等于 0.08,以及 CFI 和 IFI 大于 0.9,则表明模型的拟合效果是比较好的(Schumacker & Lomax, 1996; Kline, 2005)。根据表 5-13 所示,模型 1,即本研究的九因子基本模型的数据拟合指标为 $\chi^2 = 2\ 882.40, df = 629, \chi^2/df = 4.583, RMSEA = 0.053, NNFI = 0.98, CFI = 0.98, IFI = 0.98$。相比于基本因子模型的拟合指标,九因子基础模型的数据拟合指标最好。这说明,本研究的九因子具有非常好的区分效度。

表 5-13　验证性因子分析:区分效度(个体层面,$n = 1\ 274$)

模型	因子结构	χ^2	df	χ^2/df	RMSEA	NNFI	CFI	IFI
模型 1	LS, PE, NE, JP, PPS, WFC, JD, PCP, JC	2 882.40	629	4.583	0.053	0.98	0.98	0.98
模型 2	LS, PE, NE, JP+PPS, WFC, JD, PCP, JC	4 146.53	637	6.509	0.066	0.97	0.97	0.97
模型 3	LS, PE, NE, JP, PPS, WFC+JD, PCP, JC	4 558.50	637	7.156	0.070	0.97	0.97	0.96
模型 4	LS, PE, NE, JP, PPS, WFC, JD, PCP+JC	5 651.40	637	8.872	0.079	0.96	0.96	0.96
模型 5	LS+PE+NE, JP, PPS, WFC, JD, PCP, JC	21 112.74	644	32.78	0.158	0.84	0.85	0.85
模型 6	LS+PE+NE, JP+PPS, WFC+JD, PCP+JC	25 922.81	659	39.34	0.174	0.80	0.81	0.81
模型 7	LS+PE+NE, JP+PPS+WFC+JD+PCP+JC	48 170.71	664	72.55	0.237	0.63	0.65	0.65

模型	因子结构	χ^2	df	χ^2/df	RMSEA	NNFI	CFI	IFI
模型 8	LS+PE+NE+JP+PPS+ WFC+JD+PCP+JC	49 187.87	665	73.97	0.239	0.62	0.64	0.64

注："LS"=生活满意度，"PE"=积极情感，"NE"=消极情感，"JP"=员工工作绩效，"PPS"=感知到绩效付薪酬，"WFC"=工作家庭冲突，"JD"=工作需要，"PCP"感知到职业发展前景，"JC"=工作控制。

同时，本研究也对组织层面的两个变量进行验证性因子分析。由于组织提供诱因与期望贡献各有两个维度，因此，本研究对部门层面的两个变量进行四因子模型、三因子模型、两因子模型和单因子模型的验证性因子分析。根据表 5-14 所示，模型 1，即四因子模型具有最好的数据拟合指标，数据拟合指标为 $\chi^2=1\,009.24$，$df=318$，$\chi^2/df=3.174$，$RMSEA=0.089$，$NNFI=0.96$，$CFI=0.97$，$IFI=0.97$。因此，部门层面的变量也具有非常好的区分效度。

表 5-14　验证性因子分析：区分效度（部门层面，$N=273$）

模型	因子结构	χ^2	df	χ^2/df	RMSEA	NNFI	CFI	IFI
模型 1	DR,MR,IWR,OWR	1 009.24	318	3.174	0.089	0.96	0.97	0.97
模型 2	DR+MR,IWR,OWR	1 093.17	321	3.406	0.094	0.96	0.96	0.96
模型 3	DR,MR,IWR+OWR	1 435.02	321	4.470	0.113	0.94	0.94	0.95
模型 4	DR+MR,IWR+OWR	1 528.98	323	4.734	0.117	0.94	0.94	0.94
模型 5	DR+MR+IWR+OWR	5 919.31	324	18.269	0.252	0.70	0.72	0.72

注："DR"=发展性奖励，"MR"=物质性奖励，"IWR"=角色内工作要求，"OWR"=角色外工作要求。

表 5-15 标出了九个因子测量项目的标准化因子载荷与组合信度。从表 5-15 可以看出，六因子模型中每个变量的所有因子载荷均大于 0.6 的标准，其中绝大部分因子载荷都大于 0.8，这表明同一变量下的测量条目能够非常好地反映了这一量表。换言之，个体层面九个因子模型的验证性因子分析很好地表明个体层面收集的变量数据具有非常高的区分效度，这对于后续的实证分析与假设检验提供了非常好的基础。另外，每个因子的组合信度都大于 0.8，并且多数因子的组合信度都大于 0.9，这从侧面再次说明每个因子都具有很好的区分效度。

表 5‑15　验证性因子分析:测量项目的因子载荷与组合信度(个体层面)

变量	测量条目	标准化因子载荷	组合信度
生活满意度	在本公司生活的大多数时光都是理想的	0.78	0.93
	本公司的生活条件很棒	0.85	
	我对在本公司的生活满意	0.92	
	目前为止,在本公司我得到了我生活中重要的东西(如友谊、成就)	0.85	
	我愿意在本公司一直生活下去	0.83	
积极情感	我的工作让我感觉很高兴	0.86	0.95
	我的工作让我感觉很兴奋	0.90	
	我的工作让我感觉很激动	0.87	
	我的工作让我感觉很热情很高	0.89	
	我的工作让我感觉很受鼓舞	0.88	
消极情感	我的工作让我感觉很厌烦	0.90	0.95
	我的工作让我感到很困惑	0.90	
	我的工作让我感到很沮丧	0.94	
	我的工作让我感到很疲惫	0.89	
	我的工作让我感到很灰心	0.91	
员工工作绩效	我能够充分地完成分配的任务	0.88	0.95
	我能够履行工作描述中规定的职责	0.90	
	我能够满足工作中正式的绩效要求	0.91	
	我完成了企业或部门期望的任务	0.87	
	我知道有义务履行工作的各个方面责任	0.84	
感知到绩效付薪酬	如果我在工作中表现得尤为出色,我的薪酬就可能提高	0.79	0.82
	薪酬提高使我更加努力地工作	0.68	
	在企业中表现最好的员工得到最高的薪酬	0.69	
	绩效好的员工和绩效差的员工薪酬有很大不同	0.75	
工作家庭冲突	我的工作让我感到很累,以致我无法集中精力处理家庭事务	0.84	0.92
	由于工作中的压力,我在家里容易发怒	0.87	
	对工作的担忧,使得我容易从家庭中分心	0.92	
	由于我的工作,我减少了对于家庭事务的参与	0.79	

（续表）

变量	测量条目	标准化因子载荷	组合信度
工作需要	我被分配了非常多的工作任务	0.92	0.92
	我经常感到我一直忙于各种工作任务	0.93	
感知到职业发展前景	基于我获得的知识、技能与人脉，公司将在未来为我提供新职位	0.66	0.92
	在我执行任务的过程中所得到的/将得到的知识，技能和人脉，增加了我将来留在这个公司的机会	0.80	
	本公司将为我提供符合我职业目标的职位	0.89	
	在本公司里，有足够多的机会以追求我职业目标	0.89	
	我确信在本公司里，我将实现我的职业目标	0.88	
工作控制	你可以按照自己的意愿计划和安排你的工作吗？	0.87	0.89
	你可以按照自己的意愿完成自己的工作吗？	0.88	
	你的工作允许你自己做出多少决策？	0.79	
	你在多大程度参与到上级的决策（如上级询问你的意见和建议）？	0.72	

　　表5-16标出了部门层面两个因子测量项目的因子载荷与组织信度。从表5-16可以看出，两因子模型中每个变量的所有因子载荷均大于0.4的标准，其中绝大部分因子载荷都大于0.6，这表明同一变量下的测量条目能够非常好地反映了这一量表。换言之，部门层面两因子模型的验证性因子分析很好地表明部门层面收集的变量数据具有非常高的区分效度，这对于后续的实证分析与假设检验提供了非常好的基础。另外，每个因子的组合信度都大于0.7，并且多数因子的组合信度都大于0.9，这从侧面再次说明每个因子都具有很好的区分效度。

表5-16　验证性因子分析：测量项目的因子载荷与 AVE 值（部门层面）

变量、维度		测量条目	标准化因子载荷	AVE 值
组织提供诱因	发展性奖励	重视员工对有关公司政策、决策的反馈意见	0.81	0.94
		重视考虑员工职业生涯的发展	0.81	
		关心员工对工作的满意程度	0.84	
		创造条件让员工充分发挥他们的聪明才智	0.87	

变量、维度	测量条目	标准化因子载荷	AVE 值
	公平对待每一个员工	0.79	
	认真研究处理员工提出的工作建议和意见	0.86	
	在员工的职责范围内给员工充分授权	0.78	
	鼓励员工积极参与部门或公司层面的经营决策	0.69	
	尊重员工的个人尊严	0.75	
	培训员工岗位所需的知识和技能	0.61	
物质性奖励	提供有竞争力的工资水平	0.86	0.77
	除法律规定外,提供比较高的住房补贴	0.47	
	提供比较高的奖金水平	0.72	
	除法律规定外,还提供较好的医疗、健康等额外保险	0.62	
组织期望贡献	角色内工作要求	工作中尽职尽责	0.81

变量、维度		测量条目	标准化因子载荷	AVE 值
组织期望贡献	角色内工作要求	工作中尽职尽责	0.81	0.94
		保质保量完成绩效目标	0.83	
		做事合法,并符合公司规章制度	0.82	
		认真完成上级临时布置的工作任务	0.82	
		工作认真踏实,很少出错	0.81	
		工作中团队合作	0.83	
		工作中任劳任怨	0.70	
		能够为公司或部门的前途和发展作贡献	0.83	
		积极维护公司的形象	0.79	
	角色外工作要求	积极主动向公司提出合理化建议	0.79	0.89
		积极采用新方法、新思路来改进工作	0.86	
		不断改进工作程序与方法	0.82	
		主动承担新的或挑战性的工作	0.80	

5.4 变量间的相关性分析

表 5-17 报告了本研究个体层面主要变量的均值、标准差以及相关系数。根据表 5-17,从相关系数可以看出,(1)男性员工与消极情感($r = 0.061$,$p < 0.05$)、工作家庭冲突($r = 0.090$,$p < 0.01$),以及感知到职业发展前景

（$r=0.092$，$p<0.01$）显著正相关；（2）员工年龄与员工工作绩效（$r=0.105$，$p<0.01$）显著正相关；（3）婚姻状况与员工工作绩效（$r=0.156$，$p<0.01$）显著正相关；（4）员工教育程度与生活满意度（$r=-0.063$，$p<0.05$）、员工工作绩效（$r=-0.069$，$p<0.05$），以及感知到绩效付薪（$r=-0.068$，$p<0.05$）显著负相关，与消极情感（$r=0.099$，$p<0.01$）和工作需要（$r=0.090$，$p<0.01$）显著正相关；（5）员工任职期限与消极情感（$r=0.105$，$p<0.01$）、员工工作绩效（$r=0.066$，$p<0.05$）、工作家庭冲突（$r=0.112$，$p<0.01$），以及工作需要（$r=0.124$，$p<0.04$）显著正相关；（6）员工月收入与工作控制（$r=0.093$，$p<0.01$）显著正相关。

另外，除员工人口统计学特征变量外，其他个体层面的核心变量均存在显著的正相关或负相关关系，且每个变量之间的相关性系数均小于0.7。根据Tsui及同事（1995）的观点，如果两个变量之间的相关性大于0.75，则这两个变量可能存在严重的多重共线性问题。因此，根据这一标准，本研究中的主要变量之间并不存在严重的多重共线性问题。

表5-18报告了本研究组织层面主要变量的均值、标准差以及相关系数。根据表5-18所示，从相关系数可以看出，（1）国有企业与员工消极情感（$r=0.086$，$p<0.01$）、工作家庭冲突（$r=0.072$，$p<0.05$）以及工作需要（$r=0.096$，$p<0.01$）显著正相关，与员工感知到职业发展前景（$r=-0.085$，$p<0.01$）显著负相关；（2）外资企业与员工积极情感（$r=-0.086$，$p<0.01$）与感知到职业发展前景（$r=-0.066$，$p<0.05$）显著负相关；（3）民营企业与员工积极情感（$r=0.111$，$p<0.01$）、感知到职业发展前景（$r=0.120$，$p<0.01$）以及感知到绩效付薪（$r=0.080$，$p<0.01$）显著正相关，与消极情感（$r=-0.077$，$p<0.01$）、工作家庭冲突（$r=-0.094$，$p<0.01$）以及工作需要（$r=-0.089$，$p<0.01$）显著负相关；（4）制造业与员工生活满意度（$r=0.130$，$p<0.01$）、员工工作绩效（$r=0.152$，$p<0.01$）、感到职业发展前景（$r=0.059$，$p<0.01$）以及感知到绩效付薪（$r=0.141$，$p<0.01$）显著正相关，与消极情感（$r=-0.173$，$p<0.01$）、工作家庭冲突（$r=-0.096$，$p<0.01$）以及工作需要（$r=-0.078$，$p<0.01$）显著负相关；（5）成长期与员工生活满意度（$r=0.064$，$p<0.05$）、员工工作绩效（$r=0.079$，$p<0.01$）、感知到职业发展前景（$r=0.060$，$p<0.05$）、感到绩效付薪（$r=0.075$，$p<0.01$）以及工作控制（$r=0.081$，$p<0.01$）显著正相关，与工作家庭冲突（$r=-0.071$，$p<0.05$）显著负相关；（6）成熟期与员工工作绩效（$r=-0.085$，$p<0.01$）和感知到绩效付薪（$r=-0.057$，$p<0.05$）显著负相关；（7）变革期与员工工作家庭冲突（$r=-0.062$，$p<0.05$）显著负相关，与员工工作需要

表 5-17 个体层面变量均值、标准差与相关系数

变量	均值	标准差	1	2	3	4	5	6	7	8	9	10	11	12	13	14
1. 性别	0.52	0.50														
2. 年龄	3.76	1.47	.103**													
3. 婚姻状况	1.68	0.48	.020	.583**												
4. 教育程度	2.93	1.16	.021	−.246**	−.162**											
5. 任职期限	54.69	58.76	.038	.578**	.349**	−.164**										
6. 月收入	3.96	1.91	.181**	.203**	.231**	.238**	.134**									
7. 生活满意度	5.19	1.27	.052	.009	.040	−.063*	−.027	−.029								
8. 积极情感	4.76	1.29	.026	.018	.037	−.013	−.041	.025	.598**							
9. 消极情感	2.87	1.52	.061*	−.015	−.031	.099**	.105**	.001	−.440**	−.378**						
10. 员工工作绩效	5.34	1.07	.040	.105**	.156**	−.069*	.066*	.048	.449**	.377**	−.295**					
11. 工作家庭冲突	3.24	1.53	.090**	.025	.002	.053	.112**	.053	−.296**	−.220**	.600**	−.180**				
12. 感知职业发展前景	4.77	1.18	.092**	.010	.037	−.042	−.043	.042	.532**	.559**	−.318**	.367**	−.162**			
13. 感知到绩效付薪	5.17	1.23	−.024	−.028	.036	−.068*	−.059	.023	.549**	.479**	−.346**	.426**	−.218**	.492**		
14. 工作需要	3.32	1.53	−.044	.028	−.015	.090**	.124**	.014	−.332**	−.245**	.661**	−.140**	.614**	−.185**	−.252**	
15. 工作控制	4.70	1.26	−.046	−.38	.029	.031	−.019	.093**	.438**	.519**	−.200**	.331**	−.136**	.505**	.409**	−.152**

注: *p<0.05, **p<0.01; n=1 274。

表 5-18　组织层面变量均值、标准差与相关系数

变量	均值	标准差	1	2	3	4	5	6	7	8	9	10	11	12	13	14	15	16	17	18	19
1. 国有企业	0.20	0.40																			
2. 外资企业	0.19	0.39	-.243**																		
3. 私营企业	0.45	0.50	-.538**	-.526**																	
4. 制造业	0.66	0.47	.000	.272**	-.210**																
5. 成长期	0.44	0.50	-.054	-.106**	.088**	-.008															
6. 成熟期	0.30	0.46	-.089**	.135**	-.037	-.094**	-.590**														
7. 变革期	0.20	0.40	.232**	-.014	-.143**	.198**	-.448**	-.332**													
8. 成立时间	18.26	14.24	.226**	.051	-.271**	.157**	-.254**	.064*	.266**												
9. 企业规模	3.62	1.40	.078**	.235**	-.290**	.258**	-.277**	.197**	.210**	.283**											
10. 提供诱因	5.50	1.00	-.054	.002	.011	-.014	.189**	-.123**	-.036	-.074*	.041										
11. 期望贡献	6.16	0.78	-.077**	-.093**	.122**	.069**	.070**	-.090**	.102**	-.034	.101**	.555**									
12. 生活满意度	5.19	1.27	-.043	-.026	.044	.130**	.064*	-.028	-.030	-.029	.062*	.255**	.262**								
13. 积极情感	4.76	1.29	-.052	-.086**	.111**	.033	.053	-.027	-.033	-.038	-.016	.203**	.181**	.598**							
14. 消极情感	2.87	1.52	.086**	-.018	-.077**	-.173**	.007	.023	-.047	-.015	-.072*	-.170**	-.244**	-.440**	-.378**						
15. 员工工作绩效	5.34	1.07	-.049	.015	.021	.152**	.079**	-.085**	.044	-.086**	.057	.160**	.256**	.449**	.377**	-.295**					
16. 工作家庭冲突	3.24	1.53	.072*	-.007	-.094**	-.096**	-.071*	.011	.062*	.049	.034	-.093**	-.138**	-.296**	-.220**	.600**	-.180**				
17. 职业发展前景	4.77	1.18	-.085**	-.056	.120**	.059*	.060*	-.035	-.041	-.071*	-.009	.237**	.200**	.532**	.559**	-.318**	.367**	-.162**			
18. 感知绩效付薪	5.17	1.23	-.049	-.066*	.080**	.141**	.075*	-.057*	-.001	-.059*	.041	.202**	.279**	.549**	.479**	-.346**	.426**	-.218**	.492**		
19. 工作需求	3.32	1.53	.096**	-.016	-.089**	-.078**	-.018	-.015	-57*	.029	-.019	-.101**	-.133**	-.332**	-.245**	.661**	-.140**	.614**	-.185**	-.252**	
20. 工作控制	4.70	1.26	-.056	-.016	.042	.042	.081**	-.031	-.045	-.051	.003	.171**	.138**	.438**	.519**	-.200**	.331**	-.136**	.505**	.409**	-.152**

注：* $p < 0.05$，** $p < 0.01$；$N = 273$。

• 95 •

（$r=0.057$，$p<0.05$）显著正相关；（8）成立时间与员工工作绩效（$r=-0.086$，$p<0.01$）、感知到职业发展前景（$r=-0.071$，$p<0.05$）以及感知到绩效付薪（$r=-0.059$，$p<0.05$）显著负相关；（9）企业规模与生活满意度（$r=0.062$，$p<0.05$）、员工工作绩效（$r=0.057$，$p<0.05$）显著正相关，与员工消极情感（$r=-0.072$，$p<0.05$）显著负相关。

另外，（10）组织提供诱因与员工生活满意度（$r=0.255$，$p<0.01$）、积极情感（$r=0.203$，$p<0.01$）、员工工作绩效（$r=0.160$，$p<0.01$）、感知到职业发展前景（$r=0.237$，$p<0.01$）、感知到绩效付薪（$r=0.202$，$p<0.01$）以及工作控制（$r=0.171$，$p<0.01$）显著正相关，与员工消极情感（$r=-0.170$，$p<0.01$）、员工工作家庭冲突（$r=-0.093$，$p<0.01$）以及工作需要（$r=-0.101$，$p<0.01$）显著负相关；（11）组织期望贡献与员工生活满意度（$r=0.262$，$p<0.01$）、积极情感（$r=0.181$，$p<0.01$）、员工工作绩效（$r=0.256$，$p<0.01$）、感知到职业发展前景（$r=0.200$，$p<0.01$）、感知到绩效付薪（$r=0.279$，$p<0.01$）以及工作控制（$r=0.138$，$p<0.01$）显著正相关，与员工消极情感（$r=-0.244$，$p<0.01$）、员工工作家庭冲突（$r=-0.138$，$p<0.01$）以及工作需要（$r=-0.133$，$p<0.01$）显著负相关。

以上的相关系数分析初步验证了本研究中的基础假设，也为接下来的特征变量对员工幸福感的分析以及回归分析与多层次线性回归分析提供了坚实的基础。

5.5 控制变量对员工主观幸福感的影响分析

除了自变量、中介变量、调节变量对结果变量的影响，控制变量也有可能对本研究的结果变量产生影响。为了更为严谨地分析本研究的数据与实证结果，本研究充分考虑这些控制变量对员工幸福感的影响。这些控制变量包括两个层面，即员工个体层面的人口统计学特征变量，包括员工的性别、年龄、婚姻状况、教育程度，以及员工收入状况等，和企业组织层面的企业特征变量，包括企业的性质、企业所在行业、企业的规模，以及企业所处发展阶段等。具体而言，本研究将根据控制变量的类型或性质采用比较均值、独立样本 T 检验或单因素方差等方法分析这些控制变量对员工幸福感的影响。具体如下：

5.5.1 员工性别对员工主观幸福感的影响

本研究将被调查对象的性别分为男性和女性,男性设为"1",女性设为"0",采用独立样本 T 检验方法来分析性别是否对员工的幸福感存在显著的影响差异。根据表 5-19 所示,在置信水平 95% 的情况下,不同性别的员工整体生活满意度的方差是齐性的($p = 0.146 > 0.05$),接着查看假设方差相等一栏中的 t 值以及相应的显著性水平,发现不同性别下的员工整体满意度均值存在微弱水平下的显著性差异($p = 0.070 > 0.05$,但小于 0.1)。这表明,不同性别的员工在整体生活满意度方面存在差异的,即男性员工的整体生活满意度($M = 5.17$)要低于女性员工的整体生活满意度($M = 5.30$)。由于员工性别在整体生活满意度上的均值差异达到了微弱的显著性水平,本研究将继续分析员工整体生活满意度的总体变异中有多少变异可以由员工性别来解释,即本研究将进行性别对于员工整体满意度的效果值分析。根据效果值 Eta 平方,可以发现 Eta 平方为 0.003,即表明性别分组对于员工整体生活满意度变异的解释力度为 0.3%,为低相关强度。

同时,根据表 5-19 所示,在置信水平 95% 的情况下,不同性别的员工积极情感的方差是齐性的($p = 0.829 > 0.05$),接着查看假设方差相等一栏中的 t 值以及相应的显著性水平,发现不同性别下的员工积极情感均值并不存在显著性的差异($p = 0.376 > 0.05$)。这表明,不同性别的员工在积极情感方面并不存在显著的差异。

另外,对于不同性别对员工消极情感的影响,根据表 5-19 所示,在置信水平 95% 的情况下,不同性别的员工消极情感的方差是齐性的($p = 0.055 > 0.05$),接着查看假设方差相等一栏中的 t 值以及相应的显著性水平,发现不同性别下的员工消极情感均值存在显著性的差异($p = 0.036 < 0.05$)。这表明,不同性别的员工在消极情感方面存在显著的差异,即男性员工的消极情感($M = 2.90$)要高于女性员工的消极情感($M = 2.72$)。由于员工性别在消极情感上的均值差异达到了显著性水平,本研究将继续分析员工消极情感的总体变异中有多少变异可以由员工性别来解释,即本研究将进行性别对于员工消极情感的效果值分析。根据效果值 Eta 平方,可以发现 Eta 平方为 0.004,即表明性别分组对于消极情感变异的解释力度为 0.4%,为低相关强度。

表 5-19　员工性别对员工主观幸福感的影响分析

变量	性别	均值	样本量	方差齐性检验			平均数据相等的 t 检验				Eta 平方
				F 值	显著性	是否齐性	是否方差相等	t 值	显著性	是否显著	
生活满意度	男性	5.17	648	2.118	0.146	是	假设方差相等	-1.812	0.070	微弱显著	0.003
	女性	5.30	549				假设方差不相等	-1.818	0.069		
积极情感	男性	4.81	649	0.047	0.829	是	假设方差相等	0.885	0.376	否	0.001
	女性	4.75	547				假设方差不相等	0.883	0.377		
消极情感	男性	2.90	649	3.678	0.055	是	假设方差相等	2.103	0.036	是	0.004
	女性	2.72	547				假设方差不相等	2.113	0.035		

注：$n=1\ 274$。

5.5.2　员工年龄对员工主观幸福感的影响

本研究将被调查对象的年龄分成 10 组，分别是 20 岁或 20 岁以下、21～25 岁、26～30 岁、31～35 岁、36～40 岁、41～45 岁、46～50 岁、51～55 岁、56～60 岁，以及 60 岁以上。本研究采用比较均值与单因素方差等方法来检验员工年龄对于员工幸福感的影响，结果如表 5-20 所示。

根据表 5-20，在置信水平 95% 的情况下，不同年龄的员工整体生活满意度的方差是齐性的（$p=0.645>0.05$），但不同年龄分组下的员工整体满意度均值存在微弱水平下的显著性差异（$p=0.061>0.05$，但小于 0.1）。这表明，不同年龄的员工在整体生活满意度方面存在差异的。根据效果值 Eta 平方，可以发现 Eta 平方为 0.012，即表明年龄分组对于员工整体生活满意度变异的解释力度为 1.2%，为低相关强度。

同时，根据表 5-20 所示，在置信水平 95% 的情况下，不同年龄的员工积极情感的方差是齐性的（$p=0.395>0.05$），并且发现不同年龄分组下的员工积极情感均值并不存在显著性的差异（$p=0.713>0.05$）。这表明，不同年龄分组的员工在积极情感方面并不存在显著的差异。

最后，根据表 5-20 所示，在置信水平 95% 的情况下，不同年龄的员工消极情感的方差是齐性的（$p=0.154>0.05$），且不同年龄分组下的员工消极情感均值并不存在显著性的差异（$p=0.579>0.05$）。这表明，不同年龄的员工在消极情感方面并不存在显著的差异。

表 5-20 员工年龄对员工主观幸福感的影响分析

变量	年龄	样本量	样本均值	方差齐性检验			均值差异检验			Eta平方
				F值	显著性	是否齐性	F值	显著性	是否显著	
生活满意度	20岁及以下	4	5.70	0.753	0.645	是	1.869	0.061	微弱显著	0.012
	21~25岁	216	5.21							
	26~30岁	403	5.27							
	31~35岁	294	5.07							
	36~40岁	131	5.24							
	41~45岁	96	5.19							
	46~50岁	42	5.53							
	51~55岁	18	5.79							
	56~60岁	7	4.37							
积极情感	20岁及以下	4	5.50	1.052	0.395	是	0.676	0.713	否	0.004
	21~25岁	216	4.70							
	26~30岁	402	4.81							
	31~35岁	294	4.73							
	36~40岁	131	4.81							
	41~45岁	96	4.66							
	46~50岁	42	5.02							
	51~55岁	18	5.00							
	56~60岁	7	4.77							
消极情感	20岁及以下	4	2.35	1.495	0.154	是	0.827	0.579	否	0.005
	21~25岁	216	2.86							
	26~30岁	402	2.78							
	31~35岁	294	2.96							
	36~40岁	131	2.87							
	41~45岁	96	2.75							
	46~50岁	42	2.43							
	51~55岁	18	2.96							
	56~60岁	7	2.77							

注:$n=1\,274$。

5.5.3 员工婚姻状况对员工主观幸福感的影响

本研究将被调查者的婚姻状况划分为四组,即未婚、已婚、离婚,以及丧偶。但由于没有员工选择丧偶这一选项,因而本研究的分组只有三组。本研究采用比较均值与单因素方差等方法来检验员工婚姻状况对于员工幸福感的影响,结果如表 5-21 所示。

根据表 5-21,在置信水平 95% 的情况下,不同婚姻状况的员工整体生活满意度的方差是齐性的($p=0.507>0.05$),且不同婚姻状况分组下的员工整体满意度均值并不存在显著性差异($p=0.243>0.05$)。这表明,不同婚姻状况下的员工在整体生活满意度方面并不存在显著差异。

同时,根据表 5-21 所示,在置信水平 95% 的情况下,不同婚姻状况下的员工积极情感的方差是齐性的($p=0.788>0.05$),并且发现不同婚姻状况分组下的员工积极情感均值并不存在显著性的差异($p=0.426>0.05$)。这表明,不同婚姻状况分组的员工在积极情感方面并不存在显著的差异。

最后,根据表 5-21 所示,在置信水平 95% 的情况下,不同年龄的员工消极情感的方差是齐性的($p=0.786>0.05$),且不同婚姻状况分组下的员工消极情感均值并不存在显著性的差异($p=0.500>0.05$)。这表明,不同婚姻状况的员工在消极情感方面并不存在显著的差异。

表 5-21 员工婚姻状况对员工主观幸福感的影响分析

变量	婚姻状况	样本量	样本均值	方差齐性检验			均值差异检验			Eta 平方
				F 值	显著性	是否齐性	F 值	显著性	是否显著	
生活满意度	未婚	393	5.15							
	已婚	785	5.27	0.679	0.507	是	1.146	0.243	否	0.002
	离异	8	4.95							
积极情感	未婚	393	4.70							
	已婚	784	4.80	0.239	0.788	是	0.854	0.426	否	0.001
	离异	48	4.77							
消极情感	未婚	393	2.90							
	已婚	784	2.79	0.241	0.786	是	0.693	0.500	否	0.001
	离异	48	2.95							

注:$n=1\,274$。

5.5.4　员工教育程度对员工主观幸福感的影响

在本研究中,被调查者的教育程度被划分成 6 组,分别是高中/中专或以下、职高/大专、成人本科、全日制本科、硕士研究生以及博士研究生。本研究采用比较均值与单因素方差等方法来检验员工教育程度对于员工幸福感的影响,结果如表 5-22 所示。

根据表 5-22,在置信水平 95%的情况下,不同教育程度的员工整体生活满意度的方差是齐性的($p=0.173>0.05$),但不同教育程度分组下的员工整体满意度均值存在显著性的差异($p=0.000<0.05$)。这表明,不同教育程度的员工在整体生活满意度方面存在显著的差异。根据样本均值基本可以看出,学历越高,员工在企业中的整体生活满意度越低。根据效果值 Eta 平方,可以发现 Eta 平方为 0.019,即表明教育程度分组对于员工整体生活满意度变异的解释力度为 1.9%,为低相关强度。

同时,根据表 5-22,在置信水平 95%的情况下,不同教育程度的员工积极情感的方差是齐性的($p=0.348>0.05$),但不同教育程度分组下的员工积极情感均值存在显著性的差异($p=0.007<0.05$)。这表明,不同教育程度的员工在积极情感方面存在显著的差异。根据样本均值可以看出,基本是员工学历越高,员工的积极情感越低。根据效果值 Eta 平方,可以发现 Eta 平方为 0.013,即表明教育程度分组对于员工积极情感变异的解释力度为 1.3%,为低相关强度。

最后,根据表 5-22,在置信水平 95%的情况下,不同教育程度的员工消极情感的方差是齐性的($p=0.249>0.05$),但不同教育程度分组下的员工消极情感均值存在微弱水平下的显著性差异($p=0.061>0.05$,但小于 0.1)。这表明,不同教育程度的员工在消极情感方面存在差异。从样本均值可以看出,基本是员工学历越低,员工的消极情感就越低。根据效果值 Eta 平方,可以发现 Eta 平方 0.016,即表明教育程度分组对于员工消极情感变异的解释力度为 1.6%,为低相关强度。

表 5 - 22　员工教育程度对员工主观幸福感的影响分析

变量	教育程度	样本量	样本均值	方差齐性检验			均值差异检验			Eta平方
				F 值	显著性	是否齐性	F 值	显著性	是否显著	
生活满意度	高中/中专或以下	134	5.68	1.544	0.173	是	4.698	0.000	是	0.019
	职高/大专	386	5.12							
	成人本科	179	5.13							
	全日制本科	448	5.23							
	硕士研究生	50	4.97							
	博士研究生	7	4.91							
积极情感	高中/中专或以下	134	5.07	1.119	0.348	是	3.214	0.007	是	0.013
	职高/大专	386	4.65							
	成人本科	180	4.76							
	全日制本科	445	4.83							
	硕士研究生	50	4.47							
	博士研究生	7	5.40							
消极情感	高中/中专或以下	134	2.38	1.329	0.249	是	3.932	0.002	是	0.016
	职高/大专	386	2.83							
	成人本科	180	2.84							
	全日制本科	445	2.89							
	硕士研究生	50	3.38							
	博士研究生	7	3.23							

注:$n = 1\,274$。

5.5.5　员工收入状况对员工主观幸福感的影响

本研究将员工的平均月收入(包括津贴、加班费与资金等,以人民币为单位)分为 8 组:2 000 元以下、2 001~3 000 元、3 001~4 000 元、4 001~5 000元、5 001~6 000 元、6 001~7 000 元、7 001~8 000 元,以及 8 000 元以上。本

研究采用比较均值与单因素方差等方法来检验员工教育程度对于员工幸福感的影响,结果如表5-23所示。

　　根据表5-23,在置信水平95%的情况下,不同月收入状况的员工整体生活满意度的方差是齐性的($p=0.194>0.05$),但不同月收入分组下的员工整体满意度均值存在显著性的差异($p=0.008<0.05$)。这表明,不同月收入的员工在整体生活满意度方面存在显著的差异。根据效果值Eta平方,可以发现Eta平方为0.018,即表明月收入状况分组对于员工整体生活满意度变异的解释力度为1.8%,为低相关强度。

　　同时,根据表5-23,在置信水平95%的情况下,不同月收入水平的员工积极情感的方差是齐性的($p=0.176>0.05$),但不同月收入分组下的员工积极情感均值存在微弱水平下的显著性差异($p=0.074>0.05$,但小于0.1)。这表明,不同月收入水平的员工在积极情感方面存在差异的。根据效果值Eta平方,可以发现Eta平方为0.012,即表明月收入水平分组对于员工积极情感变异的解释力度为1.2%,为低相关强度。

　　最后,根据表5-21所示,在置信水平95%的情况下,不同月收入水平的员工消极情感的方差是非齐性的($p=0.037<0.05$),且不同月收入水平分组下的员工消极情感均值并不存在显著性的差异($p=0.193>0.05$)。这表明,不同月收入水平的员工在消极情感方面并不存在显著的差异。

表5-23　员工月收入状况对员工主观幸福感的影响分析

变量	收入状况	样本量	样本均值	方差齐性检验			均值差异检验			Eta平方
				F值	显著性	是否齐性	F值	显著性	是否显著	
生活满意度	2 000元以下	35	4.61	1.418	0.194	是	2.749	0.008	是	0.018
	2 001~3 000元	228	5.37							
	3 001~4 000元	267	5.38							
	4 001~5 000元	212	5.11							
	5 001~6 000元	99	5.11							
	6 001~7 000元	78	5.05							
	7 001~8 000元	46	5.27							
	8 000元以上	97	5.22							

（续表）

变量	收入状况	样本量	样本均值	方差齐性检验			均值差异检验			Eta平方
				F值	显著性	是否齐性	F值	显著性	是否显著	
积极情感	2 000 元以下	35	4.11	1.464	0.176	是	1.851	0.074	微弱显著	0.012
	2 001～3 000 元	228	4.83							
	3 001～4 000 元	267	4.83							
	4 001～5 000 元	211	4.70							
	5 001～6 000 元	100	4.85							
	6 001～7 000 元	78	4.68							
	7 001～8 000 元	46	4.65							
	8 000 元以上	96	4.94							
消极情感	2 000 元以下	35	3.15	2.139	0.037	否	1.420	0.193	否	0.009
	2 001～3 000 元	228	2.73							
	3 001～4 000 元	267	2.66							
	4 001～5 000 元	211	2.98							
	5 001～6 000 元	100	2.77							
	6 001～7 000 元	78	2.96							
	7 001～8 000 元	46	2.52							
	8 000 元以上	96	2.77							

注:$n = 1\,274$。

5.5.6 企业性质对员工主观幸福感的影响

本研究将被调查企业的性质划分为四组:国有企业、外资企业、民营或私营企业,以及其他。在实际数据处理里,本研究分别设定三组哑变量:第一组,国有企业设为"1",其他企业性质设为"0";第二组:外资企业设为"1",其他企业性质设为"0";第三组:民营企业设为"1",其他企业性质设为"0"。本研究采用独立样本 T 检验方法来分析企业性质是否对员工的幸福感存在显著的影响差异。

关于企业性质-国有企业对员工幸福感的影响,根据表 5 - 24 所示,在置信水平 95％的情况下,是否是国有企业的员工在整体生活满意度的方差是齐性的（$p=0.337>0.05$），接着查看假设方差相等一栏中的 t 值以及相应的显著性水平，发现是否是国有企业员工的整体生活满意度均值并不存在显著性的差异（$p=0.134>0.05$）。这表明，是否是国有企业员工在整体生活满意度方面并不存在显著的差异。

同时，在置信水平 95％的情况下，是否是国有企业员工在积极情感方面的方差是齐性的（$p=0.896>0.05$），但是否是国有企业员工的积极情感均值存在微弱水平下的显著性差异（$p=0.073>0.05$，但小于 0.1）。这表明，是否是国有企业员工在积极情感方面存在差异的，即国有企业员工的积极情感（$M=4.64$）要低于非国有企业员工的积极情感（$M=4.81$）。此外，根据效果值 Eta 平方，可以发现 Eta 平方为 0.003，即表明是否是国有企业员工分组对于员工积极情感变异的解释力度为 0.3％，为低相关强度。

最后，在置信水平 95％的情况下，是否是国有企业员工在消极情感方面的方差是齐性的（$p=0.728>0.05$），但是否是国有企业员工的消极情感均值存在显著性的差异（$p=0.003<0.05$）。这表明，是否是国有企业员工在消极情感方面存在显著的差异，即国有企业员工的消极情感（$M=3.09$）要高于非国有企业员工的消极情感（$M=2.76$）。此外，根据效果值 Eta 平方，可以发现 Eta 平方为 0.007，即表明是否是国有企业员工分组对于员工消极情感变异的解释力度为 0.7％，为低相关强度。

表 5-24　企业性质-国有企业对员工主观幸福感的影响分析

变量	企业性质	均值	样本量	方差齐性检验			平均数据相等的 t 检验				Eta 平方
				F 值	显著性	是否齐性	是否方差相等	t 值	显著性	是否显著	
生活满意度	国有企业	5.12	240	0.921	0.337	是	假设方差相等	−1.501	0.134	否	0.002
	非国有企业	5.25	972				假设方差不相等	−1.517	0.130		
积极情感	国有企业	4.64	241	0.017	0.896	是	假设方差相等	−1.794	0.073	微弱显著	0.003
	非国有企业	4.81	969				假设方差不相等	−1.789	0.074		
消极情感	国有企业	3.09	241	0.121	0.728	是	假设方差相等	3.015	0.003	是	0.007
	非国有企业	2.76	969				假设方差不相等	3.018	0.003		

注：$n=1274$。

关于企业性质-外资企业对员工幸福感的影响,根据表 5-25 所示,在置信水平 95% 的情况下,是否是外资企业的员工在整体生活满意度的方差并非齐性($p=0.032<0.05$),接着查看假设方差不相等一栏中的 t 值以及相应的显著性水平,发现是否是外资企业员工的整体生活满意度均值并不存在显著性的差异($p=0.339>0.05$)。这表明,是否是外资企业员工在整体生活满意度方面并不存在显著的差异。

同时,根据表 5-25,在置信水平 95% 的情况下,是否是外资企业员工在积极情感方面的方差是齐性的($p=0.717>0.05$),但是否是外资企业员工的积极情感均值存在显著性的差异($p=0.003<0.05$)。这表明,是否是外资企业员工在积极情感方面存在显著的差异,即外资企业员工的积极情感($M=4.55$)要显著地低于非外资企业员工的积极情感($M=4.83$)。此外,根据效果值 Eta 平方,可以发现 Eta 平方为 0.007,即表明是否是外资企业员工分组对于员工积极情感变异的解释力度为 0.7%,为低相关强度。

最后,根据表 5-25 所示,在置信水平 95% 的情况下,是否是外资企业的员工在消极情感的方差并不是齐性的($p=0.050=0.05$),接着查看假设方差不相等一栏中的 t 值以及相应的显著性水平,发现是否是外资企业员工的消极情感均值并不存在显著性的差异($p=0.507>0.05$)。这表明,是否是外资企业员工在消极情感方面并不存在显著的差异。

表 5-25　企业性质-外资企业对员工主观幸福感的影响分析

变量	企业性质	均值	样本量	方差齐性检验			平均数据相等的 t 检验				Eta 平方
				F 值	显著性	是否齐性	是否方差相等	t 值	显著性	是否显著	
生活满意度	外资企业	5.16	233	4.615	0.032	否	假设方差相等	−.0901	0.368	否	0.001
	非外资企业	5.24	979				假设方差不相等	−0.956	0.339		
积极情感	外资企业	4.55	232	0.132	0.717	是	假设方差相等	−3.005	0.003	是	0.007
	非外资企业	4.83	978				假设方差不相等	−3.011	0.003		
消极情感	外资企业	2.77	232	3.855	0.050	否	假设方差相等	−0.630	0.529	否	0.000
	非外资企业	2.84	978				假设方差不相等	−0.664	0.507		

注:$n=1274$。

关于企业性质-民营企业对员工幸福感的影响,根据表 5-26 所示,在置信水平 95％的情况下,是否是民营企业的员工在整体生活满意度的方差并不是齐性的($p=0.006<0.05$),接着查看假设方差不相等一栏中的 t 值以及相应的显著性水平,发现是否是民营企业员工的整体生活满意度均值并不存在显著性的差异($p=0.124>0.05$)。这表明,是否是民营企业员工在整体生活满意度方面并不存在显著的差异。

同时,根据表 5－26,在置信水平 95％的情况下,是否是民营企业员工在积极情感方面的方差是齐性的($p=0.653>0.05$),但是否是民营企业员工的积极情感均值存在显著性的差异($p=0.000<0.05$)。这表明,是否是民营企业员工在积极情感方面存在显著的差异,即民营企业员工的积极情感($M=4.91$)要显著地高于非民营企业员工的积极情感($M=4.62$)。此外,根据效果值 Eta 平方,可以发现 Eta 平方为 0.012,即表明是否是外资企业员工分组对于员工积极情感变异的解释力度为 1.2％,为低相关强度。

最后,在置信水平 95％的情况下,是否是民营企业员工在消极情感方面的方差是齐性的($p=0.306>0.05$),但是否是民营企业员工的消极情感均值存在显著性的差异($p=0.007<0.05$)。这表明,是否是民营企业员工在消极情感方面存在显著的差异,即民营企业员工的消极情感($M=2.72$)要显著地低于非民营企业员工的消极情感($M=2.95$)。此外,根据效果值 Eta 平方,可以发现 Eta 平方为 0.006,即表明是否是民营企业员工分组对于员工消极情感变异的解释力度为 0.6％,为低相关强度。

表 5－26　企业性质-民营企业对员工主观幸福感的影响分析

变量	企业性质	均值	样本量	方差齐性检验			平均数据相等的 t 检验				Eta平方
				F 值	显著性	是否齐性	是否方差相等	t 值	显著性	是否显著	
生活满意度	民营企业	5.28	653	7.519	0.006	否	假设方差相等	1.528	0.127	否	0.002
	非民营企业	5.17	559				假设方差不相等	1.539	0.124		
积极情感	民营企业	4.91	651	0.202	0.653	是	假设方差相等	3.898	0.000	是	0.012
	非民营企业	4.62	559				假设方差不相等	3.887	0.000		
消极情感	民营企业	2.72	651	1.048	0.306	是	假设方差相等	-2.691	0.007	是	0.006
	非民营企业	2.95	559				假设方差不相等	-2.696	0.007		

注:$n=1\,274$。

5.5.7 企业所在行业对员工主观幸福感的影响

本研究主要将被调查对象划分为制造业和非制造行业；在实际数据处理里，企业处于制造业被设定为"1"，非制造业被设定为"0"。本研究采用独立样本 T 检验方法来分析企业是否是制造业对员工的幸福感存在显著的影响差异。

根据表 5-27，在置信水平 95% 的情况下，是否是制造业企业员工在整体生活满意度方面的方差并不是齐性的（$p=0.000<0.05$），但是否是制造业企业员工的整体生活满意度均值存在显著性的差异（$p=0.000<0.05$）。这表明，是否是制造业企业员工在整体生活满意度方面存在显著的差异，即制造业企业员工的整体生活满意度（$M=5.34$）要显著地高于非制造业企业员工的整体生活满意度（$M=4.99$）。根据效果值 Eta 平方，可以发现 Eta 平方为 0.017，即表明是否是制造业企业员工对于员工整体生活满意度变异的解释力度为 1.7%，为低相关强度。

同时，根据表 5-27 所示，在置信水平 95% 的情况下，是否是制造业企业的员工在积极情感的方差是齐性的（$p=0.671>0.05$），接着查看假设方差相等一栏中的 t 值以及相应的显著性水平，发现是否是制造业企业员工的积极情感均值并不存在显著性的差异（$p=0.256>0.05$）。这表明，是否是制造业企业员工在积极情感方面并不存在显著的差异。

最后，在置信水平 95% 的情况下，是否是制造业企业员工在消极情感方面的方差是齐性的（$p=0.064>0.05$），但是否是制造业企业员工的消极情感均值存在显著性的差异（$p=0.000<0.05$）。这表明，是否是制造业企业员工在消极情感方面存在显著的差异，即制造业企业员工的消极情感（$M=2.64$）要显著地低于非制造业企业员工的消极情感（$M=3.19$）。此外，根据效果值 Eta 平方，可以发现 Eta 平方为 0.030，即表明是否是制造业企业员工分组对于员工消极情感变异的解释力度为 3%，为低相关强度。

表 5-27 企业所在行业-是否制造业对员工主观幸福感的影响分析

变量	制造业	均值	样本量	方差齐性检验			平均数据相等的 t 检验				Eta 平方
				F 值	显著性	是否齐性	是否方差相等	t 值	显著性	是否显著	
生活满意度	是	5.34	788	16.067	0.000	否	假设方差相等	4.544	0.000	是	0.017
	否	4.99	406				假设方差不相等	4.341	0.000		

变量	制造业	均值	样本量	方差齐性检验			平均数据相等的 t 检验				Eta平方
				F 值	显著性	是否齐性	是否方差相等	t 值	显著性	是否显著	
积极情感	是	4.81	786	0.180	0.671	是	假设方差相等	1.136	0.256	否	0.001
	否	4.72	406				假设方差不相等	1.144	0.253		
消极情感	是	2.64	786	3.447	0.064	是	假设方差相等	−6.076	0.000	是	0.030
	否	3.19	406				假设方差不相等	−5.940	0.000		

注:$n=1\,274$。

5.5.8 企业发展阶段对员工主观幸福感的影响

本研究将被调查企业所处发展阶段划分为:初创期、成长期、成熟期、转型期和衰退期。由于初创期和衰退期的被调查企业较少,在实际数据处理里,本研究设定了三组哑变量:第一组,成长期设为"1",其他类型企业设为"0";第二组:成熟期设为"1",其他企业类型设为"0";第三组:转型期设为"1",其他企业类型设为"0"。本研究采用独立样本 T 检验方法来分析企业所处发展阶段是否对员工的幸福感存在显著的影响差异。

关于企业发展阶段-成长期对员工幸福感的影响,根据表 5-28,在置信水平 95% 的情况下,是否是成长期企业员工在整体生活满意方面的方差是齐性的($p=0.774>0.05$),但是否是成长期企业员工的整体生活满意度均值存在显著性的差异($p=0.025<0.05$)。这表明,是否是成长期企业员工在整体生活满意度方面存在显著的差异,即成长期企业员工的整体生活满意度($M=5.31$)要显著地高于非成长期企业员工的整体生活满意度($M=5.15$)。此外,根据效果值 Eta 平方,可以发现 Eta 平方为 0.004,即表明是否是成长期企业员工分组对于员工整体生活满意度变异的解释力度为 0.4%,为低相关强度。

同时,根据表 5—28,在置信水平 95% 的情况下,是否是成长期企业员工在积极情感方面的方差是齐性的($p=0.514>0.05$),但是否是成长期企业员工的积极情感均值存在微弱的显著性差异($p=0.064>0.05$,但小于 0.1)。这表明,是否是成长期企业员工在积极情感方面存在较为微弱显著的差异,即成长期企业员工的积极情感($M=4.84$)要相对地高于非成长期企业员工的积极情感($M=4.71$)。此外,根据效果值 Eta 平方,可以发现 Eta 平方为 0.012,即表明是否是成长期企业员工对于员工积极情感变异的解释力度为

0.3%,为低相关强度。

最后,根据表 5-28 所示,在置信水平 95%的情况下,是否是成长期企业的员工在消极情感的方差是齐性的($p=0.169>0.05$),并且发现是否是成长期企业员工的消极情感均值并不存在显著性的差异($p=0.807>0.05$)。这表明,是否是成长期企业员工在消极情感方面并不存在显著的差异。

表 5-28 企业发展阶段-成长期对员工主观幸福感的影响分析

| 变量 | 企业发展阶段 | 均值 | 样本量 | 方差齐性检验 | | | 平均数据相等的 t 检验 | | | | Eta 平方 |
				F 值	显著性	是否齐性	是否方差相等	t 值	显著性	是否显著	
生活满意度	成长期	5.31	545	0.083	0.774	是	假设方差相等	2.239	0.025	是	0.004
	其他	5.15	686				假设方差不相等	2.242	0.025		
积极情感	成长期	4.84	544	0.426	0.514	是	假设方差相等	1.851	0.064	微弱显著	0.003
	其他	4.71	686				假设方差不相等	1.850	0.065		
消极情感	成长期	2.85	544	1.893	0.169	是	假设方差相等	0.245	0.807	否	0.000
	其他	2.82	686				假设方差不相等	0.244	0.808		

注:$n=1\ 274$。

关于企业所处发展阶段-成熟期企业对员工幸福感的影响,根据表 5-29 所示,在置信水平 95%的情况下,是否是成熟期企业的员工在整体生活满意度的方差并不是齐性的($p=0.007<0.05$),接着查看假设方差不相等一栏中的 t 值以及相应的显著性水平,发现是否是成熟期企业员工的整体生活满意度均值并不存在显著性的差异($p=0.343>0.05$)。这表明,是否是成熟期企业员工在整体生活满意度方面并不存在显著的差异。

同时,根据表 5-29 所示,在置信水平 95%的情况下,是否是成熟期企业的员工在积极情感的方差是齐性的($p=0.839>0.05$),并且是否是成熟期企业员工的积极情感均值并不存在显著性的差异($p=0.352>0.05$)。这表明,是否是成熟期企业员工在积极情感方面并不存在显著的差异。

最后,根据表 5-29 所示,在置信水平 95%的情况下,是否是成熟期企业的员工在消极情感的方差是齐性的($p=0.554>0.05$),并且发现是否是成熟期企业员工的消极情感均值并不存在显著性的差异($p=0.413>0.05$)。这表明,是否是成熟企业员工在消极情感方面并不存在显著的差异。

表 5-29　企业发展阶段-成熟期对员工主观幸福感的影响分析

变量	企业发展阶段	均值	样本量	方差齐性检验			平均数据相等的 t 检验				Eta 平方
				F 值	显著性	是否齐性	是否方差相等	t 值	显著性	是否显著	
生活满意度	成熟期	5.17	374	7.192	0.007	否	假设方差相等	−.993	0.321	否	0.001
	其他	5.24	857				假设方差不相等	−.950	0.343		
积极情感	成熟期	4.71	376	0.041	0.839	是	假设方差相等	−.930	0.352	否	0.001
	其他	4.79	854				假设方差不相等	−.926	0.355		
消极情感	成熟期	2.89	376	0.350	0.554	是	假设方差相等	0.819	0.413	否	0.001
	其他	2.81	854				假设方差不相等	0.823	0.411		

注: $n = 1274$ 。

关于企业所处发展阶段-变革期企业对员工幸福感的影响,根据表 5-30 所示,在置信水平 95% 的情况下,是否是变革企业的员工在整体生活满意度的方差并不是齐性的($p = 0.003 < 0.05$),接着查看假设方差不相等一栏中的 t 值以及相应的显著性水平,发现是否是变革期企业员工的整体生活满意度均值并不存在显著性的差异($p = 0.253 > 0.05$)。这表明,是否是变革期企业员工在整体生活满意度方面并不存在显著的差异。

同时,根据表 5-30 所示,在置信水平 95% 的情况下,是否是变革期企业的员工在积极情感的方差是齐性的($p = 0.390 > 0.05$),并且是否是变革期企业员工的积极情感均值并不存在显著性的差异($p = 0.250 > 0.05$)。这表明,是否是变革期企业员工在积极情感方面并不存在显著的差异。

最后,根据表 5-30,在置信水平 95% 的情况下,是否是变革期企业员工在消极情感方面的方差并不是齐性的($p = 0.008 < 0.05$),但是否是变革期企业员工的消极情感均值存在微弱的显著性差异($p = 0.073 > 0.05$,但小于 0.1)。这表明,是否是变革期企业员工在消极情感方面存在较为微弱显著的差异,即变革期企业员工的消极情感($M = 2.69$)要相对地低于非变革期企业员工的消极情感($M = 2.87$)。此外,根据效果值 Eta 平方,可以发现 Eta 平方为 0.002,即表明是否是变革期企业员工对于员工消极情感变异的解释力度为 0.2%,为低相关强度。

表 5‑30 企业发展阶段‑变革期对员工主观幸福感的影响分析

| 变量 | 企业发展阶段 | 均值 | 样本量 | 方差齐性检验 | | | 平均数据相等的 t 检验 | | | | Eta 平方 |
				F 值	显著性	是否齐性	是否方差相等	t 值	显著性	是否显著	
生活满意度	变革期	5.14	249	8.999	0.003	否	假设方差相等	−1.066	0.287	否	0.001
	其他	5.24	982				假设方差不相等	−1.145	0.253		
积极情感	变革期	4.68	247	0.741	0.390	是	假设方差相等	−1.151	0.250	否	0.001
	其他	4.79	983				假设方差不相等	−1.173	0.242		
消极情感	变革期	2.69	247	7.082	0.008	否	假设方差相等	−1.665	0.096	微弱显著	0.002
	其他	2.87	983				假设方差不相等	−1.800	0.073		

注：$n = 1\,274$。

5.5.9 企业规模对员工主观幸福感的影响

本研究主要调查企业员工总数，并以企业员工总数多少代表企业的规模大小，具体划分为 6 种：50 人以下、50～100 人、101～500 人、501～1 000 人、1 001～2 000 人，以及 2 000 人以上。本研究采用比较均值与单因素方差等方法来检验员工教育程度对于员工幸福感的影响，结果如表 5‑27 所示。

根据表 5‑31，在置信水平 95% 的情况下，不同企业规模的员工整体生活满意度的方差是非齐性的（$p = 0.001 < 0.05$），但不同企业规模分组下的员工整体满意度均值存在显著性的差异（$p = 0.004 < 0.05$）。这表明，不同企业规模的员工在整体生活满意度方面存在显著的差异。根据样本均值可以看出，基本是企业规模越大，员工的整体生活满意度越高。根据效果值 Eta 平方，可以发现 Eta 平方为 0.014，即表明企业规模对于员工整体生活满意度变异的解释力度为 1.4%，为低相关强度。

同时，根据表 5‑31，在置信水平 95% 的情况下，不同企业规模的员工积极情感的方差是齐性的（$p = 0.000 < 0.05$），但不同企业规模分组下的员工积极情感均值并不存在显著的差异（$p = 0.363 > 0.05$）。这表明，不同企业规模的员工在积极情感方面并不存在显著的差异。

最后，根据表 5‑31，在置信水平 95% 的情况下，不同企业规模的员工消极情感的方差是非齐性的（$p = 0.000 < 0.05$），但不同企业规模分组下的员工消极情感均值存在显著性的差异（$p = 0.000 < 0.05$）。这表明，不同企业规模的员工在消极情感方面存在差异。根据样本均值可以看出，基本是企业规模

越大,员工消极情感越低。根据效果值 Eta 平方,可以发现 Eta 平方为0.026,即表明企业规模对于员工消极情感变异的解释力度为 2.6%,为低相关强度。

表 5-31 企业规模对员工主观幸福感的影响分析

变量	企业规模	样本量	样本均值	方差齐性检验			均值差异检验			Eta平方
				F 值	显著性	是否齐性	F 值	显著性	是否显著	
生活满意度	50 人以下	74	4.80	4.087	0.001	否	3.474	0.004	是	0.014
	50~100 人	133	4.98							
	101~500 人	494	5.27							
	501~1 000 人	208	5.36							
	1 001~2 000 人	126	5.33							
	2 001 人以上	195	5.19							
积极情感	50 人以下	1 230	5.22	5.232	0.000	否	1.093	0.363	否	0.004
	50~100 人	74	4.66							
	101~500 人	133	4.69							
	501~1 000 人	493	4.86							
	1 001~2 000 人	208	4.74							
	2 001 人以上	125	4.85							
消极情感	50 人以下	195	4.65	7.166	0.000	否	6.570	0.000	是	0.026
	50~100 人	1 228	4.77							
	101~500 人	74	3.41							
	501~1 000 人	133	3.00							
	1 001~2 000 人	493	2.89							
	2 001 人以上	208	2.44							

注:$n = 1274$。

5.6 假设检验

根据本研究收集与使用的数据,本研究的数据可以分为三个层面:员工层面(Level-1)、部门层面(Level-2)以及组织层面(Level-3)。具体而言,员工层面的数据包括员工个体的人口统计学特征变量以及本研究中采用的结果变量、中介变量以及调节变量；部门层面主要包括组织向员工提供的诱因以及组织期望员工做出的贡献；组织层面主要包括企业特征变量。根据本研究的数据分布，本研究主要采用多层次回归分析方法（Hierarchical Linear Modeling）对本研究的研究假设进行实证分析。

5.6.1 员工-组织关系对员工主观幸福感的影响研究

为了检验员工-组织关系对员工幸福感（生活满意度、积极情感与消极情感）的影响，本研究首先利用多层次线性模型中的零模型检验员工幸福感（生活满意度、积极情感与消极情感）的组间方差是否存在显著的差异。具体而言，员工幸福感的零模型如下：

员工幸福感的零模型：

Level - 1 Model

员工幸福感（生活满意度、积极情感、消极情感）$_{ijk} = \pi_{0jk} + e_{ijk}$

Level - 2 Model

$\pi_{0jk} = \beta_{00k} + r_{0jk}$

Level - 3 Model

$\beta_{00k} = \gamma_{000} + u_{00k}$

本研究采用 HLM7.0（Raudenbush，Bryk，Cheong & Congdon，2004）对上述零模型进行运行分析，结果如表 5 - 32 中的模型 1a、模型 2a 以及模型 3a 所示。根据表 5 - 32 中的模型 1a 所示，以员工整体生活满意度为结果变量的零模型，其组间方差占总方差的 37.5%，组内方差占总方差的比例为 62.5%（$ICC(1) = 0.375$），$\sigma^2 = 1.186$，$\tau_{\pi} = 0.182$，$\tau_{\beta} = 0.434$，Level 1 和 Level 2 $\chi^2(114) = 210.393$，$p < 0.001$，$Level\ 3\ \chi^2(128) = 390.794$，$p < 0.001$），这表明员工在工作场所中的整体生活满意度具有显著的组间方差，需要探索影响员工整体生活满意度的更高层面因素，这也为后文进行多层次回归分析提供了坚实的实证依据。同样，根据表 5 - 32 中的模型 2a 所示，以员工积极情感为结果变量的零模型，其组间方差占总方差的 30.8%，组内方差占总方差的比例为 69.2%（$ICC(1) = 0.308$），$\sigma^2 = 1.026$，$\tau_{\pi} = 0.270$，$\tau_{\beta} = 0.258$，Level 1 和 Level 2 $\chi^2(114) = 234.563$，$p < 0.001$，Level 3 $\chi^2(128) = 249.197$，$p < 0.001$），这表明员工在工作场所中的积极情感具有显著的组间方差，需要探索影响员工积极情感的更高层面因素，这也为后文进行多层次回归分析提供了坚实的实证依据。最后，根据表 5 - 32 中的模型 3a 所示，以员

工消极情感为结果变量的零模型,其组间方差占总方差的 35.8%,组内方差占总方差的比例为 64.2%($ICC(1)=0.358$),$\sigma^2=1.451$,$\tau_\pi=0.351$,$\tau_\beta=0.460$,Level 1 和 Level 2 $\chi^2(114)=246.783$,$p<0.001$,Level 3 $\chi^2(128)=296.240$,$p<0.001$),这表明员工在工作场所中的消极情感具有显著的组间方差,需要探索影响员工消极情感的更高层面因素,这也为后文进行多层次回归分析提供了坚实的实证依据。

进一步,本研究检验员工个体层面的控制变量,包括员工性别、婚姻状况、教育程度以及任职期限,和组织层面的控制变量,包括国有企业、外资企业、民营企业、制造业、成长期以及企业规模,对员工幸福感的影响。将员工个体层面控制变量和组织层面控制变量分别纳入 Level1 和 Level3 后,得到如下模型:

Level‑1 Model

员工幸福感(生活满意度、积极情感、消极情感)$_{ijk}=\pi_{0jk}+\pi_{1jk}\times$(性别$_{ijk}$)$+\pi_{2jk}\times$(婚姻状况$_{ijk}$)$+\pi_{3jk}\times$(教育程度$_{ijk}$)$+\pi_{4jk}\times$(任职期限$_{ijk}$)$+e_{ijk}$

Level‑2 Model

$\pi_{0jk}=\beta_{00k}+r_{0jk}$

$\pi_{1jk}=\beta_{10k}$

$\pi_{2jk}=\beta_{20k}$

$\pi_{3jk}=\beta_{30k}$

$\pi_{4jk}=\beta_{40k}$

Level‑3 Model

$\beta_{00k}=\gamma_{000}+\gamma_{001}$(国有企业$_k$)$+\gamma_{002}$(外资企业$_k$)$+\gamma_{003}$(私营企业$_k$)$+\gamma_{004}$(制造业$_k$)$+\gamma_{005}$(成长期$_k$)$+\gamma_{006}$(企业规模$_k$)$+u_{00k}$

$\beta_{10k}=\gamma_{100}$

$\beta_{20k}=\gamma_{200}$

$\beta_{30k}=\gamma_{300}$

$\beta_{40k}=\gamma_{400}$

多层次线性回归分析结果分别如表 5‑32 中模型 1b、模型 2b 和模型 3b 所示。制造业企业对员工整体生活满意度有显著的正向影响($r=0.411$,$p<0.05$),对员工消极情感有显著的负向影响($r=-0.709$,$p<0.001$),这表明制造业企业员工拥有更高水平的整体生活满意度以及更低水平的消极情感。婚姻状况对于员工积极情感有显著的正向影响($r=0.168$,$p<0.05$),这说明,已婚的员工在工作场所中有更高水平的积极情感。任职期限对员工的消极情感有显著的正向影响($r=0.003$,$p<0.001$),这说明,任期期限越长的员

工拥有更高水平的消极情感。同时,根据总的 Pseudo R^2,两个层面的控制变量能够解释员工整体生活满意度变异的 5%,能够解释员工积极情感变异的 0.7%,能够解释员工消极情感变异的 8.4%。

接着,本研究将检验组织提供诱因与组织期望贡献对于员工幸福感的影响。本研究将组织提供诱因和组织期望贡献加入员工幸福感模型的 Level-2 中,具体如下:

Level-1 Model

员工幸福感(生活满意度、积极情感、消极情感)$_{ijk}$ = π_{0jk} + π_{1jk} × (性别$_{ijk}$) + π_{2jk} × (婚姻状况$_{ijk}$) + π_{3jk} × (教育程度$_{ijk}$) + π_{4jk} × (任职期限$_{ijk}$) + e_{ijk}

Level-2 Model

π_{0jk} = β_{00k} + β_{01k} × (提供诱因$_{jk}$) + β_{02k} × (期望贡献$_{jk}$) + r_{0jk}

π_{1jk} = β_{10k}

π_{2jk} = β_{20k}

π_{3jk} = β_{30k}

π_{4jk} = β_{40k}

Level-3 Model

β_{00k} = γ_{000} + γ_{001}(国有企业$_k$) + γ_{002}(外资企业$_k$) + γ_{003}(私营企业$_k$) + γ_{004}(制造业$_k$) + γ_{005}(成长期$_k$) + γ_{006}(企业规模$_k$) + u_{00k}

β_{01k} = γ_{010}

β_{02k} = γ_{020}

β_{10k} = γ_{100}

β_{20k} = γ_{200}

β_{30k} = γ_{300}

β_{40k} = γ_{400}

上述三个模型的多层次线性回归分析结果如表 5-32 中的模型 1c、模型 2c 和模型 3c 所示。根据模型 1c 所示,组织提供诱因对于员工整体生活满意度有显著的正向影响($r=0.231$,$p<0.001$),但组织期望贡献对于员工整体生活满意度并没有显著的影响($r=0.068$,n.s.);根据 Pseudo R^2 变化可知,组织提供诱因和期望贡献共额外解释了员工整体生活满意度变异的 4.9%。同时,根据模型 2c 所示,组织提供诱因对于员工积极情感有显著的正向影响($r=0.255$,$p<0.01$),但组织期望贡献对于员工积极情感并没有显著的影响($r=0.020$,n.s.);根据 Pseudo R^2 变化可知,组织提供诱因和期望贡献共额外解释了员工积极情感变异的 3.5%。最后,根据模型 3c 所示,组织提供诱因对于员工消极情感有显著的负向影响($r=-0.183$,$p<0.05$),但组织期望

贡献对于员工积极消极并没有显著的影响（$r = -0.106$, n. s.）；根据 Pseudo R^2 变化可知，组织提供诱因和期望贡献共额外解释了员工消极情感变异的 2.8%。上述结果表明组织向员工提供的诱因能够显著地提升员工的整体生活满意度和积极情感，也能够降低员工在工作场所的消极情绪，但组织期望员工贡献对于员工幸福感没有显著的影响。

最后，本研究检验组织提供诱因与组织期望贡献的交互项是否能够显著地影响员工在工作场所的幸福感。本研究将提供诱因与期望贡献的交互项加入员工幸福感的 Level‑2 中，具体如下：

Level‑1 Model

员工幸福感（生活满意度、积极情感、消极情感）$_{ijk} = \pi_{0jk} + \pi_{1jk} \times ($性别$_{ijk}) + \pi_{2jk} \times ($婚姻状况$_{ijk}) + \pi_{3jk} \times ($教育程度$_{ijk}) + \pi_{4jk} \times ($任职期限$_{ijk}) + e_{ijk}$

Level‑2 Model

$\pi_{0jk} = \beta_{00k} + \beta_{01k} \times ($提供诱因$_{jk}) + \beta_{02k} \times ($期望贡献$_{jk}) + \beta_{03k} \times ($提供诱因与期望贡献交互项$_{jk}) + r_{0jk}$

$\pi_{1jk} = \beta_{10k}$

$\pi_{2jk} = \beta_{20k}$

$\pi_{3jk} = \beta_{30k}$

$\pi_{4jk} = \beta_{40k}$

Level‑3 Model

$\beta_{00k} = \gamma_{000} + \gamma_{001}($国有企业$_k) + \gamma_{002}($外资企业$_k) + \gamma_{003}($私营企业$_k) + \gamma_{004}($制造业$_k) + \gamma_{005}($成长期$_k) + \gamma_{006}($企业规模$_k) + u_{00k}$

$\beta_{01k} = \gamma_{010}$

$\beta_{02k} = \gamma_{020}$

$\beta_{03k} = \gamma_{030}$

$\beta_{10k} = \gamma_{100}$

$\beta_{20k} = \gamma_{200}$

$\beta_{30k} = \gamma_{300}$

$\beta_{40k} = \gamma_{400}$

上述三个模型的多层次线性回归分析结果如表 5‑32 中的模型 1d、模型 2d 和模型 3d 所示。根据表 5‑32 中的模型 1d，组织提供诱因与组织期望贡献的交互项与员工整体生活满意度呈显著的正向相关关系（$r = 0.090$, $p < 0.05$），这表明，员工组织关系能够显著地预测员工的整体生活满意度；根据 Pseudo R^2 变化可知，组织提供诱因和期望贡献的交互项又额外解释了员工整体生活满意度 2.1% 的变异。同时，根据表 5‑28 中的模型 2d，组织提供诱

表5-32 员工-组织关系对员工幸福感的多层次线性回归结果

变量	员工整体生活满意度				积极情感				消极情感			
	Model 1a	Model 1b	Model 1c	Model 1d	Model 2a	Model 2b	Model 2c	Model 2d	Model 3a	Model 3b	Model 3c	Model 3d
截距项	5.223*** (0.071)	4.514*** (0.453)	4.615*** (0.403)	4.502*** (0.407)	4.783*** (0.065)	4.191*** (0.441)	4.268*** (0.398)	4.181*** (0.404)	2.787*** (0.080)	3.418*** (0.552)	3.334*** (0.550)	3.595*** (0.558)
Level 1 控制变量												
性别		0.097 (0.073)	0.107 (0.072)	0.114 (0.072)		−0.079 (0.077)	−0.072 (0.076)	−0.068 (0.077)		−0.052 (0.092)	−0.062 (0.092)	−0.078 (0.093)
婚姻状况		0.100 (0.087)	0.107 (0.087)	0.109 (0.087)		0.168* (0.083)	0.173* (0.083)	0.173* (0.083)		−0.104 (0.109)	−0.110 (0.109)	−0.113 (0.109)
教育程度		−0.013 (0.041)	−0.015 (0.041)	−0.014 (0.001)		0.016 (0.042)	0.017 (0.042)	0.017 (0.041)		0.050 (0.051)	0.053 (0.051)	0.050 (0.050)
任职期限		−0.000 (0.000)	−0.001 (0.001)	−0.001 (0.001)		−0.001 (0.001)	−0.001 (0001)	−0.001 (0.001)		0.003*** (0.001)	0.003*** (0.001)	0.003*** (0.001)
Level 2 自变量												
提供诱因			0.231*** (0.066)	0.232*** (0.066)			0.255** (0.079)	0.256** (0079)			−0.183* (0.087)	−0.188* (0.085)
期望贡献			0.068 (0.084)	0.092 (0.089)			0.020 (0.093)	0.038 (0.097)			−0.106 (0.102)	−0.158 (0.110)
提供诱因*期望贡献				0.090* (0.048)				0.069 (0.072)				−0.200** (0.067)
Level 3 控制变量												
国有企业		−0.157 (0.304)	−0.123 (0.266)	−0.099 (0.269)		−0.001 (0.311)	0.036 (0.275)	0.056 (0.278)		0.042 (0.403)	0.002 (0.395)	−0.059 (0.388)

（续表）

变量	员工整体生活满意度				积极情感				消极情感			
	Model 1a	Model 1b	Model 1c	Model 1d	Model 2a	Model 2b	Model 2c	Model 2d	Model 3a	Model 3b	Model 3c	Model 3d
外资企业		−0.262 (0.314)	−0.231 (0.273)	−0.193 (0.276)		−0.134 (0.324)	−0.107 (0.290)	−0.078 (0.291)		0.036 (0.379)	−0.012 (0.366)	−0.102 (0.362)
私营企业		0.007 (0.301)	0.010 (0.253)	0.050 (0.273)		0.259 (0.297)	0.275 (0.252)	0.306 (0.257)		−0.272 (0.384)	−0.274 (0.375)	−0.367 (0.370)
制造业		0.411* (0.177)	0.413* (0.163)	0.405* (0.160)		0.212 (0.156)	0.221 (0.147)	0.215 (0.147)		−0.709*** (0.183)	−0.697*** (0.177)	−0.680*** (0.175)
成长期		0.072 (0.147)	0.042 (0.136)	0.039 (0.156)		0.113 (0.135)	−0.014 (0.129)	−0.015 (0.130)		0.053 (0.152)	0.165 (0.147)	0.169 (0.146)
企业规模		0.056 (0.056)	0.028 (0.049)	0.034 (0.049)		0.036 (0.050)	0.012 (0.048)	0.017 (0.048)		−0.041 (0.059)	−0.017 (0.055)	−0.030 (0.055)
σ^2	1.026	1.017	1.018	1.009	1.186	1.185	1.184	1.185	1.451	1.454	1.458	1.459
τ_π	0.182	0.175	0.158	0.162	0.270	0.300	0.267	0.268	0.351	0.349	0.322	0.306
τ_β	0.434	0.368	0.303	0.275	0.258	0.218	0.190	0.182	0.460	0.268	0.228	0.209
ICC(1)	0.375				0.308				0.358			
总 Pseudo R^2		0.050	0.099	0.120		0.007	0.042	0.046		0.084	0.112	0.127
Pseudo R^2 变化		0.050	0.049	0.021		0.007	0.035	0.004		0.084	0.028	0.016

注：Level 3 $N=134$，Level 2 $N=273$，Level 1 $n=1274$；

$*\ p<0.05$，$**\ p<0.01$，$***\ p<0.001$。

因与组织期望贡献的交互项与员工积极情感并没有显著的相关关系($r =$ 0.038, n.s.),这表明,员工-组织关系与员工在工作场所中的积极情感并没有显著的相关关系。最后,根据表 5-32 中的模型 3d,组织提供诱因与组织期望贡献的交互项与员工消极情感呈显著的负向相关关系($r = -0.200$, $p <$ 0.01),这表明,员工-组织关系能够显著地预测员工的整体生活满意度;根据 Pseudo R^2 变化可知,组织提供诱因和期望贡献的交互项又额外解释了员工消极情感 1.6% 的变异。

根据上述的结果,可以看出,员工-组织关系能够显著地增加员工在工作场所中的整体生活满意度以及降低员工的消极情感,但并不能显著地增加员工在工作场所中的积极情感。因此,本研究的假设 1a 和 1b 都得到了部分验证。

为了更为清楚地展现员工-组织关系对于员工主观幸福感的影响,本研究画出了员工-组织关系对员工主观幸福感(生活满意度和消极情感)的调节作用图。根据图 5-1 所示,组织提供诱因和期望贡献都高时,即在相互投资型雇佣关系模式下,员工拥有最高水平的整体生活满意度;当组织提供诱因高、期望贡献低时,即在过度投资型雇佣关系模型下,员工拥有中等水平的整体生活满意度;而当组织提供诱因与期望贡献都低,以及组织提供诱因低、期望贡献高时,即在准现货契约和投资不足型雇佣关系模式下,员工拥有最低水平的整体生活满意度。

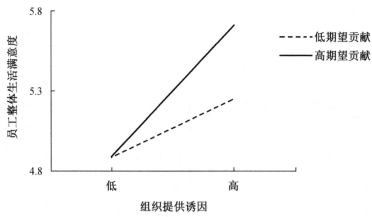

图 5-1　提供诱因与期望贡献交互项对员工整体生活满意度的影响

根据图 5-2 所示,组织提供诱因和期望贡献都高时,即在相互投资型雇佣关系模式下,员工在工作场所的消极情感处于最低的水平;而在其余三种雇佣关系模式下,即在过度投资型、投资不足型以及准现货契约型雇佣关系模式下,员工的消极情感都处于较高水平。

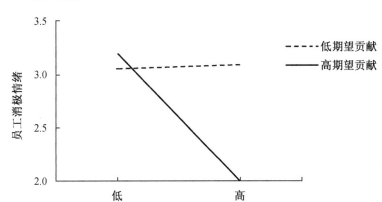

图 5-2 提供诱因与期望贡献交互项对员工消极情感的影响

5.6.2 员工工作绩效在员工-组织关系与主观幸福感之间的中介作用检验

为了检验多层次中介效应模型,方杰等(2010)、温福星和邱浩正(2009)认为,当研究数据来自不同的阶层,需要依据阶层线性模型的特性,从零模型开始逐步加以验证,并借鉴 Baron 和 Kenny(1986)的线性回归中介检验方法,提出四个步骤的多层次中介效应(2-1-1)检验模型。具体而言:

(1)第一步:零模型检验

由于多层次线性回归模型涉及多个层面的数据,为了确定是否需要对结果变量进行跨层次分析,需要检验结果变量的零模型,即需要确定组间方差是显著的。

(2)第二步:检验自变量对结果变量的直接效应

确定自变量对结果变量的回归系数是显著的,能够通过 t 值检验达到显著水平,即只有自变量对结果变量的回归系数是显著的才能够进行下一步骤的检验。

(3)第三步:检验自变量对中介变量的直接效应

这一步需要确定自变量对中介变量的回归系数是显著的,能够通过 t 值检验达到显著性水平。

(4)第四步:检验自变量与中介变量对结果变量的效应

当自变量与中介变量共同作用于结果变量时,如果中介变量对结果变量的回归系数显著,但自变量对结果变量的回归系数不再显著,则表明中介变量在自变量与结果变量之间起到完全中介作用;如果中介变量对结果变量的回归系数显著,同时自变量对结果变量的回归系数也显著,但回归系数显著地降低,则说明中介变量在自变量与结果之间起部分中介作用。

因此,为了检验员工工作绩效与员工-组织关系与员工主观幸福感之间的中介作用,本研究依据上述步骤检验各个模型。对于步骤一和步骤二,本研究已经在员工-组织关系对员工主观幸福感的影响研究一节进行了检验,实证结果也得到了支持。接着,本研究将检验依次检验第三步和第四步。

为了检验员工-组织关系对员工工作绩效的影响,本研究依次建立了以员工工作绩效为结果变量的零模型(见表5-33中的模型4a)、控制变量模型(见表5-33中的模型4b)、主效应模型(见表5-33中的模型4c和模型4d)。主效应模型如下:

员工-组织关系对员工工作绩效的主效应模型(模型4c):

Level‑1 Model

员工工作绩效$_{ijk}$＝π_{0jk}＋π_{1jk}×(性别$_{ijk}$)＋π_{2jk}×(婚姻状况$_{ijk}$)＋π_{3jk}×(教育程度$_{ijk}$)＋π_{4jk}×(任职期限$_{ijk}$)＋e_{ijk}

Level‑2 Model

π_{0jk}＝β_{00k}＋β_{01k}×(提供诱因$_{jk}$)＋β_{02k}×(期望贡献$_{jk}$)＋r_{0jk}

π_{1jk}＝β_{10k}

π_{2jk}＝β_{20k}

π_{3jk}＝β_{30k}

π_{4jk}＝β_{40k}

Level‑3 Model

β_{00k}＝γ_{000}＋γ_{001}(国有企业$_k$)＋γ_{002}(外资企业$_k$)＋γ_{003}(私营企业$_k$)＋γ_{004}(制造业$_k$)＋γ_{005}(成长期$_k$)＋γ_{006}(企业规模$_k$)＋u_{00k}

β_{01k}＝γ_{010}

β_{02k}＝γ_{020}

β_{10k}＝γ_{100}

β_{20k}＝γ_{200}

β_{30k}＝γ_{300}

β_{40k}＝γ_{400}

这一模型的实证分析结果如表5-33模型4c所示,在控制了员工个体层面和企业组织层面的控制变量外,可以发现,组织期望贡献对员工工作绩效的回归系数是正向显著的($r＝0.122$,$p<0.05$),但组织提供诱因对员工工作绩效的回归系数并不是显著的。另外,Pseudo R^2 变化可知,组织提供诱因和组

织期望贡献能够额外解释员工工作绩效 1.8％的变异。根据上述结果,组织期望员工做出更多贡献能够更高程度地提升员工的工作绩效,但组织向员工提供诱因并不能。

进一步地,本研究检验组织提供诱因与期望贡献的交互项是否能够影响员工的工作绩效,具体模型如下:

员工-组织关系对员工工作绩效的主效应模型(模型 4d):

Level‐1 Model

员工工作绩效$_{ijk}$＝π_{0jk}＋π_{1jk}×(性别$_{ijk}$)＋π_{2jk}×(婚姻状况$_{ijk}$)＋π_{3jk}×(教育程度$_{ijk}$)＋π_{4jk}×(任职期限$_{ijk}$)＋e_{ijk}

Level‐2 Model

π_{0jk}＝β_{00k}＋β_{01k}×(提供诱因$_{jk}$)＋β_{02k}×(期望贡献$_{jk}$)＋β_{03k}×(提供诱因与期望贡献交互项$_{jk}$)＋r_{0jk}

π_{1jk}＝β_{10k}

π_{2jk}＝β_{20k}

π_{3jk}＝β_{30k}

π_{4jk}＝β_{40k}

Level‐3 Model

β_{00k}＝γ_{000}＋γ_{001}(国有企业$_k$)＋γ_{002}(外资企业$_k$)＋γ_{003}(私营企业$_k$)＋γ_{004}(制造业$_k$)＋γ_{005}(成长期$_k$)＋γ_{006}(企业规模$_k$)＋u_{00k}

β_{01k}＝γ_{010}

β_{02k}＝γ_{020}

β_{03k}＝γ_{030}

β_{10k}＝γ_{100}

β_{20k}＝γ_{200}

β_{30k}＝γ_{300}

β_{40k}＝γ_{400}

这一模型的实证分析结果如表 5‐33 模型 4d 所示。本研究发现,组织提供诱因与期望贡献的交互项对员工工作绩效的回归系数并不是显著的。这一回归结果表明,自变量对中介变量的直接效应显著这一步并没有得到数据的验证。因此,本研究提出的假设 2a 得到了验证,而假设 2b 并没有得到验证。

同时,这一结果也间接地表明,员工工作绩效在员工-组织关系与员工幸福感之间并不起到中介作用。因此,本研究提出的假设 2d 也没有得到验证。

表 5 - 33　员工工作绩效在员工-组织关系与员工主观幸福感之间的中介作用回归结果

变量	员工工作绩效				员工整体生活满意度		积极情感		消极情感	
	Model 4a	Model 4b	Model 4c	Model 4d	Model 4e	Model 4f	Model 4g	Model 4h	Model 4i	Model 4j
截距项	5.385*** (0.056)	4.065*** (0.392)	4.125*** (0.385)	4.098*** (0.391)	4.993*** (0.354)	5.082*** (0.298)	4.663*** (0.395)	4.590*** (0.365)	3.228*** (0.547)	3.322*** (0.546)
Level 1 控制变量										
性别		0.167* (0.068)	0.168* (0.068)	0.170* (0.068)	0.056 (0.069)	0.041 (0.059)	-0.128 (0.076)	-0.124 (0.072)	-0.028 (0.094)	-0.033 (0.094)
婚姻状况		0.238*** (0.067)	0.238*** (0.067)	0.238*** (0.068)	0.013 (0.085)	-0.041 (0.080)	0.077 (0.080)	0.033 (0.076)	-0.045 (0108)	-0.019 (0.106)
教育程度		0.021 (0.027)	0.020 (0.027)	0.020 (0.027)	-0.024 (0.037)	-0.004 (0.032)	0.009 (0.039)	0.038 (0.035)	0.058 (0.049)	0.037 (0.047)
任职期限		0.001* (0.001)	0.001* (0.001)	0.001* (0.001)	-0.001 (0.001)	-0.001 (0.001)	-0.002* (0.001)	-0.001 (0.001)	0.004*** (0.001)	0.003*** (0.001)
Level 1 中介与调节变量										
员工工作绩效					0.420*** (0.051)	0.299*** (0.046)	0.419*** (0.045)	0.294*** (0.040)	-0.331*** (0.055)	-0.241*** (0.054)
感知到绩效付薪						0.507*** (0.053)		0.479*** (0.056)		-0.344*** (0.056)
员工工作绩效*感知到绩效付薪						-0.080* (0.034)		0.067 (0.055)		-0.102** (0.033)
Level 2 自变量										
提供诱因			0.056 (0.062)	0.057 (0.062)	0.210*** (0.054)	0.174*** (0.045)	0.231** (0.072)	0.174*** (0.045)	-0.175* (0.079)	-0.128 (0.076)
期望贡献			0.122* (0.056)	0.127* (0.068)	0.063 (0.077)	0.011 (0.067)	-0.004 (0.086)	0.011 (0.067)	-0.119 (0.110)	-0.103 (0.103)

（续表）

变量	员工工作绩效				员工整体生活满意度		积极情感		消极情感	
	Model 4a	Model 4b	Model 4c	Model 4d	Model 4e	Model 4f	Model 4g	Model 4h	Model 4i	Model 4j
提供诱因*期望贡献				0.022 (0.048)	0.092* (0.043)	0.088* (0.035)	0.065 (0.064)	0.088* (0.035)	−0.195** (0.0673)	−0.177** (0.060)
Level 3 控制变量										
国有企业	−0.004 (0.236)	0.019 (0.234)	0.019 (0.234)	0.026 (0.234)	−0.105 (0.221)	−0.076 (0.178)	0.041 (0.259)	0.104 (0.231)	−0.056 (0.370)	−0.123 (0.363)
外资企业	0.031 (0.238)	0.073 (0.236)	0.073 (0.236)	0.083 (0.238)	−0.221 (0.225)	−0.043 (0.183)	−0.117 (0.270)	0.057 (0.240)	−0.078 (0.341)	−0.226 (0.333)
私营企业	0.117 (0.239)	0.112 (0.234)	0.112 (0.234)	0.122 (0.236)	0.003 (0.199)	0.029 (0.161)	0.250 (0.233)	0.273 (0.208)	−0.332 (0.348)	−0.347 (0.344)
制造业	0.390*** (0.118)	0.374*** (0.112)	0.374*** (0.112)	0.372*** (0.112)	0.261* (0.140)	0.132 (0.119)	0.070 (0.132)	−0.050 (0.115)	−0.565*** (0.165)	−0.472** (0.153)
成长期	0.296** (0.111)	0.243* (0.109)	0.243* (0.109)	0.243* (0.109)	−0.063 (0.114)	−0.060 (0.089)	−0.104 (0.120)	−0.087 (0.104)	0.240 (0.137)	0.231 (0.129)
企业规模	0.035 (0.042)	0.020 (0.039)	0.020 (0.039)	0.022 (0.039)	0.022 (0.042)	0.014 (0.036)	0.009 (0.046)	0.009 (0.040)	−0.024 (0.051)	−0.028 (0.049)
σ^2	0.709	0.693	0.693	0.693	0.956	0.831	1.097	0.990	1.402	1.338
τ_{π}	0.217	0.192	0.193	0.193	0.128	0.102	0.252	0.217	0.333	0.310
τ_{β}	0.202	0.129	0.108	0.107	0.167	0.067	0.113	0.041	0.130	0.099
ICC(1)	0.371									
总 Pseudo R^2		0.101	0.119	0.119	0.238	0.391	0.147	0.272	0.175	0.227
Pseudo R^2 变化		0.101	0.018	0.001	0.131	0.153	0.101	0.125	0.048	0.052

注：Level 3 $N=134$，Level 2 $N=273$，Level 1 $n=1274$；

* $p<0.05$, ** $p<0.01$, *** $p<0.001$。

5.6.3 绩效付薪感知在员工工作绩效与主观幸福感之间的调节作用检验

虽然本研究的数据并没有支持员工工作绩效在员工-组织关系与员工主观幸福感之间起到中介作用的假设，但本书会继续检验员工工作绩效对员工主观幸福感的正向影响假设，以及员工感知到绩效付薪在员工工作绩效与员工主观幸福感之间起调节作用的假设。

下面是员工工作绩效对员工主观幸福感的影响模型检验，具体如下：

Level‐1 Model

员工幸福感（生活满意度、积极情感、消极情感）$_{ijk}＝\pi_{0jk}＋\pi_{1jk}\times$（性别$_{ijk}$）$＋\pi_{2jk}\times$（婚姻状况$_{ijk}$）$＋\pi_{3jk}\times$（教育程度$_{ijk}$）$＋\pi_{4jk}\times$（任职期限$_{ijk}$）$＋\pi_{5jk}\times$（员工工作绩效$_{ijk}$）$＋e_{ijk}$

Level‐2 Model

$\pi_{0jk}＝\beta_{00k}＋\beta_{01k}\times$（提供诱因$_{jk}$）$＋\beta_{02k}\times$（期望贡献$_{jk}$）$＋\beta_{03k}\times$（提供诱因与期望贡献交互项$_{jk}$）$＋r_{0jk}$

$\pi_{1jk}＝\beta_{10k}$

$\pi_{2jk}＝\beta_{20k}$

$\pi_{3jk}＝\beta_{30k}$

$\pi_{4jk}＝\beta_{40k}$

$\pi_{5jk}＝\beta_{50k}$

Level‐3 Model

$\beta_{00k}＝\gamma_{000}＋\gamma_{001}$（国有企业$_k$）$＋\gamma_{002}$（外资企业$_k$）$＋\gamma_{003}$（私营企业$_k$）$＋\gamma_{004}$（制造业$_k$）$＋\gamma_{005}$（成长期$_k$）$＋\gamma_{006}$（企业规模$_k$）$＋u_{00k}$

$\beta_{01k}＝\gamma_{010}$

$\beta_{02k}＝\gamma_{020}$

$\beta_{03k}＝\gamma_{030}$

$\beta_{10k}＝\gamma_{100}$

$\beta_{20k}＝\gamma_{200}$

$\beta_{30k}＝\gamma_{300}$

$\beta_{40k}＝\gamma_{400}$

$\beta_{50k}＝\gamma_{500}$

上述三个模型的多层次线性回归分析结果如表 5‐33 中的模型 4e、模型 4g 和模型 4i 所示。根据模型 4e 所示，员工工作绩效对于员工整体生活满意度有显著的正向影响（$r＝0.420$，$p<0.001$），根据 Pseudo R^2 变化可知，员工

工作绩效额外解释了员工整体生活满意度变异的 13.1%。同时,根据模型 4g 所示,员工工作绩效对于员工积极情感有显著的正向影响($r=0.419$,$p<0.001$),根据 Pseudo R^2 变化可知,员工工作绩效额外解释了员工整体生活满意度变异的 10.1%。最后,根据模型 4i 所示,员工工作绩效对于员工消极情感有显著的负向影响($r=-0.331$,$p<0.001$),根据 Pseudo R^2 变化可知,员工工作绩效额外解释了员工整体生活满意度变异的 4.8%。上述结果表明,更高的员工工作绩效能够显著地提升员工在工作场所的整体生活满意度和积极情感,同时能够显著地降低员工在工作场所的消极情感。因此,本研究提出的假设 2c 得到了验证。

接着,本研究将继续研究员工感知到绩效付薪在员工工作绩效与员工幸福感之间的调节作用,具体模型如下:

Level‐1 Model

员工幸福感(生活满意度、积极情感、消极情感)$_{ijk}=\pi_{0jk}+\pi_{1jk}\times$(性别$_{ijk}$)$+\pi_{2jk}\times$(婚姻状况$_{ijk}$)$+\pi_{3jk}\times$(教育程度$_{ijk}$)$+\pi_{4jk}\times$(任职期限$_{ijk}$)$+\pi_{5jk}\times$(员工工作绩效$_{ijk}$)$+\pi_{6jk}\times$(感知到绩效付薪$_{ijk}$)$+\pi_{7jk}\times$(员工工作绩效与感知到绩效付薪交互项$_{ijk}$)$+e_{ijk}$

Level‐2 Model

$\pi_{0jk}=\beta_{00k}+\beta_{01k}\times$(提供诱因$_{jk}$)$+\beta_{02k}\times$(期望贡献$_{jk}$)$+\beta_{03k}\times$(提供诱因与期望贡献交互项$_{jk}$)$+r_{0jk}$

$\pi_{1jk}=\beta_{10k}$

$\pi_{2jk}=\beta_{20k}$

$\pi_{3jk}=\beta_{30k}$

$\pi_{4jk}=\beta_{40k}$

$\pi_{5jk}=\beta_{50k}$

$\pi_{6jk}=\beta_{60k}$

$\pi_{7jk}=\beta_{70k}$

Level‐3 Model

$\beta_{00k}=\gamma_{000}+\gamma_{001}$(国有企业$_k$)$+\gamma_{002}$(外资企业$_k$)$+\gamma_{003}$(私营企业$_k$)$+\gamma_{004}$(制造业$_k$)$+\gamma_{005}$(成长期$_k$)$+\gamma_{006}$(企业规模$_k$)$+u_{00k}$

$\beta_{01k}=\gamma_{010}$

$\beta_{02k}=\gamma_{020}$

$\beta_{03k}=\gamma_{030}$

$\beta_{10k}=\gamma_{100}$

$\beta_{20k}=\gamma_{200}$

$$\beta_{30k} = \gamma_{300}$$

$$\beta_{40k} = \gamma_{400}$$

$$\beta_{50k} = \gamma_{500}$$

$$\beta_{60k} = \gamma_{600}$$

$$\beta_{70k} = \gamma_{700}$$

上述三个模型的多层次线性回归分析结果如表 5 - 33 中的模型 4f、模型 4h 和模型 4j 所示。根据模型 4f 所示,员工工作绩效与员工感知到绩效付薪交互项对于员工整体生活满意度有显著的负向影响($r = -0.080$, $p < 0.05$),这说明,员工绩效付薪感知显著地调节员工工作绩效与员工整体生活满意度之间的正向关系。而根据模型 4h 所示,员工工作绩效与员工感知到绩效付薪交互项对于员工积极情绪并没有显著的影响($r = 0.067$, n. s.)。最后,根据模型 4j 所示,员工工作绩效与员工感知到绩效付薪交互项对于员工消极情绪有显著的负向影响($r = -0.102$, $p < 0.01$),这说明员工感知到的绩效付薪显著地调节员工工作绩效与消极情感之间的负向关系。

为了更清楚地展现员工感知到绩效付薪在员工工作绩效与员工主观幸福感(生活满意度与消极情感)之间的调节作用,本研究画出了相应的调节作用图。从图 5 - 3 中可以看出,员工感知到绩效付薪高时,员工将拥有较高水平的整体生活满意度,但当员工的工作绩效更高时,员工的整体生活满意度更高;而当员工感知到绩效付薪是低的时候,员工的整体生活满意度均处于较低水平,但当员工的工作绩效低的时候,员工的整体生活满意度最低。这一调节图进一步支持了员工感知到绩效付薪在员工工作绩效与整体生活满意度之间的调节作用。

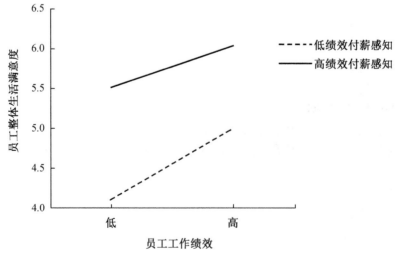

图 5 - 3　员工绩效付薪感知在员工工作绩效与整体生活满意度之间的调节作用

另外,从图5-4中可以看出,当员工的工作绩效和绩效付薪感知都处于高水平时,员工在工作场所的整体消极情感是最低的;当员工的绩效付薪感知和工作绩效都处于低水平时,员工的消极情绪是最高的;而当员工感知到绩效付薪和工作绩效一高一低里,员工在工作场所中的消极情绪处于中等水平。这一图示也明显表明了员工绩效付薪感知的调节作用。

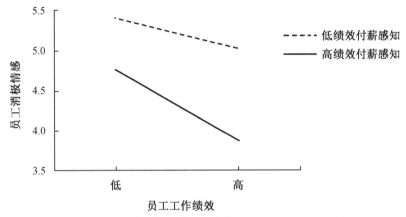

图5-4　员工绩效付薪感知在员工工作绩效与消极情感之间的调节作用

因此,本研究员工绩效付薪感知调节员工工作绩效与员工幸福感(生活满意度和消极情绪)之间关系的假设得到了验证,但员工绩效付薪感知调节员工感知工作绩效与员工积极情绪之间关系的假设并未得到验证。综合,本研究的假设2e得到了部分验证。

5.6.4　职业发展前景感知在员工-组织关系与主观幸福感之间的中介作用检验

这一小节,本研究将检验员工感知到职业发展前景在员工-组织关系与员工主观幸福感之间的中介作用。首先,本研究将检验员工-组织关系对员工感知到职业发展前景的直接效应。为了检验员工-组织关系对员工感知到职业发展前景的影响,本研究依次建立了以员工职业发展前景为结果变量的零模型(见表5-34中的模型6a)、控制变量模型(见表5-34中的模型6b)、主效应模型(见表5-34中的模型6c和模型6d)。主效应模型如下,

员工-组织关系对员工感知到职业发展前景的主效应模型(模型6c):

Level-1 Model

员工职业发展前景$_{ijk}$＝π_{0jk}＋π_{1jk}×（性别$_{ijk}$）＋π_{2jk}×（婚姻状况$_{ijk}$）＋π_{3jk}×（教育程度$_{ijk}$）＋π_{4jk}×（任职期限$_{ijk}$）＋e_{ijk}

Level - 2 Model

$$\pi_{0jk} = \beta_{00k} + \beta_{01k} \times (提供诱因_{jk}) + \beta_{02k} \times (期望贡献_{jk}) + r_{0jk}$$

$$\pi_{1jk} = \beta_{10k} \pi_{2jk} = \beta_{20k}$$

$$\pi_{3jk} = \beta_{30k}$$

$$\pi_{4jk} = \beta_{40k}$$

Level - 3 Model

$$\beta_{00k} = \gamma_{000} + \gamma_{001}(国有企业_k) + \gamma_{002}(外资企业_k) + \gamma_{003}(私营企业_k) + \gamma_{004}(制造业_k) + \gamma_{005}(成长期_k) + \gamma_{006}(企业规模_k) + u_{00k}$$

$$\beta_{01k} = \gamma_{010}$$

$$\beta_{02k} = \gamma_{020}$$

$$\beta_{10k} = \gamma_{100}$$

$$\beta_{20k} = \gamma_{200}$$

$$\beta_{30k} = \gamma_{300}$$

$$\beta_{40k} = \gamma_{400}$$

这一模型的实证分析结果如表 5 - 34 模型 6c 所示,在控制了员工个体层面和企业组织层面的控制变量外,可以发现,组织提供诱因对员工职业发展前景的回归系数是正向显著的($r = 0.237$, $p < 0.01$),但组织期望贡献对员工职业发展前景感知的回归系数并不是显著的($r = 0.069$, n. s.)。另外,Pseudo R^2 变化可知,组织提供诱因和组织期望贡献能够额外解释员工职业发展前景 4.4% 的变异。根据上述结果,组织向员工提供更多的诱因能够显著地提升员工感知到的职业发展前景,但组织期望员工做出更多的贡献并不能实现这一目的。因此,本书的假设 3a 得到了部分验证。

进一步地,本研究检验组织提供诱因与期望贡献的交互项是否能够影响员工感知到的职业发展前景,具体模型如下:

员工-组织关系对员工职业发展前景的主效应模型(模型 6d):

Level - 1 Model

$$员工职业发展前景_{ijk} = \pi_{0jk} + \pi_{1jk} \times (性别_{ijk}) + \pi_{2jk} \times (婚姻状况_{ijk}) + \pi_{3jk} \times (教育程度_{ijk}) + \pi_{4jk} \times (任职期限_{ijk}) + e_{ijk}$$

Level - 2 Model

$$\pi_{0jk} = \beta_{00k} + \beta_{01k} \times (提供诱因_{jk}) + \beta_{02k} \times (期望贡献_{jk}) + \beta_{03k} \times (提供诱因与期望贡献交互项_{jk}) + r_{0jk}$$

$$\pi_{1jk} = \beta_{10k}$$

$$\pi_{2jk} = \beta_{20k}$$

$$\pi_{3jk} = \beta_{30k}$$

$\pi_{4jk} = \beta_{40k}$

Level - 3 Model

$\beta_{00k} = \gamma_{000} + \gamma_{001}(国有企业_k) + \gamma_{002}(外资企业_k) + \gamma_{003}(私营企业_k) + \gamma_{004}(制造业_k) + \gamma_{005}(成长期_k) + \gamma_{006}(企业规模_k) + u_{00k}$

$\beta_{01k} = \gamma_{010}$

$\beta_{02k} = \gamma_{020}$

$\beta_{03k} = \gamma_{030}$

$\beta_{10k} = \gamma_{100}$

$\beta_{20k} = \gamma_{200}$

$\beta_{30k} = \gamma_{300}$

$\beta_{40k} = \gamma_{400}$

这一模型的实证分析结果如表5-34模型6d所示。本研究发现,组织提供诱因与期望贡献的交互项对员工感知到职业发展前景的回归系数正向显著的($r = 0.128$, $p < 0.05$)。这表明,员工-组织关系能够显著地预测员工的职业发展前景;根据 Pseudo R^2 变化可知,组织提供诱因和期望贡献的交互项又额外解释了员工职业发展前景2.2%的变异。因此,本研究提出的假设3b得到了验证。

为了更为清楚地展现员工-组织关系对于员工职业发展前景的影响,本研究画出了员工-组织关系对员工职业发展前景的调节作用图。根据图5-5所示,组织提供诱因和期望贡献都高时,即在相互投资型雇佣关系模式下,员工感知到最高水平的职业发展前景;当组织提供诱因高、期望贡献低时,即在过度投资型雇佣关系模型下,员工感知到中等水平的职业发展前景;而当组织提供诱因与期望贡献都低,以及组织提供诱因低、期望贡献高时,即在准现货契约和投资不足型雇佣关系模式下,员工感知到最低水平的职业发展前景。

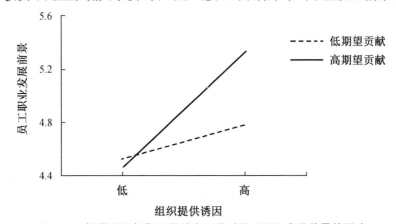

图5-5　提供诱因与期望贡献交互项对员工职业发展前景的影响

由于员工-组织关系对员工职业发展前景的直接效应是显著的,根据前文提到的检验多层次线性回归的中介作用模型(2－1－1模型)的四个步骤,本研究的数据结果支持了第三个步骤。接着,本研究将检验第四个步骤,即同时检验自变量和中介变量对结果变量的影响,进而确定中介变量的中介效应是否显著。具体模型如下:

Level－1 Model

员工幸福感(生活满意度、积极情感、消极情感)$_{ijk}$＝π_{0jk}＋π_{1jk}×(性别$_{ijk}$)＋π_{2jk}×(婚姻状况$_{ijk}$)＋π_{3jk}×(教育程度$_{ijk}$)＋π_{4jk}×(任职期限$_{ijk}$)＋π_{5jk}×(员工职业发展前景$_{ijk}$)＋e_{ijk}

Level－2 Model

π_{0jk}＝β_{00k}＋β_{01k}×(提供诱因$_{jk}$)＋β_{02k}×(期望贡献$_{jk}$)＋β_{03k}×(提供诱因与期望贡献交互项$_{jk}$)＋r_{0jk}

π_{1jk}＝β_{10k}

π_{2jk}＝β_{20k}

π_{3jk}＝β_{30k}

π_{4jk}＝β_{40k}

π_{5jk}＝β_{50k}

Level－3 Model

β_{00k}＝γ_{000}＋γ_{001}(国有企业$_k$)＋γ_{002}(外资企业$_k$)＋γ_{003}(私营企业$_k$)＋γ_{004}(制造业$_k$)＋γ_{005}(成长期$_k$)＋γ_{006}(企业规模$_k$)＋u_{00k}

β_{01k}＝γ_{010}

β_{02k}＝γ_{020}

β_{03k}＝γ_{030}

β_{10k}＝γ_{100}

β_{20k}＝γ_{200}

β_{30k}＝γ_{300}

β_{40k}＝γ_{400}

β_{50k}＝γ_{500}

上述三个模型的多层次线性回归分析结果如表5－34中的模型6e、模型6g和模型6i所示。根据模型6e所示,员工感知到职业发展前景对员工整体生活满意度有显著的正向影响($r=0.568$,$p<0.001$),但此时,组织提供诱因和期望贡献的交互项对员工整体生活满意度的回归系数已经不再显著($r=0.037$, n. s.),这说明,员工感知到职业发展前景在员工-组织关系与员工整体生活满意度之间起完全中介作用;根据 Pseudo R^2 变化可知,员工感知到职

表5-34　员工职业发展前景感知在员工-组织关系与员工主观幸福感之间的中介作用回归结果

变量	感知到职业发展前景				员工整体生活满意度		积极情感		消极情感	
	Model 6a	Model 6b	Model 6c	Model 6d	Model 6e	Model 6f	Model 6g	Model 6h	Model 6i	Model 6j
截距项	4.786*** (0.059)	4.457*** (0.370)	4.559*** (0.323)	4.392*** (0.338)	4.701*** (0.338)	5.082*** (0.298)	4.402*** (0.321)	0.483*** (0.314)	3.469*** (0.564)	3.431*** (0.566)
Level 1 控制变量										
性别		-0.189** (0.069)	-0.193** (0.068)	-0.174** (0.067)	0.209** (0.071)	0.041 (0.059)	0.040 (0.070)	0.046 (0.068)	-0.138 (0.091)	-0.135 (0.091)
婚姻状况		0.131 (0.085)	0.131 (0.086)	0.133 (0.086)	0.042 (0.076)	-0.041 (0.080)	0.096 (0.069)	0.087 (0.063)	-0.073 (0.102)	-0.062 (0.103)
教育程度		0.011 (0.041)	0.009 (0.040)	0.011 (0.039)	-0.022 (0.035)	-0.004 (0.032)	0.010 (0.034)	0.004 (0.032)	0.057 (0.050)	0.053 (0.049)
任职期限		-0.001 (0.001)	-0.001 (0.001)	-0.001 (0.001)	-0.000 (0.001)	-0.000 (0.001)	-0.001 (0.001)	-0.001 (0.001)	0.003*** (0.001)	0.003*** (0.001)
Level 1 中介与调节变量										
感知到职业发展前景					0.568*** (0.052)	0.299*** (0.046)	0.643*** (0.052)	0.475*** (0.044)	-0.387*** (0.059)	-0.255*** (0.058)
工作控制						0.518*** (0.053)		0.373*** (0.045)		-0.083 (0.060)
感知到职业发展前景*工作控制						-0.068* (0.032)		-0.080* (0.039)		0.069 (0.044)
Level 2 自变量										
提供诱因			0.237** (0.073)	0.238*** (0.065)	0.121 (0.065)	0.174*** (0.045)	0.125 (0.080)	0.097 (0.067)	-0.117 (0.086)	-0.113 (0.082)
期望贡献			0.069 (0.081)	0.102 (0.079)	0.052 (0.089)	0.011 (0.067)	-0.011 (0.099)	0.013 (0.072)	-0.123 (0.119)	-0.131 (0.115)

（续表）

变量	感知到职业发展前景				员工整体生活满意度		积极情感		消极情感	
	Model 6a	Model 6b	Model 6c	Model 6d	Model 6e	Model 6f	Model 6g	Model 6h	Model 6i	Model 6j
提供诱因 * 期望贡献				0.128* (0.064)	0.037 (0.053)	0.088* (0.035)	0.007 (0.072)	0.013 (0.059)	-0.158* (0.072)	-0.164* (0.068)
Level 3 控制变量										
国有企业		-0.089 (0.235)	-0.044 (0.194)	-0.005 (0.202)	-0.092 (0.201)	-0.076 (0.298)	0.048 (0.195)	0.094 (0.204)	-0.065 (0.377)	-0.090 (0.378)
外资企业		-0.081 (0.226)	-0.038 (0.195)	0.020 (0.203)	-0.210 (0.210)	-0.043 (0.184)	-0.098 (0.222)	-0.033 (0.218)	-0.097 (0.354)	-0.109 (0.354)
私营企业		0.270 (0.219)	0.280 (0.167)	0.341* (0.176)	-0.117 (0.191)	0.029 (0.161)	0.104 (0.186)	0.144 (0.194)	-0.259 (0.266)	-0.280 (0.368)
制造业		0.245* (0.132)	0.242* (0.122)	0.232* (0.120)	0.296* (0.137)	0.132 (0.119)	0.086 (0.113)	0.085 (0.101)	-0.595*** (0.159)	-0.594*** (0.159)
成长期		0.097 (0.125)	-0.032 (0.124)	-0.034 (0.124)	0.037 (0.110)	-0.060 (0.089)	0.001 (0.105)	-0.034 (0.095)	0.159 (0.137)	0.161 (0.137)
企业规模		0.021 (0.045)	-0.004 (0.040)	0.004 (0.040)	0.028 (0.040)	0.014 (0.036)	0.013 (0.038)	-0.002 (0.035)	-0.030 (0.051)	-0.025 (0.051)
σ^2	1.005	1.043	1.043	1.029	0.823	0.790	0.914	0.843	1.363	1.340
τ_π	0.197	0.200	0.151	0.154	0.100	0.067	0.234	0.174	0.292	0.312
τ_β	0.230	0.154	0.138	0.118	0.171	0.162	0.051	0.034	0.154	0.149
ICC(1)		0.298								
总 Pseudo R^2		0.024	0.069	0.091	0.334	0.380	0.301	0.386	0.200	0.204
Pseudo R^2 变化		0.024	0.044	0.022	0.214	0.046	0.255	0.086	0.109	0.004

注：Level 3 $N=134$，Level 2 $N=273$，Level 1 $n=1\ 274$；

$*\ p<0.05$，$**\ p<0.01$，$***\ p<0.001$。

业发展前景额外解释了员工整体生活满意度变异的 21.4%。为了进一步确定这一中介效应,本研究采用 PRODCLIN 项目(MacKinnon, Fritz, Williams & Lockwood, 2007)来检验中介效应的置信区间是否显著地排除了零。结果表明,提供诱因与期望贡献的交互项通过员工感知到职业发展前景预测员工整体生活满意度的间接效应为 0.073,并且是显著的(95% 的置信区间[CI]=0.001, 0.147, 不包含 0),因此,员工感知到职业发展前景中介员工-组织关系与员工整体生活满意度之间关系的假设再次得到验证。

由于,员工-组织关系对员工积极情感的回归系数是不显著的(见表 5 - 32模型 2d),因此,本研究不再检验员工感知到职业发展前景在员工-组织关系与员工积极情感之间的中介作用。但本书依然检验员工感知到职业发展前景本身对于员工在工作场所中积极情感的影响,回归模型见表 5 - 34 模型 6g。根据模型 6g 所示,员工感知到职业发展前景对员工积极情感有显著的正向影响($r=0.643, p<0.001$),这说明,员工在感知到职业发展前景会对员工的积极情感产生显著的正向影响。另外,根据 Pseudo R^2 变化可知,员工感知到职业发展前景额外解释了员工积极情感变异的 25.5%。

最后,根据模型 6i 所示,员工感知到职业发展前景对员工消极情感有显著的负向影响($r=-0.387, p<0.001$),此时,组织提供诱因和期望贡献的交互项对员工消极情感的回归系数虽然显著($r=-0.158, p<0.001$),但已经小于表 5 - 32 模型 3d 中的回归系数($r=-0.200, p<0.01$),这说明,员工感知到职业发展前景在员工组织关系与员工消极情感之间起部分中介作用;根据 Pseudo R^2 变化可知,员工感知到职业发展前景额外解释了员工消极情感变异的 10.9%。为了进一步确定这一中介效应,本研究采用 PRODCLIN 项目(MacKinnon, Fritz, Williams & Lockwood, 2007)来检验中介效应的置信区间是否显著地排除了零。结果表明,提供诱因与期望贡献的交互项通过员工感知到职业发展前景预测员工消极情感的间接效应为 -0.05,并且是显著的(95% 的置信区间[CI]=$-0.104, -0.001$, 不包含 0),因此,员工感知到职业发展前景中介员工-组织关系与员工消极情感的假设再次得到验证。

综合上述,本研究提出的假设 3c、3d 得到了验证,而假设 3e 得到了部分验证。

5.6.5 工作控制在员工职业发展前景感知与主观幸福感之间的调节作用检验

接着,本小节将检验员工工作控制在员工感知到职业发展前景与员工幸福感之间的调节作用,具体模型如下:

Level - 1 Model

员工幸福感(生活满意度、积极情感、消极情感)$_{ijk}$＝π_{0jk}＋π_{1jk}×(性别$_{ijk}$)＋π_{2jk}×(婚姻状况$_{ijk}$)＋π_{3jk}×(教育程度$_{ijk}$)＋π_{4jk}×(任职期限$_{ijk}$)＋π_{5jk}×(员工职业发展前景$_{ijk}$)＋π_{6jk}×(工作控制$_{ijk}$)＋π_{7jk}×(员工职业发展前景与工作控制交互项$_{ijk}$)＋e_{ijk}

Level - 2 Model

π_{0jk}＝β_{00k}＋β_{01k}×(提供诱因$_{jk}$)＋β_{02k}×(期望贡献$_{jk}$)＋β_{03k}×(提供诱因与期望贡献交互项$_{jk}$)＋r_{0jk}

π_{1jk}＝β_{10k}

π_{2jk}＝β_{20k}

π_{3jk}＝β_{30k}

π_{4jk}＝β_{40k}

π_{5jk}＝β_{50k}

π_{6jk}＝β_{60k}

π_{7jk}＝β_{70k}

Level - 3 Model

β_{00k}＝γ_{000}＋γ_{001}(国有企业$_k$)＋γ_{002}(外资企业$_k$)＋γ_{003}(私营企业$_k$)＋γ_{004}(制造业$_k$)＋γ_{005}(成长期$_k$)＋γ_{006}(企业规模$_k$)＋u_{00k}

β_{01k}＝γ_{010}

β_{02k}＝γ_{020}

β_{03k}＝γ_{030}

β_{10k}＝γ_{100}

β_{20k}＝γ_{200}

β_{30k}＝γ_{300}

β_{40k}＝γ_{400}

β_{50k}＝γ_{500}

β_{60k}＝γ_{600}

β_{70k}＝γ_{700}

上述三个模型的多层次线性回归分析结果如表 5 - 34 中的模型 6f、模型 6h 和模型 6j 所示。根据模型 6f 所示,员工工作控制对员工整体生活满意度具有显著的正向影响($r=0.518, p<0.001$),这说明,员工对工作的控制力更强,员工的整体生活满意度就越高;此外,员工感知到职业发展前景与员工工作控制的交互项对于员工整体生活满意度具有显著的负向影响($r=-0.068, p<0.05$),这说明,员工工作控制显著地调节员工感知到职业发展

前景与员工整体生活满意度之间的正向关系。同时,根据模型 6h 所示,员工工作控制对员工积极情感具有显著的正向影响($r = 0.373, p < 0.001$),这说明,员工对工作的控制更强,员工的积极情感就越多;此外,员工感知到职业发展前景与员工工作控制的交互项对于员工积极情感具有显著的负向影响($r = -0.080, p < 0.05$),这说明,员工工作控制显著地调节员工感知到职业发展前景与员工积极情感之间的正向关系。最后,根据模型 6j 所示,员工工作控制对员工消极情感并没有显著的影响($r = -0.083, n. s.$),同时,员工感知到职业发展前景与员工工作控制的交互项对于员工消极情感也没有显著的影响($r = 0.069, n. s.$),这说明,员工工作控制并不调节员工感知到职业发展前景与员工消极情感之间的关系。

为了更为清楚地展现员工工作需要在员工工作家庭冲突与员工幸福感之间的调节作用,本研究画出了员工工作需要对员工幸福感(生活满意度和积极情感)的调节作用图。从图 5-6 中可以看出,高工作控制的员工,无论感知到职业发展前景是高是低,都拥有较高水平的整体生活满意度,但当感知到职业发展前景更高时,员工的整体生活满意度是最高的;而当员工的工作控制低时,员工的整体生活满意度均处于较低水平,但当感知到职业发展水平低时,员工的整体生活满意度是最低的。这一调节图进一步支持了员工工作控制调节员工感知到职业发展前景与员工整体生活满意度之间关系的假设。

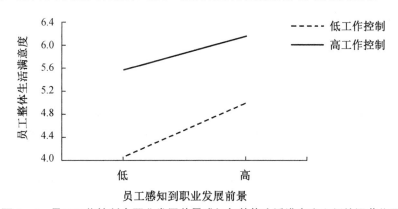

图 5-6　员工工作控制在职业发展前景感知与整体生活满意度之间的调节作用

另外,从图 5-7 中可以看出,当员工的工作控制和职业发展前景处于高水平时,员工在工作场所的积极情感是最高的;当员工的职业发展前景和工作控制都处于低水平时,员工的积极情感是最低的;而当员工感知到职业发展前景和工作控制一高一低里,员工在工作场所中的积极情感处于中等水平。这一图示也明显表明了员工控制的调节作用。

因此,本研究员工工作控制调节员工感知到职业发展前景与员工幸福感(生活满意度和积极情感)之间关系的假设得到了验证,但员工工作控制调节员工感知到职业发展前景与员工消极情感之间关系的假设并未得到验证。综合,本研究的假设 4e 得到了部分验证。

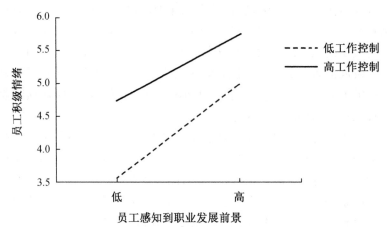

图 5-7　员工工作控制在职业发展前景感知与积极情感之间的调节作用

5.6.6　工作-家庭冲突在员工-组织关系与主观幸福感之间的中介作用检验

接下来,本研究将检验员工工作-家庭冲突在员工-组织关系与员工主观幸福感之间的中介作用。首先,本研究将检验员工-组织关系对员工工作-家庭冲突的直接效应。为了检验员工-组织关系对员工工作-家庭冲突的影响,本研究依次建立了以员工工作-家庭冲突为结果变量的零模型(见表 5-35 中的模型 5a)、控制变量模型(见表 5-35 中的模型 5b)、主效应模型(见表 5-35 中的模型 5c 和模型 5d)。主效应模型如下:

员工-组织关系对员工工作-家庭冲突的主效应模型(模型 5c):

Level-1 Model

员工工作家庭冲突$_{ijk}$＝π_{0jk}＋π_{1jk}×(性别$_{ijk}$)＋π_{2jk}×(婚姻状况$_{ijk}$)＋π_{3jk}×(教育程度$_{ijk}$)＋π_{4jk}×(任职期限$_{ijk}$)＋e_{ijk}

Level-2 Model

π_{0jk}＝β_{00k}＋β_{01k}×(提供诱因$_{jk}$)＋β_{02k}×(期望贡献$_{jk}$)＋r_{0jk}

π_{1jk}＝β_{10k}

π_{2jk}＝β_{20k}

$$\pi_{3jk} = \beta_{30k}$$

$$\pi_{4jk} = \beta_{40k}$$

Level - 3 Model

$$\beta_{00k} = \gamma_{000} + \gamma_{001}(国有企业_k) + \gamma_{002}(外资企业_k) + \gamma_{003}(私营企业_k) + \gamma_{004}(制造业_k) + \gamma_{005}(成长期_k) + \gamma_{006}(企业规模_k) + u_{00k}$$

$$\beta_{01k} = \gamma_{010}$$

$$\beta_{02k} = \gamma_{020}$$

$$\beta_{10k} = \gamma_{100}$$

$$\beta_{20k} = \gamma_{200}$$

$$\beta_{30k} = \gamma_{300}$$

$$\beta_{40k} = \gamma_{400}$$

这一模型的实证分析结果如表 5 - 35 模型 5c 所示,在控制了员工个体层面和企业组织层面的控制变量外,可以发现,组织提供诱因对员工工作-家庭冲突的回归系数是负向显著的($r = -0.174$,$p < 0.05$),但组织期望贡献对员工工作-家庭冲突的回归系数并不是显著的($r = 0.016$, n. s.)。另外,Pseudo R^2 变化可知,组织提供诱因和组织期望贡献能够额外解释员工工作-家庭冲突 1.4% 的变异。根据上述结果,组织向员工提供更多的诱因能够显著地降低员工的工作-家庭冲突,但组织期望员工贡献并不能。因此,本书的假设 4a 得到了部分验证。

进一步地,本研究检验组织提供诱因与期望贡献的交互项是否能够影响员工的工作-家庭冲突,具体模型如下:

员工-组织关系对员工工作-家庭冲突的主效应模型(模型 5d):

Level - 1 Model

$$员工工作家庭冲突_{ijk} = \pi_{0jk} + \pi_{1jk} \times (性别_{ijk}) + \pi_{2jk} \times (婚姻状况_{ijk}) + \pi_{3jk} \times (教育程度_{ijk}) + \pi_{4jk} \times (任职期限_{ijk}) + e_{ijk}$$

Level - 2 Model

$$\pi_{0jk} = \beta_{00k} + \beta_{01k} \times (提供诱因_{jk}) + \beta_{02k} \times (期望贡献_{jk}) + \beta_{03k} \times (提供诱因与期望贡献交互项_{jk}) + r_{0jk}$$

$$\pi_{1jk} = \beta_{10k}$$

$$\pi_{2jk} = \beta_{20k}$$

$$\pi_{3jk} = \beta_{30k}$$

$$\pi_{4jk} = \beta_{40k}$$

Level - 3 Model

$$\beta_{00k} = \gamma_{000} + \gamma_{001}(国有企业_k) + \gamma_{002}(外资企业_k) + \gamma_{003}(私营企业_k) +$$

γ_{004}（制造业 $_k$）＋γ_{005}（成长期 $_k$）＋γ_{006}（企业规模 $_k$）＋u_{00k}

$$\beta_{01k} = \gamma_{010}$$

$$\beta_{02k} = \gamma_{020}$$

$$\beta_{03k} = \gamma_{030}$$

$$\beta_{10k} = \gamma_{100}$$

$$\beta_{20k} = \gamma_{200}$$

$$\beta_{30k} = \gamma_{300}$$

$$\beta_{40k} = \gamma_{400}$$

这一模型的实证分析结果如表 5-35 模型 5d 所示。本研究发现,组织提供诱因与期望贡献的交互项对员工工作-家庭冲突的回归系数负向显著的（$r = -0.187$, $p < 0.05$）。这表明,员工-组织关系能够显著地预测员工的工作-家庭冲突;根据 Pseudo R^2 变化可知,组织提供诱因和期望贡献的交互项又额外解释了员工工作-家庭冲突 2.4% 的变异。因此,本书提出的假设 4b 得到了验证。

为了更为清楚地展现员工-组织关系对于员工工作-家庭冲突的影响,本研究画出了员工-组织关系对员工工作-家庭冲突的调节作用图。根据图 5-8 所示,组织提供诱因和期望贡献都高时,即在相互投资型雇佣关系模式下,在工作场所中员工感受到最低程度的工作-家庭冲突;当组织提供诱因低、期望贡献高时,即在投资不足型雇佣关系模型下,员工将感受到最高水平的工作-家庭冲突;而当组织提供诱因与期望贡献都低,以及组织提供诱因高,期望贡献低,即在准现货契约型和过度投资型雇佣关系模式下,员工感受到中等水平的工作-家庭冲突。

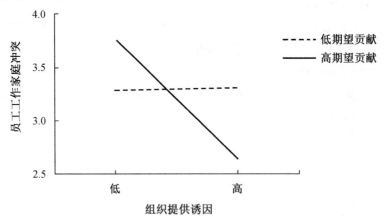

图 5-8　提供诱因与期望贡献交互项对员工工作-家庭冲突的影响

由于员工-组织关系对员工工作-家庭冲突的直接效应是显著的,根据前文提到的检验多层次线性回归的中介作用模型(2-1-1 模型)的四个步骤,本研究的数据结果支持了第三个步骤。接着,本研究将检验第四个步骤,即同时检验自变量和中介变量对结果变量的影响,进而确定中介变量的中介效应是否显著。具体模型如下:

Level - 1 Model

员工幸福感(生活满意度、积极情感、消极情感)$_{ijk}$ ＝ π_{0jk} ＋ π_{1jk} ×(性别$_{ijk}$)＋π_{2jk} ×(婚姻状况$_{ijk}$)＋π_{3jk} ×(教育程度$_{ijk}$)＋π_{4jk} ×(任职期限$_{ijk}$)＋ π_{5jk} ×(员工工作家庭冲突$_{ijk}$)＋e_{ijk}

Level - 2 Model

π_{0jk} ＝β_{00k} ＋β_{01k} ×(提供诱因$_{jk}$)＋β_{02k} ×(期望贡献$_{jk}$)＋β_{03k} ×(提供诱因与期望贡献交互项$_{jk}$)＋r_{0jk}

π_{1jk} ＝β_{10k}

π_{2jk} ＝β_{20k}

π_{3jk} ＝β_{30k}

π_{4jk} ＝β_{40k}

π_{5jk} ＝β_{50k}

Level - 3 Model

β_{00k} ＝γ_{000} ＋γ_{001}(国有企业$_k$)＋γ_{002}(外资企业$_k$)＋γ_{003}(私营企业$_k$)＋ γ_{004}(制造业$_k$)＋γ_{005}(成长期$_k$)＋γ_{006}(企业规模$_k$)＋u_{00k}

β_{01k} ＝γ_{010}

β_{02k} ＝γ_{020}

β_{03k} ＝γ_{030}

β_{10k} ＝γ_{100}

β_{20k} ＝γ_{200}

β_{30k} ＝γ_{300}

β_{40k} ＝γ_{400}

β_{50k} ＝γ_{500}

上述三个模型的多层次线性回归分析结果如表 5-35 中的模型 5e、模型 5g 和模型 5i 所示。根据模型 5e 所示,员工工作-家庭冲突对员工整体生活满意度有显著的负向影响($r＝-0.316$, $p<0.001$),但此时,组织提供诱因和期望贡献的交互项对员工整体生活满意度的回归系数已经不再显著($r＝0.086$, n. s.),这说明,员工工作-家庭冲突在员工-组织关系与员工整体生活满意度之间起完全中介作用;根据 Pseudo R^2 变化可知,员工工作-家庭冲突额外解

表 5-35 员工工作—家庭冲突在员工—组织关系与员工主观幸福感之间的中介作用回归结果

变量	工作—家庭冲突				员工整体生活满意度		积极情感		消极情感	
	Model 5a	Model 5b	Model 5c	Model 5d	Model 5e	Model 5f	Model 5g	Model 5h	Model 5i	Model 5j
截距项	3.177*** (0.075)	3.992*** (0.491)	3.952*** (0.495)	4.195*** (0.503)	4.701*** (0.410)	4.452*** (0.374)	4.357*** (0.430)	4.069*** (0.393)	3.099*** (0.398)	3.227*** (0.338)
Level 1 控制变量										
性别		-0.173 (0.104)	-0.179* (0.104)	-0.194* (0.100)	0.075 (0.073)	0.082 (0.071)	-0.103 (0.076)	-0.102 (0.077)	0.013 (0.077)	0.001 (0.069)
婚姻状况		-0.128 (0.113)	-0.132 (0.114)	-0.134 (0.115)	0.085 (0.083)	0.098 (0.081)	0.152* (0.078)	0.171* (0.078)	-0.048 (0.085)	-0.043 (0.078)
教育程度		-0.033 (0.049)	-0.033 (0.049)	-0.035 (0.048)	-0.024 (0.038)	-0.012 (0.037)	0.010 (0.040)	0.022 (0.038)	0.071 (0.043)	0.046 (0.037)
任职期限		0.003*** (0.001)	0.003*** (0.001)	0.003*** (0.001)	0.000 (0.001)	0.000 (0.001)	-0.001 (0.001)	-0.000 (0.001)	0.002* (0.001)	0.001 (0.001)
Level 1 中介与调节变量										
工作家庭冲突					-0.316*** (0.041)	-0.194*** (0.044)	-0.273*** (0.050)	-0.184*** (0.053)	0.774*** (0.049)	0.439*** (0.054)
工作需要						-0.245*** (0.056)		-0.196*** (0.061)		0.614*** (0.048)
工作家庭冲突* 工作需要						0.172*** (0.042)		0.193*** (0.049)		0.051 (0.044)
Level 2 自变量										
提供诱因			-0.174* (0.085)	-0.177* (0.082)	0.196*** (0.058)	0.174** (0.060)	0.225*** (0.072)	0.194 (0.073)	-0.100 (0.057)	-0.095 (0.054)
期望贡献			0.016 (0.096)	-0.032 (0.098)	0.083 (0.086)	0.084 (0.085)	0.030 (0.093)	0.026 (0.087)	-0.145 (0.080)	-0.127 (0.065)

（续表）

变量	工作家庭冲突				员工整体生活满意度		积极情感		消极情感	
	Model 5a	Model 5b	Model 5c	Model 5d	Model 5e	Model 5f	Model 5g	Model 5h	Model 5i	Model 5j
提供诱因*期望贡献				-0.187* (0.076)	0.052 (0.043)	0.053 (0.043)	0.035 (0.068)	0.032 (0.064)	-0.104* (0.049)	-0.102* (0.043)
Level 3 控制变量										
国有企业		-0.211 (0.335)	-0.232 (0.343)	-0.290 (0.334)	-0.152 (0.263)	-0.030 (0.228)	0.003 (0.300)	0.135 (0.280)	0.087 (0.267)	-0.013 (0.203)
外资企业		-0.282 (0.331)	-0.292 (0.229)	-0.378 (0.337)	-0.261 (0.265)	-0.159 (0.231)	-0.141 (0.310)	-0.027 (0.290)	0.083 (0.234)	0.014 (0.186)
私营企业		-0.412 (0.324)	-0.425 (0.335)	-0.514 (0.328)	-0.052 (0.248)	0.014 (0.209)	0.213 (0.282)	0.302 (0.259)	-0.102* (0.231)	-0.126 (0.172)
制造业		-0.436* (0.173)	-0.447** (0.171)	-0.432** (0.166)	0.317* (0.150)	0.310* (0.140)	0.139 (0.139)	0.131 (0.131)	-0.458*** (0.138)	-0.430*** (0.116)
成长期		-0.193 (0.153)	-0.112 (0.159)	-0.108 (0.159)	0.011 (0.128)	0.033 (0.120)	-0.037 (0.126)	-0.144 (0.122)	0.229* (0.112)	0.182 (0.100)
企业规模		0.064 (0.056)	0.078 (0.056)	0.066 (0.054)	0.046 (0.046)	0.040 (0.043)	0.028 (0.046)	0.027 (0.044)	-0.062 (0.042)	-0.052 (0.036)
σ^2	1.601	1.624	1.623	1.625	0.961	0.919	1.136	1.093	1.103	0.896
τ_π	0.416	0.356	0.341	0.337	0.132	0.126	0.251	0.220	0.129	0.118
τ_β	0.320	0.257	0.241	0.189	0.256	0.219	0.171	0.169	0.125	0.079
ICC(1)	0.315									
总 Pseudo R^2	0.042	0.042	0.056	0.080	0.179	0.230	0.091	0.135	0.400	0.517
Pseudo R^2 变化	0.042	0.042	0.014	0.024	0.059	0.051	0.045	0.045	0.170	0.117

注:Level 3 $N=134$,Level 2 $N=273$,Level 1 $n=1\,274$;
* $p<0.05$,** $p<0.01$,*** $p<0.001$。

释了员工整体生活满意度变异的 5.9%。为了进一步确定这一中介效应,本研究采用 PRODCLIN 项目(MacKinnon, Fritz, Williams & Lockwood, 2007)来检验中介效应的置信区间是否显著地排除了零。结果表明,提供诱因与期望贡献的交互项通过员工工作家庭冲突预测员工整体生活满意度的间接效应为 0.059,并且是显著的(95%的置信区间[CI]=0.012, 0.112,不包含0),因此,员工工作-家庭冲突中介员工-组织关系与员工整体生活满意度的假设再次得到验证。

由于,员工-组织关系对员工积极情感的回归系数是不显著的(见表 5 - 32 模型 2d),因此,本研究不再检验员工工作-家庭冲突在员工-组织关系与员工积极情感之间的中介作用。但本书依然检验员工工作-家庭冲突本身对于员工在工作场所中积极情感的影响,回归模型见表 5 - 35 模型 5g。根据模型 5g 所示,员工工作-家庭冲突对员工积极情感有显著的负向影响($r = -0.273$, $p < 0.001$),这说明,员工在工作场所中的工作-家庭冲突会对员工的积极情感造成显著的负向影响。另外,根据 Pseudo R^2 变化可知,员工工作-家庭冲突额外解释了员工积极情感变异的 4.5%。

最后,根据模型 5i 所示,员工工作-家庭冲突对员工消极情感有显著的正向影响($r = 0.774$, $p < 0.001$),此时,组织提供诱因和期望贡献的交互项对员工消极情感的回归系数虽然显著($r = -0.104$, $p < 0.05$),但已经小于表 5 - 32 模型 3d 中的回归系数($r = -0.200$, $p < 0.01$),这说明,员工工作-家庭冲突在员工-组织关系与员工消极情感之间起部分中介作用;根据 Pseudo R^2 变化可知,员工工作-家庭冲突额外解释了员工消极情感变异的 17%。为了进一步确定这一中介效应,本研究采用 PRODCLIN 项目(MacKinnon, Fritz, Williams & Lockwood, 2007)来检验中介效应的置信区间是否显著地排除了零。结果表明,提供诱因与期望贡献的交互项通过员工工作-家庭冲突预测员工消极情感的间接效应为 0.145,并且是显著的(95%的置信区间[CI]=0.029, 0.263,不包含 0),因此,员工工作-家庭冲突中介员工-组织关系与员工消极情感的假设再次得到验证。

综合上述,本书提出的假设 4c 得到了验证,假设 4 也得到了验证。

5.6.7　工作需要在员工工作-家庭冲突与主观幸福感之间的调节作用检验

接着,本小节将检验员工工作需要在员工工作-家庭冲突与员工主观幸福感之间的调节作用,具体模型如下:

Level‑1 Model

员工幸福感(生活满意度、积极情感、消极情感)$_{ijk}$＝π_{0jk}＋π_{1jk}×(性别$_{ijk}$)＋π_{2jk}×(婚姻状况$_{ijk}$)＋π_{3jk}×(教育程度$_{ijk}$)＋π_{4jk}×(任职期限$_{ijk}$)＋π_{5jk}×(员工工作家庭冲突$_{ijk}$)＋π_{6jk}×(工作需要$_{ijk}$)＋π_{7jk}×(员工工作家庭冲突与工作需要交互项$_{ijk}$)＋e_{ijk}

Level‑2 Model

π_{0jk}＝β_{00k}＋β_{01k}×(提供诱因$_{jk}$)＋β_{02k}×(期望贡献$_{jk}$)＋β_{03k}×(提供诱因与期望贡献交互项$_{jk}$)＋r_{0jk}

π_{1jk}＝β_{10k}

π_{2jk}＝β_{20k}

π_{3jk}＝β_{30k}

π_{4jk}＝β_{40k}

π_{5jk}＝β_{50k}

π_{6jk}＝β_{60k}

π_{7jk}＝β_{70k}

Level‑3 Model

β_{00k}＝γ_{000}＋γ_{001}(国有企业$_k$)＋γ_{002}(外资企业$_k$)＋γ_{003}(私营企业$_k$)＋γ_{004}(制造业$_k$)＋γ_{005}(成长期$_k$)＋γ_{006}(企业规模$_k$)＋u_{00k}

β_{01k}＝γ_{010}

β_{02k}＝γ_{020}

β_{03k}＝γ_{030}

β_{10k}＝γ_{100}

β_{20k}＝γ_{200}

β_{30k}＝γ_{300}

β_{40k}＝γ_{400}

β_{50k}＝γ_{500}

β_{60k}＝γ_{600}

β_{70k}＝γ_{700}

上述三个模型的多层次线性回归分析结果如表 5‑35 中的模型 5f、模型 5h 和模型 5j 所示。根据模型 5f 所示,员工工作需要对员工整体生活满意度具有显著的负向影响(r＝−0.245,p<0.001),这说明,员工在工作场所的工作需要越多,员工的整体生活满意度就越低;此外,员工工作-家庭冲突与员工工作需要的交互项对于员工整体生活满意度具有显著的正向影响(r＝0.172,p<0.001),这说明,员工工作需要显著地调节员工工作-家庭冲突与

员工整体生活满意度之间的负向关系。同时,根据模型 5h 所示,员工工作需要对员工积极情感具有显著的负向影响($r = -0.196, p < 0.001$),这说明,员工在工作场所的工作需要越多,员工的积极情感就越少;此外,员工工作-家庭冲突与员工工作需要的交互项对于员工积极情感具有显著的正向影响($r = 0.193, p < 0.001$),这说明,员工工作需要显著地调节员工工作-家庭冲突与员工积极情感之间的负向关系。最后,根据模型 5j 所示,员工工作需要对员工消极情感具有显著的正向影响($r = 0.614, p < 0.001$),这说明,员工在工作场所的工作需要越多,员工的消极情感就越多;但员工工作-家庭冲突与员工工作需要的交互项对于员工消极情感并没有显著的影响($r = 0.051, n.s.$),这说明,员工工作需要并没有调节员工工作-家庭冲突与员工消极情感之间的关系。

为了更为清楚地展现员工工作需要在员工工作-家庭冲突与员工主观幸福感之间的调节作用,本研究画出了员工工作需要对员工主观幸福感(生活满意度和积极情感)的调节作用图。从图 5-9 中可以看出,当员工的工作需要高时,无论员工的工作家庭冲突是高还是低,员工在工作场所的整体生活满意度都是低的;只有当员工的工作家庭冲突和工作需要同时处于低水平时,员工的整体生活满意度才处于较高水平。这一图示明显表明了工作需要的调节作用。

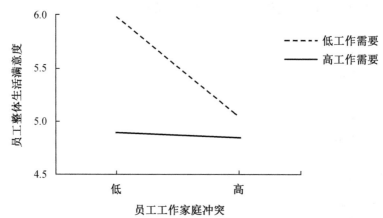

图 5-9　员工工作需要在员工工作-家庭冲突与生活满意度之间的调节作用

另外,从图 5-10 中可以看出,当员工的工作需要高时,无论员工的工作家庭冲突是高还是低,员工在工作场所的积极情感都是低的;只有当员工的工作家庭冲突和工作需要同时处于低水平时,员工的积极情感才处于较高水平。这一图示也明显了表明了工作需要的调节作用。

因此,本研究员工工作需要调节员工工作-家庭冲突与员工主观幸福感

(生活满意度和积极情感)之间关系的假设得到了验证,但员工工作需要调节员工工作家庭冲突与员工消极情感之间关系的假设并未得到验证。综合,本研究提出的假设4e得到了部分验证。

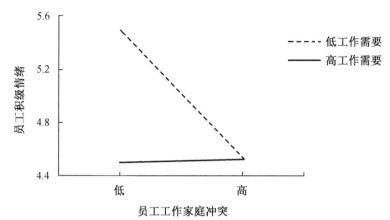

图 5 - 10　员工工作需要在员工工作-家庭冲突与积极情感之间的调节作用

5.7　研究假设汇总

根据上述的多层次线性回归分析,本研究对提出的全部假设一一进行了检验。其中,有些假设得到了验证,有些假设得到了部分验证,有些则没有得到验证。除了假设2b和假设2d没有得到验证外,本研究提出的大部分假设都得到了验证,具体见表5-36。

表 5 - 36　研究假设检验结果汇总

研究假设	实证结果
假设1a:组织向员工提供诱因(提供诱因)对工作场所中员工的主观幸福感有积极的影响(即,更高的整体生活度、更高的积极情感和更低的消极情感),组织期望员工做出的贡献(期望贡献)对工作场所中员工的主观幸福感有消极的影响(即,更低的整体生活度、更低的积极情感和更高的消极情感);	部分支持
假设1b:提供诱因与期望贡献联合预测工作场所中员工的主观幸福感;具体而言,员工的主观幸福感在过度投资型雇佣关系模式下最高,在相互投资型雇佣关系模式下高,在准现货契约雇佣关系模型下低,在投资不足型雇佣关系模式下最低。	部分支持

研究假设	实证结果
假设2a:组织期望贡献与员工工作绩效呈正向相关关系,组织提供诱因与员工工作绩效没有关系;	支持
假设2b:组织期望贡献与员工工作绩效之间的正向相关关系在组织提供诱因高的情况下会得到加强,而在组织提供诱因低的情况下会得到弱化。	不支持
假设2c:员工工作绩效与员工主观幸福感(更高的整体生活满意度、更高的积极情感,以及更低的消极情感)之间呈正向相关关系。	支持
假设2d:员工工作绩效中介了组织期望贡献与提供诱因交互项与员工主观幸福感之间的相关关系。	不支持
假设2e:员工感知到绩效付薪调节了员工工作绩效与员工幸福感之间的正向相关关系;即当员工感知到绩效付薪更高时,员工工作绩效与员工幸福感之间正向相关关系更强,反之,则更弱。	部分支持
假设3a:提供诱因与员工职业发展前景感知显著正相关,而期望贡献与员工职业发展前景感知显著负相关。	部分支持
假设3b:组织提供诱因与员工感知到职业发展前景之间的正向相关关系在组织期望贡献高的情况下会得到加强,而在组织期望贡献低的情况下会得到弱化。	支持
假设3c:员工职业发展前景感知与员工主观幸福感(更高的整体生活满意度、更高的积极情感,以及更低的消极情感)之间呈正向相关关系。	支持
假设3d:员工职业发展前景感知中介了组织期望贡献与提供诱因交互项与员工主观幸福感之间的相关关系。	支持
假设3e:员工感知到职业发展前景与主观幸福感之间的关系受到员工工作控制的调节作用,即这种积极的关系当员工工作控制高的时候更高。	部分支持
假设4a:组织提供诱因与员工工作-家庭冲突显著负相关,而期望贡献则与员工工作-家庭冲突显著正相关。	部分支持
假设4b:组织期望贡献与提供诱因的交互项影响员工的工作-家庭冲突,即组织期望贡献与员工工作-家庭冲突的正向关系受到组织提供诱因的抑制,组织提供诱因越高,这种抑制作用越强;反之则越弱。	支持
假设4c:员工工作-家庭冲突与员工主观幸福感(更高的整体生活满意度、更高的积极情感,以及更低的消极情感)之间呈负向相关关系。	支持
假设4d:员工工作-家庭冲突中介了组织期望贡献与提供诱因交互项与员工主观幸福感之间的相关关系。	支持
假设4e:员工工作需要调节了员工工作-家庭冲突与员工主观幸福感之间的负向相关关系;即当员工工作需要更高时,员工工作-家庭冲突与员工主观幸福感之间的负向相关关系更强,反之,则更弱。	部分支持

5.8　本章小结

在这一章,本书通过来自 134 家企业的 1274 名普通员工、273 名部门经理以及 134 名人力资源管理部门负责人的配对数据,对第三章提出的理论模型和研究假设进行了检验与分析。

首先,本书对使用到的研究样本进行了描述性统计分析,发现本书的样本涵盖面非常广泛,数量也较为庞大,具有非常好的代表性。

第二,本书对采用的测量量表进行了信度和效度的检验。结果表明,本书所采用的量表的信度和效度均满足研究的需要。

第三,本书对所有的变量包括自变量、因变量以及控制变量进行了相关性分析。变量间的相关性分析初步验证了本研究中的基础假设,为特征变量对员工幸福感的分析以及回归分析与多层次线性回归分析提供了坚实的基础。

第四,本书探讨了各个控制变量对员工主观幸福感的影响进行了差异性的分析。这些控制变量包括员工的性别、年龄、婚姻状况、教育程度和收入,以及企业的所有权、所在行业、发展阶段以及规模。

第五,基于多层次线性回归方法,本书首次检验了雇佣关系模式对员工主观幸福感的影响,并分别检验了员工工作绩效、职业发展前景感知以及工作-家庭冲突在雇佣关系模式与员工主观幸福感之间的中介作用,以及分别考察了绩效付薪感知、工作控制与工作需要对这三条路径的调节作用。

最后,对本书提出的 17 个假设,除了假设 2b 和假设 2d,其余的 15 个假设基本得到了实证结果的支持或部分支持。

第六章　讨论与结论

6.1　研究发现

　　本书旨在构建组织中员工主观幸福感提升的理论模型，并期望通过实证数据对这一理论模型进行验证。本书的数据结果支持或部分支持了本书的研究假设。具体而言，本书发现：组织向员工提供诱因（提供诱因）能够积极影响员工的主观幸福感（更高的整体生活满意度和积极情感以及更低的消极情感）、工作绩效、职业发展前景，并能够显著地降低员工的工作-家庭冲突；员工工作绩效、职业发展前景能够积极地预测员工的主观幸福感，员工工作-家庭冲突消极地预测员工的主观幸福感；提供诱因与期望贡献的交互项能够通过提升员工职业发展前景感知和降低员工工作-家庭冲突来影响员工的主观幸福感；员工绩效付薪感知调节员工工作绩效与主观幸福感之间的关系、员工工作控制调节员工职业发展前景感知到主观幸福感之间的关系，以及员工工作需要调节员工工作-家庭冲突与主观幸福感之间的关系。

　　尽管本书绝大部分假设都得到了验证，但依然有部分假设没有得到验证。本书的假设 1a 认为，提供诱因对员工的主观幸福感有正向的影响，而期望贡献会对员工的主观幸福感产生负向的影响，但本书的数据结果只支持前半句，却没有支持后半句。类似地，对于本书的假设 3a 和假设 4a，本书的数据结果也只支持了组织提供诱因对于员工职业发展前景和工作-家庭冲突的预测作用，却没有支持组织期望贡献对于员工职业发展前景和工作-家庭冲突的预测作用。因此，本书的假设 1a、假设 3a 和假设 4a 均只得到部分支持。对于为什么会导致这样的结果？本书认为，可能的解释是期望贡献与提供诱因在理论上和实证中都存在着高度相关性，导致两者对于结果变量的解释存在着一定的重合性。在理论上，雇佣关系被定义为"雇主对于员工做出贡献的期望以及雇主真实向员工提供的诱因"。因此，期望贡献与提供诱因在概念提出时存在共生性，也就存在着高度相关性。本书的变量间的相关性分析也支持这一论点。期望贡献与提供诱因的相关系数为 0.555（$p < 0.01$），为中等程度以上的相关。一些学者的实证数据也支持了这一观点（Zhang et al. ，2014；Jia et al. ，

2014)。例如,在 Zhang 等(2014)的研究中,期望贡献与提供诱因之间的相关系数达到了 0.71($p<0.01$),而在 Jia 等(2014)的研究中,期望贡献与提供诱因之间的相关性也达到了 0.52($p<0.01$)。因此,期望贡献与提供诱因中的一方对结果变量的解释可能会被另一方所掩盖。在实证中,Zhang 等(2014)和 Jia 等(2014)的研究跟本书的研究也类似。例如,在 Zhang 等(2014)的研究中,期望贡献能够预测员工的心理授权,而提供诱因不能;提供诱因能够增加员工的工作绩效,而期望贡献并不能;期望贡献与提供诱因都能够提供中层经理的组织承诺。Jia 等(2014)的研究中,期望贡献能够提升团队成员工作相关的沟通密度,而提供诱因不能;提供诱因能够增加团队的创造力,但期望贡献并不能。

相比于假设 1a、假设 3a 和假设 4a 得到了部分支持,本书的假设 2b 和假设 2d 并没有得到数据上的支持。本书假设 2b 认为,期望贡献与提供诱因的交互项能够预测员工的工作绩效,但本书的数据结果并没有支持这一假设,且导致本书的假设 2d 也无法在数据上得到支持。对于假设 2b 没有得到支持的原因,本书认为,这一个可能性解释是由于本书采用的研究方法与其他学者采用的研究方法之间存在差异导致的。现有关于雇佣关系模式对于结果变量影响的文献多数是将雇佣关系模式划分为四类型(相互投资型、过度投资型、投资不足型和准现货契约型雇佣有关系模式)并探讨他们对结果变量的差异化影响(如,Zhang et al.,2008;Wang et al.,2003;赵曙明、席猛和蒋春燕,2016),但很少有学者以提供诱因与期望贡献交互项的形式研究雇佣关系模式与结果变量之间的关系。在现有的文献当中,只在 Jia 等(2014)的研究采用了这一研究方法。因此,研究方法上的差异可能是导致期望贡献与提供诱因的交互项并不能预测员工的工作绩效的重要原因。但本书的研究发现,期望贡献能够显著地正向预测员工的工作绩效,这与本书的假设相一致。

6.2 理论贡献

基于工作要求-资源理论,本研究首次检验了组织中雇佣关系模式与员工主观幸福感(整体生活满意度、积极情感与消极情感)之间的关系,并探索了雇佣关系模式影响员工主观幸福感的三条中介机制,包括提升员工绩效薪酬、促进员工职业发展以及降低员工工作家庭冲突,以及研究了影响这三条中介路径的边界条件,即感知到绩效付薪、工作控制以及工作需要。基于上述的研究,本书构建了组织中员工主观幸福感提升模型。这一整合性的研究对雇佣关系模式、员工主观幸福感、工作家庭冲突议题、职业发展以及工作要求-资源理论分别做出了重要的贡献。

6.2.1 对雇佣关系模式研究的理论贡献

雇佣关系模式的研究发源于西方,相关文献也汗牛充栋。但在经济全球化和转型经济背景下,中国企业雇佣关系模式的研究还非常缺乏,一些研究问题也值得探讨。通过研究雇佣关系模式(员工-组织关系)对员工主观幸福感的影响,本书对雇佣关系模式做出了以下几个方面的理论贡献。

第一,现有研究雇佣关系模式的效果主要关注其经济绩效,如企业层次的企业绩效,员工层次的员工任务绩效、创造力、组织公民行为等,鲜有研究探讨雇佣关系对社会、企业和员工人文福祉效果。当前,组织与管理学界正在提倡打造具有同情心的学术团体(compassionate scholarship)(Rynes, Bartunek, Dutton et al. ,2012;Tsui, 2013;Tsui & Jia, 2013)。具有同情心的组织与管理学术研究是指管理学研究不能只关注组织和员工的绩效,还需要关注其人文福祉效果。许多学者睿智地认识到,过分强调经济逻辑而忽视文化与政治逻辑,将会导致经济灾难甚至战争。最近,实践界和学术界也认为过分强调经济逻辑正是导致 2008 年美国次贷危机的罪魁祸首(Cohan, 2010;Tsui, 2013)。2004 年,中国共产党十六届四中全会提出建设和谐社会,2012 年党的十八大明确提出"经济建设、政治建设、文化建设、社会建设、生态文明建设五位一体的总体布局",建设"社会主义和谐社会"。在强调经济建设的同时,党和政府越来越多把精力和优先权放置于文化、政治、社会和生态文明建设上。诸如劳资和谐、企业社会责任、员工幸福等社会、企业和员工的人文福祉正是和谐社会的重要表征。本书通过研究雇佣关系模式与员工主观幸福感之间的关系,即关注雇佣关系模式对员工的人文福祉的影响,不仅回应了学者的呼吁,同时也紧扣时代主题。

第二,成功的雇佣关系模式不仅能够满足雇主或组织的需要和期望,也应该能够满足雇员的期望和需要。雇佣关系模式是从雇主或组织的视角研究员工和组织之间的关系,因而以往对于雇佣关系模式研究更多的是关注雇佣关系模式对组织有益的结果变量,如组织绩效、员工创造力、组织承诺(Jia et al. ,2014;Tsui et al. ,1997;Wang et al. ,2003;Zhang et al. ,2014)。本书通过研究雇佣关系模式对员工在工作场所中的整体生活满意度、积极情感、消极情感、职业发展前景以及工作-家庭冲突等与员工切身利益直接相关的变量,成功地将雇佣关系模式引入了幸福感、职业发展以及工作与家庭三个不同的研究领域,开拓了雇佣关系模式研究的新内容和新方向,即雇佣关系模式结果变量的研究不仅仅可以是经济性或对雇主有益的,而且可以是对雇员有益的或人文福祉性的。

第三,通过引入工作要求-资源理论来理解、预测和解释雇佣关系模式对员工结果变量的影响为研究雇佣关系模式增添了新的理论视角。雇佣关系模式的基础理论是社会交换理论(Blau,1964),最早研究雇佣关系模式的学者也基本采用社会交换理论来解释雇佣关系模式对结果变量的影响(如,Tsui et al.,1995,1997;Song,Tsui & Law,2009)。后来,一些学者采用新的理论,如社会交换与社会学习理论(Zhang,Song,Tsui & Fu,2014)、社会交换和社会嵌入理论(Hom et al.,2009)、社会网络理论(Jia et al.,2014),来理解、解释和预测雇佣关系模式对诸如绩效、承诺和创造力的影响。本书采用工作要求-资源理论来解释雇佣关系模式对员工导向的结果变量的影响拓展了雇佣关系框架的理论解释基础。通过工作要求-资源理论(Bakker & Demerouti,2007;2014),本书将组织提供诱因平行于员工获得的资源以及将组织期望贡献平行于员工需要处理的工作要求。基于这样的理解,本书认为组织提供诱因和期望贡献不仅能够单独地对员工的结果变量进行预测,而且对员工的结果变量有着联合性的影响。本书的数据也基本上支持了这样的假设。

6.2.2　对员工主观幸福感研究的理论贡献

本书的研究为员工主观幸福感的研究打开了一扇新的窗户,也为组织提升、促进和管理工作场所员工主观幸福感提供了极具价值的理论视角。具体而言,本书对员工幸福感有三个方面的理论意义。

第一,本书构建了一个工作场所员工主观幸福提升模型。以往对于幸福感的理论模型的研究重点是放在解释幸福感的起源与变化上,如动态均衡理论(Headey & Wearing,1991)和内稳态模型(Cummins,2010),却很少在研究从整体上探讨如何提升工作场所中的员工主观幸福感问题。本书从三个不同的角度提出了工作场所员工主观幸福感提升模型,包括通过提升员工的绩效薪酬增加员工的主观幸福感体验、通过提升员工的职业发展前景感知增加员工的主观幸福感体验以及通过减少员工工作-家庭冲突来降低其对员工幸福感体验的损害。本书的研究结果基本上支持了工作场所员工主观幸福感提升模型。

第二,本书的研究有机地将雇佣关系理论与主观幸福感理论结合起来。员工幸福感的研究更多属于心理学方面的研究内容,也定位在个体层面。雇佣关系模式更多属于管理学或产业关系方面的研究内容,定位于部门或组织层面,甚至是产业层面。本书通过工作要求-资源理论有机地将两个不同学科、两个不同层面的研究内容结合起来。这不仅丰富了雇佣关系理论的研究，也对幸福感问题的研究增添了新的理论视角，同时也将员工幸福感议题的研究提高到组织层面。

最后，在过去的20多年里，积极心理学已经成为一项促进人类幸福的运动（Seligman & Csikszentmihalyi，2000；Seligman，Steen，Park et al.，2005）。这是一项由心理学家发起并由众多心理学家参与的一项运动。相似地，也有一项积极的组织行为学运动，以提倡对同情心和工作中积极的员工体验的研究（Bakker & Schaufeli，2008；Bernstein，2003；Camerin，Dutton & Quinn，2003；Luthans，2002；Luthans & Youssef，2007；Tsui，2013）。本书的研究也是对这两项学术运动做出自身的贡献。

6.2.3 对工作-家庭冲突议题研究的理论贡献

跨学科的整合是理论建构的有益途径（Colquit & Zapata-Phelan，2007）。林忠、鞠蕾和陈丽（2013）认为，将管理学与心理学两个学科结合或整合起来推进工作-家庭问题的研究是工作-家庭冲突理论研究的必由之路。目前，工作-家庭冲突的研究重心需要转变，应该由心理学对家庭域的关注转向管理学对工作域的关注。另外，对工作-家庭冲突的前因研究更应该关注组织层面的变量，而对其结果变量的研究应该较多地关注员工积极的方面（林忠、鞠蕾和陈丽，2013）。本书的研究在两个方面都回应了上述的呼吁。一方面，本书研究了组织中员工工作-家庭冲突组织层面的前因变量，即组织提供的诱因和期望的贡献。本书研究发现，组织提供诱因能够显著地降低员工的工作-家庭冲突，而且提供诱因与期望贡献能够交互影响员工的工作-家庭冲突。另一方面，本书研究了员工工作-家庭冲突对其主观幸福感的影响。本书研究发现，员工的工作-家庭冲突会负向影响员工在工作场所中的整体生活满意度和积极情感，以及提高员工的消极情感。因此，本书通过研究工作-家庭冲突的组织层面的前因和心理层面的结果，有机地将工作-家庭冲突的管理学和心理学视角结合起来，丰富了工作-家庭冲突研究的跨学科研究。

目前，对工作-家庭冲突的研究较为集中地探讨了它的发生机制，包括对缘起和结果变量的研究。相对而言，学者对于如何管理或调控工作-家庭冲突的研究相对较少。近年来，社会支持理论逐渐成为工作-家庭冲突管理或调控研究的重心。家庭友好政策（family-friendly policies）、家庭支持型主管行为（family-supported supervisory behaviors）等逐渐成为研究工作-家庭冲突议题的热点（Konard & Mangel，2000；Hammer et al.，2009）。然而，近年来学术界对于工作-家庭冲突调控与管理议题的研究过于集中在社会支持理论上，缺乏对其他调控手段的关注。本书的研究为管理与调控工作-家庭冲突提供了新的理论视角。本书的研究发现,组织向员工提供的诱因能够有效地降低员工的工作-家庭冲突,而且组织提供诱因与期望贡献的交互项也能够影响员工的工作-家庭冲突。具体而言,在相互投资型的雇佣关系模式下,员工的工作-家庭冲突是最低的;而在投资不足型雇佣关系模式下员工的工作-家庭冲突是最高的。因此,本书的研究一方面说明了相互投资型雇佣关系模式在工作家庭冲突领域存在着溢出效应,另一方面也说明,雇佣关系理论也可以成为管理或调控工作-家庭冲突研究议题的理论来源。

6.2.4 对职业发展前景研究的理论贡献

职业成功是每一个工作场所员工所渴望的。员工的职业成功不仅对员工个体而且对组织来说也是极其有益的(Judge, Higgins, Thoresen & Barrick, 1999)。本书的研究发现,员工职业发展前景感知与员工的主观幸福感体验积极相关;而雇佣关系模式,尤其是相互投资型雇佣关系模式,能够显著地提升员工的职业发展前景感知。这一研究结论从两个方面促进了职业发展前景研究的理论贡献。

第一,本书的研究有效地将职业发展的研究与员工幸福感的研究有机地结合起来。以往地于职业发展的研究集中地关注职业发展或职业成功的前因变量,如社会资本、人力资本或关系,虽然有一些文章研究了职业发展前景的结果变量,如工作效率、离职意愿,但这样的研究还是非常少的。本书首次研究了职业发展前景感知与员工主观幸福感之间的关系。这一研究丰富了职业发展前景研究的内容和方向。

第二,本书的研究有效地将职业发展的研究与雇佣关系理论有机结合起来。对于职业发展的研究,更多的是用社会资本理论来解释。社会资本意味着一个人拥有的可支配的资源(如,信息、影响力、团结),它通过人际关系的互动过程得以形成,并影响一个人的成就取得(Coleman, 1988)。本书通过工作要求 资源理论将雇佣关系模式与员工职业发展前景的研究结合起来,一方面,丰富了雇佣关系模式研究的结果变量种类,另一方面也为职业发展问题的研究提供了一个新的理论解释视角。

6.2.5 对工作要求-资源模型的理论贡献

本书的研究从两个方面对工作要求-资源理论做出了理论贡献。

第一,考虑到先前关于工作要求-资源理论的研究较多地单一地研究工作要求或工作资源对员工幸福感或结果变量的影响,而对于两者的交互项研究相对较少,因此,更多关于工作要求与工作资源交互项对结果的研究是需要的(Bakker & Demerouti, 2014; 2016)。本书的研究检验了组织提供诱因与期望贡献交互项对员工主观幸福感、员工工作绩效、员工职业发展前景感知以及员工工作-家庭冲突的影响,这些研究从数量上不仅丰富了工作要求-资源理论关于工作要求与工作资源交互项预测作用的研究,也丰富了工作要求与工作资源联合预测员工结果变量的种类。

第二,在研究中,整合多层次的构念能够帮助我们抓住复杂的管理现象和管理问题的本质,以及能够更好地理解发生在组织当中的员工心理问题。然而,关于工作要求-资源理论的研究却很少从跨层次的视角来考虑管理问题(Bakker, 2015; Bakker & Demerouti, 2016)。在本书的研究当中,提供诱因和投资平行于工作资源而期望贡献平行于工作要求,这两者都界定为部门层面的变量;员工的主观幸福感、工作绩效、职业发展前景与工作-家庭冲突都被界定为个体层面的变量。通过研究部门层面的雇佣关系模式与员工层面的主观幸福感之间的关系为工作要求-资源理论增添了众多跨层次研究案例,丰富了工作要求-资源理论的研究内容(Bakker, 2015)。

6.3 实践意义

除去睡眠时间,大部分人可能会花费超过一半的时间在工作上。因此,如何提升员工的幸福感无论对社会、对企业还是对个人都是极其重要的。本书认为科学研究的最终目的不应该是最大化人类的财富,而是最大化人类的幸福。而对于管理学者,管理知识的最终目的不应该是最大化企业的财富,而应该是最大化整体利益相关者的幸福,而员工的幸福是最重要的组成部分。本书将从社会、企业以及个人三个方面阐述本书的实践意义。

6.3.1 为构建幸福社会提供借鉴意义

"让人民生活得更加幸福、更有尊严"是政府工作的一个重要目标,而人民的幸福应该是政府制定公共政策的最大目标,也应该是检验政府施政效果的最终标准。

员工的幸福感影响着一个家庭的幸福感,而千千万万个家庭组成了一个国家。因此,提升每一个企业员工的幸福感是提升国家整体幸福指数的重要途径。本书的研究发现,企业雇佣关系模式、员工的绩效薪酬或收入是影响员工主观幸福感体验的重要因素。基于这一点,从政府宏观的视角可以从以下三个方面整体上提升员工的幸福感、构建幸福社会。

尽管根据发达国家的一些纵向的调查数据,收入与幸福感之间的关系不再显著(Diener & Biswas-Diener,2002);但在转型时期发展中国家,如中国,收入与幸福感之间存在着一定程度的正相关(Brockmann et al.,2009)。因此,第一,政府相关部门可以深入进行企业税收制度改革、降低企业税收,进而提高企业整体利润水平。企业整体利润水平的提升有助于提升员工的整体收入水平。第二,政府相关部门进行个人所得税改革以提高个人所得税基准线,进行社会保险制度改革以减轻个人缴纳比例等,也是提高个人,尤其是基层员工,收入水平的重要途径。第三,产业协会等可以从产业政策的角度鼓励企业推行相互投资型的雇佣关系模式。

6.3.2　为构建幸福企业提供实践指导

商业的本质是创造幸福,企业的使命是实现幸福。打造和谐社会、幸福社会的前提是建立和谐企业、幸福企业。本书的研究为构建幸福企业提供实践方法上的指导。

本书研究发现,绩效薪酬、职业发展以及工作与家庭议题是影响员工幸福感的三条路径。更高的员工工作绩效、更好的职业发展前景以及更低的工作-家庭冲突是实现工作场所员工幸福感的重要前因。因此,企业可以在这三个方面采取相应的措施以提升员工在组织中的主观幸福感体验、构建幸福企业。第一,企业需要建立以绩效为基础的薪酬体系,让员工的薪酬与其绩效进行挂钩;与此同时,企业还应该积极地宣传这样的措施,以所有的员工能够感知到企业的绩效付薪酬体系。另外,企业也需要宣传双手创造幸福的企业文化、价值理念,让员工了解、理解以及认可要想幸福就需要努力工作的理念。第三,企业在构建人力资源管理体系时,应该包括一系列的职业培训与开发、职业规划等措施。一方面,通过培训与开发提供员工的职业技能、知识与能力,另一方面提高员工对于自身在企业中职业发展机会的感知。做到企业的职业发展规划与员工的职业成长预期相匹配。第三,企业需要关注员工的工作与家庭问题。工作-家庭冲突严重损害员工在工作场所中的主观幸福感体验。企业应该通过采取一些家庭友好政策或实践、鼓励主管的家庭支持型监管行为、对员工给予社会支持等方式减少员工的工作-家庭冲突。

以往的研究表明,雇佣关系模式,尤其是相互投资型雇佣关系模式,对众多的经济性结果变量产生积极的影响,如提高企业绩效与员工绩效、提升员工的创造力与创新、增加员工对组织的承诺与工作满意度、增加员工的组织公民行为和减少员工离职倾向与缺勤行为。本书研究发现,雇佣关系模式,尤其中相互投资型雇佣关系模式,是提升员工主观幸福感体验、提高职业发展前景感知以及降低员工工作家庭冲突的有效方式。因此,相互投资型雇佣关系模式不仅能够对经济性结果变量产生积极影响,同时对人文福祉类变量也有积极的溢出效应。另外,本书的研究发现,投资不足型雇佣关系模式下的员工主观幸福感体验、职业发展前景感知都是最低的,而工作-家庭冲突是最高的。因此,构建幸福企业的重要的方式是建立相互投资型的雇佣关系模式,这无论对于企业还是对于员工都是积极的、有益的。

6.3.3　为实现员工个人幸福提供思路

本书的研究也为组织中的员工实现个人主观幸福感提供了有意义的借鉴。

第一,本书研究发现,收入与幸福感之间存在着一定的关系,但并不是收入越高,员工的幸福感就越高。在本研究的样本中,平均月收入在 3 000～4 000 元的员工占有相当的比例,这部分员工在组织中的生活满意度和积极情感都相对较高,而消极情感也相对较低。因此,员工应该正确看待收入与幸福感之间的关系,追求更高的收入可能也意味着更多的责任和压力,当个人无法承担这些责任和压力时,就可能会影响个人的主观幸福感体验。

第二,工作和家庭是一个人生活的两个最重要的方面,工作和家庭都存在着一定的边界,当工作或家庭的边界跨越了对方,就可能造成工作与家庭之间的冲突。本研究中的工作-家庭冲突是因为工作域对家庭域产生了负面影响。本书研究发现,员工的工作-家庭冲突会严重影响员工在工作场所中的主观幸福感体验。这一研究结论告诉人们,尽管工作非常重要,但人们要学会或懂得平衡工作与家庭生活之间的关系。如果因为工作的原因影响了家庭,这不仅会影响家庭关系,而且还会影响自身的幸福感体验。

最后,一般而言,除了薪酬待遇,职业发展是一个员工最为看重的内容。如果希望留住职业导向强的员工,组织应该采取措施管理员工对职业发展前景的感知。如果组织的职业发展路径并不能与员工的期望的发展前景相匹配,员工就有可能选择其他的工作。本书的研究发现,员工的职业发展前景感知与其自身的主观幸福感有着密切的关系。如果一个员工期望在工作场所中拥有更高的主观幸福感,员工最好能够寻找那些能够拥有广泛的职业发展机会或前景的公司,在这样的公司当中,员工能够更容易实现自身的职业发展目标和职业兴趣。

6.4　研究不足

不可否认,本书的研究也存在着一些不足之处,这些不足之处主要体现在三个方面:研究数据上的不足、研究方法上的不足以及理论上的欠缺。

6.4.1　研究数据上的不足

本书主要采用问卷调查的方法获取员工自我报告的数据。尽管收集员工主观幸福感数据应该是采用员工自我报告的形式,但提升员工主观幸福感的三条路径,绩效薪酬、职业发展以及工作与家庭,有些变量可以收集一些客观的而非主观的数据,如员工的工作绩效。这样可以尽量减少同源方差问题。

本书主要采用横截面的研究数据,虽然作者也收集了少量的两阶段数据,但这些数据从量的方面并没有达到本书对数据数量上的要求。因而,本书放弃采用少量纵向数据。当然,未来作者还将收集更多的纵向数据,以期望在未来的研究中利用纵向数据提升文章的研究质量。

6.4.2　研究方法上的不足

本书主要是采用 SPSS 和 HLM 对相关数据进行处理。本书的主要研究内容是构建一个工作场所员工主观幸福感提升的理论模型,并期望通过实证数据来验证这一理论模型。本书提出了提升员工主观幸福感的三条不同的路径。对于不同的员工而言,他们倾向的路径可能存在着差异,因而三个路径应该是相互独立的。因此,采用 SPSS 和 HLM 两种软件单独研究每一条路径是比较合理的。但对于一些员工来说,他们可能会同时注重这三条路径,即三条不同的路径对他们而言是同时存在的,在这种情况下,采用更高级的研究方法如 Mplus 同时检验这三种路径是比较合适的。然而,本书并没有采用Mplus 软件来处理本书的数据,可能使本书的研究结果存在一定的缺陷。

6.4.3　理论应用上的欠缺

本书对组织中员工主观幸福感提升的三条路径分别用了三个不同的理论来解释中介作用,分别是目标设定理论、社会资本理论以及边界溢出理论,并用了工作要求-资源理论作为整体性的理论来解释雇佣关系模式与员工主观幸福感之间的关系。尽管这样的理论安排是比较合理的,但本书认为,组织中员工主观幸福感提升模型缺乏一个更宏观的理论,这个理论能够将本书所研究的内容全部包含在内。

6.5 未来的研究展望

6.5.1 雇佣关系模式未来研究展望

本书首次关注了雇佣关系模式的人文福祉类结果变量。具体探讨了雇佣关系模式对员工主观幸福感(包括生活满意度、积极情感和消极情感)、职业发展前景以及工作-家庭冲突的影响。这是一次新的有益的尝试,将雇佣关系模式的研究带入了幸福感、职业发展以及工作与家庭三个不同的研究领域。然而,仅仅本书的研究是远远不够的。因此,本书希望,一方面,雇佣关系模式研究领域的学者可以更深入、聚焦地关注雇佣关系模式对员工的职业发展、工作-家庭议题的影响,也可以关注更多其他的人文福祉类结果变量;另一方面,职业发展、工作-家庭领域的学者也可以将研究视角拓展至雇佣关系模式上面,探究员工职业发展、工作-家庭议题更高层面的前因变量。

尽管一些研究雇佣关系模式的学者已经尝试用新的理论来解释雇佣关系模式与其结果变量之间的关系,本书也采用了工作要求-资源理论这一新的理论视角来解释雇佣关系模式与员工主观幸福感之间的关系。但新的理论视角的引入依然是有益的,值得尝试的。

6.5.2 员工幸福感未来研究展望

幸福感是一个多结构的构念(Diener,2009;Stiglitz,Sen & Fitoussi,2010),包括主观幸福感和心理幸福感。不同的学者可能采用不同的指标来代表员工的幸福感,也可能研究幸福感的不同方面。本书研究了员工的主观幸福感,包括工作场所生活满意度、积极情感与消极情感。但本书并没有研究员工的心理和生理幸福感。因此,本书鼓励未来的学者尝试研究尽量多种类的幸福感作为雇佣关系模式的结果变量。

本书分别从三个不同的角度研究了组织中员工主观幸福感的提升路径,即绩效薪酬、职业发展以及工作与家庭,并分别以工作绩效、职业发展前景感知和工作-家庭冲突为例探讨了他们对员工主观幸福感的影响。然而影响员工幸福感的因素多种多样。Grawitch、Gottschalk 和 Munz(2006)发现,员工影响幸福感的健康的工作场所实践包括工作生活平衡、员工成长与发展、健康与安全、认可以及员工参与。因此未来的研究还可以探究其他的提升组织中员工幸福感的实践与方法。

6.6 研究结论

本书旨在构建组织中员工主观幸福感提升的理论模型。通过收集来自134家企业的134名人力资源管理负责人、273名部门经理以及1 274名普通员工的配对数据,本书验证了组织中员工幸福感提升模型。具体而言:

第一,基于工作要求-资源理论,本书检验了雇佣关系模式对员工主观幸福感的影响。实证研究发现,组织提供诱因能够显著提高组织中员工的整体生活满意度、增加员工的积极情感,以及降低员工的消极情感;但组织期望贡献对员工的主观幸福感并没有显著的影响。另外,组织提供诱因与期望贡献的交互项会影响员工的整体生活满意度以及消极情感,但对员工的积极情感并不产生影响。本书发现,相互投资型雇佣关系模式下的员工整体生活满意度最高,其次是过度投资型雇佣关系模式,员工的整体生活满意度在准现货契约型雇佣关系模式下和投资不足型雇佣关系模式下类似,都是最低的。同时,员工的消极情感在相互投资型的雇佣关系模式下是最低的。

第二,基于工作要求-资源理论和目标设定理论,本书检验了绩效薪酬(以工作绩效和绩效付薪感知为例)在雇佣关系模式与员工主观幸福感之间的中介作用。实证研究发现,组织期望贡献能够显著提升员工的工作绩效,但提供诱因并不能。员工的工作绩效能够显著地提升员工的整体生活满意度和积极情感,以及降低员工的消极情绪。员工工作绩效并不能中介雇佣关系模式与员工主观幸福感之间的关系。绩效付薪感知能够调节员工工作绩效与员工主观幸福感之间的关系。

第三,基于工作要求-资源理论和社会资本理论,本书检验了职业发展(以职业发展前景感知和工作控制为例)在雇佣关系模式与员工主观幸福感之间的中介作用。实证研究发现,组织提供诱因与员工职业发展前景感知显著正相关,提供诱因与期望贡献的交互项能够正向预测员工的职业发展前景感知;员工职业发展前景感知与员工在工作场所中的整体生活满意度和积极情感显著正相关,与消极情感显著负相关;员工职业发展前景感知中介了雇佣关系模式与员工主观幸福感之间的关系;工作控制能够调节员工职业发展前景感知与整体生活满意度和积极情感之间的关系。

最后,基于工作要求-资源理论和边界溢出理论,本书检验了工作与家庭(以工作-家庭冲突和工作需要为例)在雇佣关系模式与员工主观幸福感之间的中介作用。实证研究发现,组织提供诱因能够显著降低员工的工作-家庭冲突,但期望贡献并不能;提供诱因与期望贡献的交互项能够负向预测员工的工作-家庭冲突;员工的工作-家庭冲突会显著地降低员工的整体生活满意度和积极情感,同时增加他们的消极情感;而工作需要能够调节员工工作-家庭冲突与整体生活满意度和积极情感之间的关系。

参考文献

[1] Adams J S. Towards an understanding of inequity[J]. The Journal of Abnormal and Social Psychology, 1963, 67(5): 422-436.

[2] Adler P S, Kwon S W. Social capital: prospects for a new concept [J]. Academy of Management Review, 2002, 27(1): 17-40.

[3] Aldana S G. Financial impact of health promotion programs: a comprehensive review of the literature[J]. American Journal of Health Promotion, 2001, 15(5): 296-320.

[4] Allen T D, Herst D E L, Bruck C S, et al. Consequences associated with work-to-family conflict: a review and agenda for future research [J]. Journal of Occupational Health Psychology, 2000, 5 (2): 278-308.

[5] Anderson N, Schalk R. The psychological contract in retrospect and prospect. Journal of Organizational Behavior, 1998, 19: 637-647.

[6] Andrews F M, Withey S B. Social Indicators of Well-being: The Development and Measurement of Perceptual Indicators[J]. New York: Plenum. doi, 1976.

[7] Argyris C. Understanding organizational behavior[J]. Oxfor, England: Dorsey Understanding Organizational Behavior, 1960.

[8] Arnold K A, Turner N, Barling J, et al. Transformational leadership and psychological well-being: the mediating role of meaningful work [J]. Journal of Occupational Health Psychology, 2007, 12 (3): 193-203.

[9] Ashforth B E, Mael F. Social identity theory and the organization [J]. Academy of Management Review, 1989, 14(1): 20-39.

[10] Arthur, M B, Hall, D T, & Lawrence, B S. Generating new directions in career theory: the case for a transdisciplinary approach. In M B Arthur, D T Hall, & B S Lawrence (Eds.). Handbook of Career Theory. Cambridge: Cambridge University Press, 1989.

[11] Aryee S, Fields D, Luk V. A cross-cultural test of a model of the work-family interface [J]. Journal of Management, 1999, 25 (4): 491 – 511.

[12] Avey J B, Nimnicht J L, Graber Pigeon N. Two field studies examining the association between positive psychological capital and employee performance [J]. Leadership & Organization Development Journal, 2010, 31(5): 384 – 401.

[13] Bakker A B. An evidence-based model of work engagement. Current Directions in Psychological Science, 2011, 20(4): 265 – 269.

[14] Bakker, A. B. Towards a multilevel approach of employee well-being. European Journal of Work and Organizational Psychology, 2015, 24(6): 839 – 843.

[15] Bakker A B, Demerouti E. The job demands-resources model: State of the art. Journal of Managerial Psychology, 2007, 22(3): 309 – 328.

[16] Bakker A B, Demerouti E. Job demands-resources theory. In C. Cooper & P Chen (Eds.). Wellbeing: A Complete Reference Guide. Chichester, UK: Wiley-Blackwell, 2014.

[17] Bakker, A B, & Demerouti, E. Job demands-resources theory: taking stock and looking forward. Journal of Occupational Health Psychology, 2016.

[18] Bakker A B, Demerouti E, Euwema M C. Job resources buffer the impact of job demands on burnout. Journal of Occupational Health Psychology, 2005, 10(2): 170 – 180.

[19] Bakker A, Demerouti E, Schaufeli W. Dual processes at work in a call centre: an application of the job demands-resources model. European Journal of Work and Organizational Psychology, 2003, 12 (4): 393 – 417.

[20] Bakker A B, Demerouti E, Verbeke W. 2004. Using the job demands-resources model to predict burnout and performance. Human Resource Management, 43(1): 83 – 104.

[21] Bakker A B, Hakanen J J, Demerouti E, et al. Job resources boost work engagement, particularly when job demands are high. Journal of Educational Psychology, 2007, 99(2): 274 – 284.

[22] Bakker A B, Oerlemans W. Subjective well-being in organizations. The

Oxford Handbook of Positive Organizational Scholarship, 2011: 178 - 189.

[23] Bakker A B, Schaufeli W B. Positive organizational behavior: engaged employees in flourishing organizations[J]. Journal of Organizational Behavior, 2008, 29(2): 147 - 154.

[24] Bakker A B, Van Emmerik H, Van Riet P. How job demands, resources, and burnout predict objective performance: a constructive replication. Anxiety, Stress, & Coping, 2008, 21(3): 309 - 324.

[25] Bakker, A B, Van Veldhoven, M J P M, & Xanthopoulou, D. Beyond the Demand-Control model: Thriving on high job demands and resources. Journal of Personnel Psychology, 2010, 9, 3 - 16.

[26] Bandura, A. Social Learning Theory[M]. Englewood Cliffs, N J: Prentice-Hall, 1977.

[27] Barnard C I. The Functions of The Executive[M]. Harvard University Press, 1968.

[28] Baron R M, Kenny D A. The moderator-mediator variable distinction in social psychological research: conceptual, strategic, and statistical considerations[J]. Journal of Personality and Social Psychology, 1986, 51(6): 1173 - 1182.

[29] Baruch Y. Career development in organizations and beyond: Balancing traditional and contemporary viewpoints [J]. Human Resource Management review, 2006, 16(2): 125 - 138.

[30] Becker G. Human Capital: A Theoretical and Empirical Analysis with Special Reference to Education[M]. New York: Columbia University Press, 1964.

[31] Becker T E, Billings R S, Eveleth D M, et al. Foci and bases of employee commitment: implications for job performance[J]. Academy of Management Journal, 1996, 39(2): 464 - 482.

[32] Brickman P, Campbell D T. Hedonic relativism and planning the good society[J]. Adaptation-Level Theory, 1971: 287 - 305.

[33] Barrick M R, Mount M K. The big five personality dimensions and job performance: a meta-analysis[J]. Personnel Psychology, 1991, 44(1): 1 - 26.

[34] Baruch Y. 2006. Career development in organizations and beyond:

balancing traditional and contemporary viewpoints. Human Resource Management Review, 16(2): 125 - 138.

[35] Baruch Y, Rosenstein E. Human resource management in Israeli firms: planning and managing careers in high technology organizations [J]. International Journal of Human Resource Management, 1992, 3 (3): 477 - 495.

[36] Beauregard T A. Direct and indirect links between organizational work-home culture and employee well-being [J]. British Journal of Management, 2011, 22(2): 218 - 237.

[37] Bennett J T, Kaufman B E. What do unions do?: a twenty-year perspective[J]. Journal of Labor Research, 2004, 25(3): 339 - 349.

[38] Bernstein S D. Positive organizational scholarship: meet the movement: An interview with Kim Cameron, Jane Dutton, and Robert Quinn[J]. Journal of Management Inquiry, 2003, 12(3): 266 - 271.

[39] Blau, P. Exchange and Power in Social Life. Wiley: New York, 1964.

[40] Bond F W, Bunce D. The role of acceptance and job control in mental health, job satisfaction, and work performance[J]. Journal of Applied Psychology, 2003, 88(6): 1057 - 1067.

[41] Borman, W C, & Motowidlo, S J. Expanding the criterion domain to include elements ofcontextual performance. In N. Schmitt & W. C. Borman (Eds.). Personnel Selection in Organizations. San Francisco: Jossey-Bass, 1993.

[42] Bornay-Barrachina M, la Rosa-Navarro D, López-Cabrales A, et al. Employment relationships and firm innovation: the double role of human capital[J]. British Journal of Management, 2012, 23(2): 223 - 240.

[43] Bozionelos N. Intra-organizational network resources: relation to career success and personality [J]. The International Journal of Organizational Analysis, 2003, 11(1): 41 - 66.

[44] Bozionelos N, Wang L. The relationship of mentoring and network resources with career success in the Chinese organizational environment [J]. The International Journal of Human Resource Management, 2006, 17(9): 1531 - 1546.

[45] Bowling N A. Is the job satisfaction-job performance relationship spurious? A meta-analytic examination [J]. Journal of Vocational Behavior, 2007, 71(2): 167 – 185.

[46] Bradburn N M. The structure of psychological well-being[J]. Oxford, England: Aldine The Structure of Psychological Well-being, 1969.

[47] Brockmann H, Delhey J, Welzel C, et al. The China puzzle: falling happiness in a rising economy[J]. Journal of Happiness Studies, 2009, 10(4): 387 – 405.

[48] Browne J H. Benchmarking HRM practices in healthy work organizations[J]. American Business Review, 2000, 18(2): 54 – 61.

[49] Brown M, Metz I, Cregan C, et al. Irreconcilable differences? Strategic human resource management and employee well-being [J]. Asia Pacific Journal of Human Resources, 2009, 47(3): 270 – 294.

[50] Bruck C S, Allen T D, Spector P E. The relation between work-family conflict and job satisfaction: a finer-grained analysis[J]. Journal of Vocational Behavior, 2002, 60(3): 336 – 353.

[51] Brummelhuis L L, Hoeven C L, Jong M D T, et al. Exploring the linkage between the home domain and absence from work: health, motivation, or both? [J]. Journal of Organizational Behavior, 2013, 34(3): 273 – 290.

[52] Burke, R J, E R Greenglass, C L Cooper & I T Robertson. Work and family [J]. International Review of Industrial and Organizational Psychology. Oxford, England: John Wiley and Sons, 1987: 27 – 320.

[53] Cameron K, Dutton J, Quinn R, et al. Positive organizational scholarship: meet the movement[J]. Journal of Management Inquiry, 2003, 12(3): 266 – 271.

[54] Campbell, J P. Modeling the performance prediction problem in industrial and organizational psychology. In M D Dunnette & L M Hough (Eds.). Handbook of Industrial and Organizational Psychology. Palo Alto, CA: Consulting Psychologists Press, Inc, 1990.

[55] Campbell A, Converse P E, Rodgers W L. The Quality of American Life: Perceptions, Evaluations, and Satisfactions[M]. Russell Sage

Foundation，1976.

[56] Cannings K，Montmarquette C. Managerial momentum：a simultaneous model of the career progress of male and female managers [J]. ILR Review，1991，44(2)：212－228.

[57] Caporale G M，Georgellis Y，Tsitsianis N，et al. Income and happiness across Europe-Do reference values matter？ [J]. Journal of Economic Psychology，2009，30(1)：42－51.

[58] Carr J C，Boyar S L，Gregory B T. The moderating effect of work-family centrality on work-family conflict，organizational attitudes，and turnover behavior[J]. Journal of Management，2007，34(2)：244－262.

[59] Carlson D S，Grzywacz J G，Ferguson M，et al. Health and turnover of working mothers after childbirth via the work-family interface：an analysis across time[J]. Journal of Applied Psychology，2011，96(5)：1045－1054.

[60] Carlson D S，Perrewé P L. The role of social support in the stressor-strain relationship：an examination of work-family conflict[J]. Journal of Management，1999，25(4)：513－540.

[61] Cavanaugh M A，Boswell W R，Roehling M V，et al. An empirical examination of self-reported work stress among US managers[J]. Journal of Applied Psychology，2000，85(1)：65－74.

[62] Chen Y F，Tjosvold D. Participative leadership by American and Chinese managers in China：the role of relationships[J]. Journal of Management Studies，2006，43(8)：1727－1752.

[63] Cohan，W D. House of Cards：A Tale of Hubris and Wretched Excess on Wall Street[M]. Knopf Doubleday Publishing Group，2010.

[64] Coleman J S. Social capital in the creation of human capital[J]. American Journal of Sociology，1988，94：S95－S120.

[65] Colquitt J A，Zapata-Phelan C P. Trends in theory building and theory testing：a five-decade study of the Academy of Management Journal [J]. Academy of Management Journal，2007，50(6)：1281－1303.

[66] Colquitt J A，Zipay K P. Justice，fairness，and employee reactions [J]. Annual Review of Organizational Psychology and Organizational Behavior，2015，2(1)：75－99.

[67] Coyle-Shapiro J A M, Shore L M. The employee-organization relationship-Where do we go from here? [J]. Human Resource Management Review, 2007, 17(2): 166 – 179.

[68] Costa P T, McCrae R R. Influence of extraversion and neuroticism on subjective well-being: happy and unhappy people [J]. Journal of Personality and Social Psychology, 1980, 38(4): 668 – 678.

[69] Crawford E R, LePine J A, Rich B L. Linking job demands and resources to employee engagement and burnout: a theoretical extension and meta-analytic test[J]. Journal of Applied Psychology, 2010, 95 (5): 834 – 848.

[70] Cropanzano R, Mitchell M S. Social exchange theory: an interdisciplinary review[J]. Journal of Management, 2005, 31(6): 874 – 900.

[71] Csikszentmihalyi M. Play and intrinsic rewards [J]. Journal of Humanistic Psychology, 1975.

[72] Cummins R A. Subjective wellbeing, homeostatically protected mood and depression: a synthesis[J]. Journal of Happiness Studies, 2010, 11(1): 1 – 17.

[73] Dalal, R S & Hulin, C L. Motivation for what? A multivariate dynamic perspective of the criterion. In R Kanfer, G Chen, & R D Pritchard (Eds.). Work motivation: Past, Present, and Future. New York: Routledge, 2008.

[74] Danna K, Griffin R W. Health and well-being in the workplace: a review and synthesis of the literature[J]. Journal of Management, 1999, 25(3): 357 – 384.

[75] Deci, E L, & Ryan, R M. Intrinsic motivation. John Wiley & Sons, Inc, 1975.

[76] Delery J E, Doty D H. Modes of theorizing in strategic human resource management: Tests of universalistic, contingency, and configurational performance predictions[J]. Academy of Management Journal, 1996, 39(4): 802 – 835.

[77] Demerouti E, Bakker A B, Nachreiner F, et al. The job demands-resources model of burnout[J]. Journal of Applied psychology, 2001, 86(3): 499 – 512.

[78] DeNeve K M. Happy as an extraverted clam? The role of personality for subjective well-being [J]. Current Directions in Psychological Science, 1999, 8(5): 141 – 144.

[79] DeNeve, K M, & Cooper, H. The happy personality: A meta-analysis of 137 personality traits and subjective well-being [J]. Psychological Bulletin, 1998, 124, 197 – 229.

[80] Diener E. Subjective well-being [J]. Psychological Bulletin, 1984, 95 (3): 542 – 575.

[81] Diener, E. Subjective well-being. In E Diener (Ed.). The Science of Well-Being: New York: Spring, 2009.

[82] Diener E, Biswas-Diener R. Will money increase subjective well-being? [J]. Social Indicators Research, 2002, 57(2): 119 – 169.

[83] Diener E, Diener M, Diener C. Factors predicting the subjective well-being of nations [J]. Journal of Personality and Social Psychology, 1995, 69(5): 851 – 864.

[84] Diener E D, Emmons R A, Larsen R J, et al. The satisfaction with life scale. Journal of Personality Assessment, 1985, 49(1): 71 – 75.

[85] Diener, E, Fujita, F. Social comparisons and subjective well-being. In Buunk, B, Gibbons, R (Eds.). Health, Coping, and Social Comparison. N J: Erlbaum, Mahwah, 1997.

[86] Diener E, Iran-Nejad A. The relationship in experience between various types of affect [J]. Journal of Personality and Social Psychology, 1986, 50(5): 1031 – 1038.

[87] Diener E, Lucas R E. Personality and Subjective Well-Being. In Kahneman D, & Diener E (Eds.). Well-being: Foundations of Hedonic Psychology. Russell Sage Foundation, 1999.

[88] Diener E, Larsen R J, Emmons R A. Person Situation interactions: Choice of situations and congruence response models [J]. Journal of Personality and Social Psychology, 1984, 47(3): 580 – 592.

[89] Diener E, Lucas R E, Oishi S, et al. Looking up and looking down: weighting good and bad information in life satisfaction judgments [J]. Personality and Social Psychology Bulletin, 2002, 28(4): 437 – 445.

[90] Diener E, Oishi S, Lucas R E. Personality, culture, and subjective

well-being: Emotional and cognitive evaluations of life[J]. Annual Review of Psychology, 2003, 54(1): 403 – 425.

[91] Diener E, Sandvik E, Pavot W. Happiness is the frequency, not the intensity, of positive versus negative affect[J]. Subjective Well-Being: An Interdisciplinary Perspective, 1991, 21: 119 – 139.

[92] Diener E, Sandvik E D, Pavot W, et al. Extraversion and subjective well-being in a US national probability sample[J]. Journal of Research in Personality, 1992, 26(3): 205 – 215.

[93] Diener E, Scollon C N, Lucas R E. The Evolving Concept of Subjective Well-Being: The Multifaceted Nature of Happiness[M]// Assessing Well-Being. Springer Netherlands, 2009: 67 – 100.

[94] Diener, E, Suh E M, Lucas R E, et al. Subjective well-being: Three decades of progress[J]. Psychological Bulletin, 1999, 125(2): 276 – 302.

[95] Dimotakis N, Scott B A, Koopman J. An experience sampling investigation of workplace interactions, affective states, and employee well-being[J]. Journal of Organizational Behavior, 2011, 32(4): 572 – 588.

[96] Doest L, Jonge J. Testing causal models of job characteristics and employee well-being: a replication study using cross-lagged structural equation modelling[J]. Journal of Occupational and Organizational Psychology, 2006, 79(3): 499 – 507.

[97] Dolan P, Peasgood T, White M. Do we really know what makes us happy? A review of the economic literature on the factors associated with subjective well-being[J]. Journal of Economic Psychology, 2008, 29(1): 94 – 122.

[98] Dunning D, Leuenberger A, Sherman D A. A new look at motivated inference: are self-serving theories of success a product of motivational forces? [J]. Journal of Personality and Social Psychology, 1995, 69(1): 58 – 68.

[99] Duxbury L E, Higgins C A. Gender differences in work-family conflict [J]. Journal of applied psychology, 1991, 76(1): 60 – 74.

[100] Eagle B W, Miles E W, Icenogle M L. Interrole conflicts and the permeability of work and family domains: Are there gender

differences? [J]. Journal of Vocational Behavior, 1997, 50(2): 168 – 184.

[101] Eagly, A H, W Wood and A B Diekman. Social role theory of sex differences and similarities: a current appraisal. In T Eckes and H M Trautner(Eds.). The Developmental Social Psychology of Gender. Mahwah, N J, U S: Lawrence Erlbaum Associates Publishers, 2000: 123 – 174.

[102] Edwards J R, Rothbard N P. Mechanisms linking work and family: clarifying the relationship between work and family constructs [J]. Academy of Management Review, 2000, 25(1): 178 – 199.

[103] Ehrhardt J J, Saris W E, Veenhoven R. Stability of life-satisfaction over time[J]. Journal of Happiness Studies, 2000, 1(2): 177 – 205.

[104] Eisenberger, R, Huntington, R, Hutchison, S, & Sowa, D. Perceived organizational support. Journal of Applied Psychology, 1986, 71, 500 – 507.

[105] Eisenberger N I, Lieberman M D, Williams K D. Does rejection hurt? An fMRI study of social exclusion[J]. Science, 2003, 302 (5643): 290 – 292.

[106] Eisenberger R, Karagonlar G, Stinglhamber F, et al. Leader-member exchange and affective organizational commitment: the contribution of supervisor's organizational embodiment [J]. Journal of Applied Psychology, 2010, 95(6): 1085 – 1103.

[107] Emerson R M. Social exchange theory [J]. Annual Review of Sociology, 1976, 2(1): 335 – 362.

[108] Epitropaki O, Martin R. The impact of relational demography on the quality of leader-member exchanges and employees' work attitudes and well-being [J]. Journal of Occupational and Organizational Psychology, 1999, 72(2): 237 – 240.

[109] Ernst Kossek E, Ozeki C. Work-family conflict, policies, and the job-life satisfaction relationship: a review and directions for organizational behavior-human resources research [J]. Journal of Applied Psychology, 1998, 83(2): 139 – 149.

[110] Feldman D C, Thomas D C. Career management issues facing expatriates[J]. Journal of International Business Studies, 1992, 23

(2): 271 – 293.

[111] Ferris G R, Witt L A, Hochwarter W A. Interaction of social skill and general mental ability on job performance and salary[J]. Journal of Applied Psychology, 2001, 86(6): 1075 – 1082.

[112] Ford M T, Heinen B A, Langkamer K L. Work and family satisfaction and conflict: a meta-analysis of cross-domain relations [J]. Journal of Applied Psychology, 2007, 92(1): 57 – 80.

[113] Fox M L, Dwyer D J, Ganster D C. Effects of stressful job demands and control on physiological and attitudinal outcomes in a hospital setting[J]. Academy of Management journal, 1993, 36(2): 289 – 318.

[114] Frederick S, Loewenstein G. 16 Hedonic adaptation[J]. Well-Being: Foundations of Hedonic Psychology, 1999: 302.

[115] Frese M, Garst H, Fay D. Making things happen: reciprocal relationships between work characteristics and personal initiative in a four-wave longitudinal structural equation model [J]. Journal of Applied Psychology, 2007, 92(4): 1084 – 1102.

[116] Frey B S, Stutzer A. Happiness, economy and institutions[J]. The Economic Journal, 2000, 110(466): 918 – 938.

[117] Frese M. Psychische Störungen bei Arbeitern [M]. O. Müller, 1977.

[118] Frese, M. Theoretical models of control and health. In S L Sauter, J J Hurrel (jr.), & C L Cooper (Eds.). Job Control and Worker Health. Chichester: Wiley, 1989.

[119] Frese M, Garst H, Fay D. Making things happen: reciprocal relationships between work characteristics and personal initiative in a four-wave longitudinal structural equation model [J]. Journal of Applied Psychology, 2007, 92(4): 1084 – 1102.

[120] Findler L, Wind L H, Barak M E M. The challenge of workforce management in a global society: modeling the relationship between diversity, inclusion, organizational culture, and employee well-being, job satisfaction and organizational commitment[J]. Administration in Social Work, 2007, 31(3): 63 – 94.

[121] Fox M L, Dwyer D J, Ganster D C. Effects of stressful job demands

and control on physiological and attitudinal outcomes in a hospital setting[J]. Academy of Management Journal, 1993, 36(2): 289 – 318.

[122] Frijda, N H, Emotions and hedonic experience. In Kahneman, D, Diener, E, Schwarz, N (Eds.). Well-being: The Foundations of Hedonic Psychology. New York: Russell Sage Foundation, 1999: 190 – 210.

[123] Frone M R. Work-family conflict and employee psychiatric disorders: The national comorbidity survey[J]. Journal of Applied Psychology, 2000, 85(6): 888 – 895.

[124] Frone M R, Russell M, Cooper M L. Antecedents and outcomes of work-family conflict: testing a model of the work-family interface [J]. Journal of Applied Psychology, 1992, 77(1): 65 – 78.

[125] Galinsky, E. Families and work: The importance of the quality of the work environment. In S L Kagan, & B Weissbourd (Eds.). Putting families first: America's family support movement and the challenge of change. San Francisco, CA: Jossey-Bass, 1994.

[126] Gardner D G. Activation theory and task design: an empirical test of several new predictions[J]. Journal of Applied Psychology, 1986, 71 (3): 411 – 418.

[127] Gouldner A W. The norm of reciprocity: A preliminary statement [J]. American Sociological Review, 1960: 161 – 178.

[128] Granrose C S, Portwood J D. Matching individual career plans and organizational career management [J]. Academy of Management Journal, 1987, 30(4): 699 – 720.

[129] Grawitch M J, Gottschalk M, Munz D C. The path to a healthy workplace: A critical review linking healthy workplace practices, employee well-being, and organizational improvements [J]. Consulting Psychology Journal: Practice and Research, 2006, 58(3): 129 – 147.

[130] Greenhaus J H, Parasuraman S, Wormley W M. Effects of race on organizational experiences, job performance evaluations, and career outcomes[J]. Academy of Management Journal, 1990, 33(1): 64 – 86.

[131] Grzywacz J G, Marks N F. Reconceptualizing the work-family interface: an ecological perspective on the correlates of positive and negative spillover between work and family [J]. Journal of Occupational Health Psychology, 2000, 5(1): 111 - 126.

[132] Grebner S, Semmer N K, Elfering A. Working conditions and three types of well-being: a longitudinal study with self-report and rating data[J]. Journal of Occupational Health Psychology, 2005, 10(1): 31 - 43.

[133] Greenhaus J H, Beutell N J. Sources of conflict between work and family roles[J]. Academy of Management Review, 1985, 10(1): 76 - 88.

[134] Greenhaus J H, Powell G N. When work and family are allies: a theory of work-family enrichment [J]. Academy of Management Review, 2006, 31(1): 72 - 92.

[135] Grusec J E. Social learning theory and developmental psychology: the legacies of Robert Sears and Albert Bandura [J]. Developmental Psychology, 1992, 28(5): 776 - 786.

[136] Gutek B A, Searle S, Klepa L. Rational versus gender role explanations for work-family conflict [J]. Journal of Applied Psychology, 1991, 76(4): 560 - 568.

[137] Gutteridge T G, Leibowitz Z B, Shore J E. When careers flower, organizations flourish[J]. Training & Development, 1993, 47(11): 24 - 30.

[138] Hackman J R, Oldham G R. Motivation through the design of work: test of a theory [J]. Organizational Behavior and Human performance, 1976, 16(2): 250 - 279.

[139] Hackman J R, Pearce J L, Wolfe J C. Effects of changes in job characteristics on work attitudes and behaviors: a naturally occurring quasi-experiment [J]. Organizational Behavior and Human Performance, 1978, 21(3): 289 - 304.

[140] Hakanen J J, Bakker A B, Schaufeli W B. Burnout and work engagement among teachers[J]. Journal of School Psychology, 2006, 43(6): 495 - 513.

[141] Haire M, Ghiselli E E, Porter L W. Psychological research on pay:

an overview[J]. Industrial Relations: A Journal of Economy and Society, 1963, 3(1): 3-8.

[142] Hakanen J J, Bakker A B, Schaufeli W B. Burnout and work engagement among teachers[J]. Journal of School Psychology, 2006, 43(6): 495-513.

[143] Hakanen J J, Bakker A B, Demerouti E. How dentists cope with their job demands and stay engaged: the moderating role of job resources[J]. European Journal of Oral Sciences, 2005, 113(6): 479-487.

[144] Hammer L B, Kossek E E, Yragui N L, et al. Development and validation of a multidimensional measure of family supportive supervisor behaviors (FSSB)[J]. Journal of Management, 2009, 35(4): 837-856.

[145] Headey B. Happiness: revising set point theory and dynamic equilibrium theory to account for long term change[R]. DIW Discussion Papers, 2006.

[146] Headey B, Wearing A. Personality, life events, and subjective well-being: Toward a dynamic equilibrium model [J]. Journal of Personality and Social psychology, 1989, 57(4): 731-739.

[147] Headey B, Wearing A. Subjective well-being: a stocks and flows framework [J]. Subjective Well-being: An Interdisciplinary Perspective, 1991, 21: 49-73.

[148] Heneman, R L. Merit pay research. In K M Rowland & G R Ferris (Eds.). Research in Personnel and Human Resources Management. JAI Press Inc. , 1990.

[149] Heneman, R L. Merit Pay[M]. Reading, Mass: Addison Wesley, 1992.

[150] Heneman R L, Greenberger D B, Strasser S. The relationship between pay-for-performance perceptions and pay satisfaction[J]. Personnel Psychology, 1988, 41(4): 745-759.

[151] Higgins C A, Duxbury L E. Work-family conflict: a comparison of dual-career and traditional-career men[J]. Journal of Organizational Behavior, 1992, 13(4): 389-411.

[152] Hobfoll S E. Conservation of resources: a new attempt at

conceptualizing stress[J]. American Psychologist, 1989, 44 (3): 513 - 524.

[153] Hom, P, Tsui, A, Wu, J, Lee, T, Zhang, Y, Fu, P P, & Li, L. Why do Chinese managers stay? A multilevel inquiry into the mediating role of social exchange and job embeddedness[J]. Journal of Applied Psychology, 2009, 94: 277 - 297.

[154] House J S. Work Stress and Social Support[M]. Reading, MA: Addison-Wesley, 1981.

[155] Huang M H, Cheng Z H. The effects of inter-role conflicts on turnover intention among frontline service providers: does gender matter? [J]. The Service Industries Journal, 2012, 32(3): 367 - 381.

[156] Hunter J E, Hunter R F. Validity and utility of alternative predictors of job performance[J]. Psychological Bulletin, 1984, 96(1): 72 - 98.

[157] Hunter J E, Schmidt F L. Intelligence and job performance: economic and social implications[J]. Psychology, Public Policy, and Law, 1996, 2(3 - 4): 447.

[158] Hunter L W, Thatcher S M B. Feeling the heat: effects of stress, commitment, and job experience on job performance[J]. Academy of Management Journal, 2007, 50(4): 953 - 968.

[159] Hurtz G M, Donovan J J. Personality and job performance: the big five revisited[J]. Journal of Applied Psychology, 2000, 85(6): 869 - 879.

[160] Huselid M A. The impact of human resource management practices on turnover, productivity, and corporate financial performance [J]. Academy of Management Journal, 1995, 38(3): 635 - 672.

[161] Janssen O. Job demands, perceptions of effort-reward fairness and innovative work behaviour [J]. Journal of Occupational and Organizational Psychology, 2000, 73(3): 287 - 302.

[162] Jennings J E, McDougald M S. Work-family interface experiences and coping strategies: implications for entrepreneurship research and practice[J]. Academy of Management Review, 2007, 32(3): 747 - 760.

[163] Jia, L, Shaw, J D, Tsui, A S & Park, T. A social-structural perspective on employee-organization relationships and team creativity. Academy of Management Journal, 2014, 57 (3): 869 - 891.

[164] Jahoda M. Current concept of positive mental health[J]. Journal of Occupational and Environmental Medicine, 1959, 1(10): 565.

[165] Janssen O. Fairness perceptions as a moderator in the curvilinear relationships between job demands, and job performance and job satisfaction[J]. Academy of Management Journal, 2001, 44 (5): 1039 - 1050.

[166] Jennings J E, McDougald M S. Work-family interface experiences and coping strategies: implications for entrepreneurship research and practice[J]. Academy of Management Review, 2007, 32 (3): 747 - 760.

[167] Janssen O, Van Yperen N W. Employees' goal orientations, the quality of leader-member exchange, and the outcomes of job performance and job satisfaction [J]. Academy of Management Journal, 2004, 47(3): 368 - 384.

[168] Johnson J V, Hall E M. Job strain, work place social support, and cardiovascular disease: a cross-sectional study of a random sample of the Swedish working population [J]. American Journal of Public Health, 1988, 78(10): 1336 - 1342.

[169] Judge T A. Person-organization fit and the theory of work adjustment: implications for satisfaction, tenure, and career success [J]. Journal of Vocational behavior, 1994, 44(1): 32 - 54.

[170] Judge T A, Cable D M, Boudreau J W, et al. An empirical investigation of the predictors of executive career success [J]. Personnel Psychology, 1995, 48(3): 485 - 519.

[171] Judge T A, Higgins C A, Thoresen C J, et al. The big five personality traits, general mental ability, and career success across the life span[J]. Personnel Psychology, 1999, 52(3): 621 - 652.

[172] Judge T A, Thoresen C J, Bono J E, et al. The job satisfaction-job performance relationship: A qualitative and quantitative review [J]. Psychological Bulletin, 2001, 127(3): 376 - 407.

[173] Kahn, R L, Wolfe, D M, Quinn, R, Snoek, J D, & Rosenthal, R A. Organizational Stress[M]. New York: Wiley, 1964.

[174] Kahneman, D. Objective happiness. In Kahneman, D, Diener, E, Schwarz, N (Eds.). Well-being: The Foundations of Hedonic Psychology. New York: Russell Sage Foundation, 1999: 3 – 25.

[175] Kahneman, D, Diener, E, & Schwarz, N (Eds.). Well-Being: Foundations of Hedonic Psychology[M]. Russell Sage Foundation, 1999.

[176] Kalshoven K, Boon C T. Ethical leadership, employee well-being, and helping[J]. Journal of Personnel Psychology, 2012, 11(1): 60 – 68.

[177] Karasek Jr R A. Job demands, job decision latitude, and mental strain: implications for job redesign [J]. Administrative Science Quarterly, 1979: 285 – 308.

[178] Karasek, R. A. Job Content Questionnaire and User's Guide. Los Angeles: University of Southern California, Department of Industrial and System Engineering, 1985.

[179] Karasek R, Brisson C, Kawakami N, et al. The job content questionnaire (JCQ): an instrument for internationally comparative assessments of psychosocial job characteristics [J]. Journal of Occupational Health Psychology, 1998, 3(4): 322 – 355.

[180] Karasek R, Theorell T. Healthy Work: Stress, Productivity, and the Reconstruction of Working Life[M]. Basic Books, 1992.

[181] Karambayya R, Reilly A H. Dual earner couples: attitudes and actions in restructuring work for family[J]. Journal of Organizational Behavior, 1992, 13(6): 585 – 601.

[182] Kramer R M, Tyler T R. Trust in organizations: Frontiers of Theory and Research[M]. Sage, 1996.

[183] Kaufman B E. Personnel/human resource management: its roots as applied economics[J]. History of Political Economy, 2000, 32: 227 – 256.

[184] Kaufman B E. Human resources and industrial relations: commonalities and differences[J]. Human Resource Management Review, 2002, 11(4): 339 – 374.

[185] Kaufman B E. The theoretical foundation of industrial relations and its implications for labor economics and human resource management [J]. ILR Review, 2010, 64(1): 74 – 108.

[186] Kaufman B E. An institutional economic analysis of labor unions [J]. Industrial Relations: A Journal of Economy and Society, 2012, 51(s1): 438 – 471.

[187] Kelloway E K, Turner N, Barling J, et al. Transformational leadership and employee psychological well-being: the mediating role of employee trust in leadership[J]. Work & Stress, 2012, 26(1): 39 – 55.

[188] Kelloway E K, Weigand H, McKee M C, et al. Positive leadership and employee well-being[J]. Journal of Leadership & Organizational Studies, 2013, 20(1): 107 – 117.

[189] Keyes C L M, Hysom S J, Lupo K L. The positive organization: leadership legitimacy, employee well-being, and the bottom line [J]. The Psychologist-Manager Journal, 2000, 4(2): 143 – 153.

[190] Khan K H, Cangemi J P. Social learning theory: the role of imitation and modeling in learning socially desirable behavior[J]. Education, 1979, 100(1): 41 – 46.

[191] Kim S, Mone M A, Kim S. Relationships among self-efficacy, pay-for-performance perceptions, and pay satisfaction: a Korean examination[J]. Human Performance, 2008, 21(2): 158 – 179.

[192] Kline, R. B. Principles and Practice of Structural Equation Modeling [M]. 2nd ed. New York: Guilford, 2005.

[193] Konrad A M, Mangel R. The impact of work-life programs on firm productivity[J]. Strategic Management Journal, 2000: 1225 – 1237.

[194] Kooij D T A M, Guest D E, Clinton M, et al. How the impact of HR practices on employee well-being and performance changes with age [J]. Human Resource Management Journal, 2013, 23(1): 18 – 35.

[195] Kossek E E, Colquitt J A, Noe R A. Caregiving decisions, well-being, and performance: the effects of place and provider as a function of dependent type and work-family climates[J]. Academy of Management Journal, 2001, 44(1): 29 – 44.

[196] Kozma A, Stone S, Stones M J. Top-down and bottom-up

approaches to subjective well-being[J]. Intervention Psychosocial, 1997, 6: 77 - 90.

[197] Kuper H, Marmot M. Job strain, job demands, decision latitude, and risk of coronary heart disease within the Whitehall II study [J]. Journal of Epidemiology and Community Health, 2003, 57(2): 147 - 153.

[198] Kwan V S Y, Bond M H, Singelis T M. Pancultural explanations for life satisfaction: adding relationship harmony to self-esteem [J]. Journal of Personality and Social Psychology, 1997, 73(5): 1038 - 1051.

[199] Kwong J Y Y, Cheung F M. Prediction of performance facets using specific personality traits in the Chinese context [J]. Journal of Vocational Behavior, 2003, 63(1): 99 - 110.

[200] Lachman M E, Weaver S L. The sense of control as a moderator of social class differences in health and well-being [J]. Journal of Personality and Social Psychology, 1998, 74(3): 763 - 773.

[201] Larsen R J, Diener E, Cropanzano R S. Cognitive operations associated with individual differences in affect intensity[J]. Journal of Personality and Social Psychology, 1987, 53(4): 767 - 774.

[202] Larsen J T, McGraw A P, Cacioppo J T. Can people feel happy and sad at the same time? [J]. Journal of Personality and Social Psychology, 2001, 81(4): 684 - 696.

[203] Latham G P, Locke E A, Fassina N E. The high performance cycle: standing the test of time[J]. Psychological Management of Individual Performance, 2002: 201 - 228.

[204] Lawler, E E, III, & Jenkins, G D, Jr. Strategic reward systems. In M D Dunnette and L M Hough (Eds.). Handbook o f Industrial and Organizational Psychology (Volume III). California: Consulting Psychologists Press, 1992.

[205] Lee T W, Mitchell T R, Sablynski C J, et al. The effects of job embeddedness on organizational citizenship, job performance, volitional absences, and voluntary turnover[J]. Academy of Management Journal, 2004, 47(5): 711 - 722.

[206] Lepak D P, Snell S A. The human resource architecture: toward a

theory of human capital allocation and development[J]. Academy of Management Review, 1999, 24(1): 31 - 48.

[207] LePine J A, Podsakoff N P, LePine M A. A meta-analytic test of the challenge stressor-hindrance stressor framework: an explanation for inconsistent relationships among stressors and performance [J]. Academy of Management Journal, 2005, 48(5): 764 - 775.

[208] Levinson H, Price C R, Munden K J, et al. Men, management, and mental health[J]. Cambridge Harvard University Press, 1962.

[209] Liao H, Chuang A. A multilevel investigation of factors influencing employee service performance and customer outcomes[J]. Academy of Management Journal, 2004, 47(1): 41 - 58.

[210] Lin N. Social networks and status attainment[J]. Annual Review of Sociology, 1999, 25(1): 467 - 487.

[211] Lin W, Wang L, Chen S. Abusive supervision and employee well-being: the moderating effect of power distance orientation [J]. Applied Psychology, 2013, 62(2): 308 - 329.

[212] Locke E A. Toward a theory of task motivation and incentives [J]. Organizational Behavior and Human Performance, 1968, 3(2): 157 - 189.

[213] Locke E A. The ubiquity of the technique of goal setting in theories of and approaches to employee motivation[J]. Academy of Management Review, 1978, 3(3): 594 - 601.

[214] Locke E A, Latham G P. Goal Setting: A motivational technique that Works! [M]. Prentice Hall, 1984.

[215] Locke E A, Latham G P. Work motivation: the high performance cycle[J]. Work Motivation, 1990: 3 - 25.

[216] London M, Stumpf S A. Effects of candidate characteristics on management promotion decisions: an experimental study [J]. Personnel Psychology, 1983, 36(2): 241 - 259.

[217] Louis M R. Career transitions: varieties and commonalities[J]. Academy of Management Review, 1980, 5(3): 329 - 340.

[218] Love P E D, Irani Z, Standing C, et al. Influence of job demands, job control and social support on information systems professionals' psychological well-being [J]. International Journal of Manpower,

2007, 28(6): 513 - 528.

[219] Lucas R E, Clark A E, Georgellis Y, et al. Reexamining adaptation and the set point model of happiness: reactions to changes in marital status[J]. Journal of Personality and Social Psychology, 2003, 84 (3): 527 - 539.

[220] Lucas R E, Diener E, Grob A, et al. Cross-cultural evidence for the fundamental features of extraversion[J]. Journal of Personality and Social Psychology, 2000, 79(3): 452 - 468.

[221] Lucas R E, Diener E, Suh E. Discriminant validity of well-being measures[J]. Journal of Personality and Social Psychology, 1996, 71 (3): 616 - 628.

[222] Luthans, F. The need for and meaning of positive organizational behavior. Journal of Organizational Behavior, 2002, 23(6): 695 - 706.

[223] Luthans, F, & Youssef, C M. Emerging positive organizational behavior. Journal of Management, 2007, 33(3): 321 - 349.

[224] Luttmer E F P. Neighbors as negatives: relative earnings and well-being[J]. The Quarterly Journal of Economics, 2005, 120(3): 963 - 1002.

[225] Lykken D, Tellegen A. Happiness is a stochastic phenomenon [J]. Psychological Science, 1996, 7(3): 186 - 189.

[226] MacKinnon D P, Fritz M S, Williams J, et al. Distribution of the product confidence limits for the indirect effect: program PRODCLIN. Behavior Research Methods, 2007, 39(3): 384 - 389.

[227] Macky K, Boxall P. High-involvement work processes, work intensification and employee well-being: a study of New Zealand worker experiences[J]. Asia Pacific Journal of Human Resources, 2008, 46(1): 38 - 55.

[228] Matthews R A, Wayne J H, Ford M T. A work-family conflict/ subjective well-being process model: a test of competing theories of longitudinal effects[J]. Journal of Applied Psychology, 2014, 99(6): 1173 - 1187.

[229] McNall L A, Nicklin J M, Masuda A D. A meta-analytic review of the consequences associated with work-family enrichment[J]. Journal

of Business and Psychology, 2010, 25(3): 381 - 396.

[230] Magnus K B, Diener E. A longitudinal analysis of personality, life events, and subjective well-being[D]. In Liberal Arts and Sciences, University of Illinois at Urbana-Champaign, 1991.

[231] Maertz C P, Campion M A. Profiles in quitting: integrating process and content turnover theory[J]. Academy of Management Journal, 2004, 47(4): 566 - 582.

[232] Magnus K, Diener E, Fujita F, et al. Extraversion and neuroticism as predictors of objective life events: a longitudinal analysis [J]. Journal of Personality and Social Psychology, 1993, 65(5): 1046 - 1053.

[233] March J G, Simon H A. Organizations[M]. New York: Wiley. 1958.

[234] Marmot M G, Bosma H, Hemingway H, et al. Contribution of job control and other risk factors to social variations in coronary heart disease incidence[J]. The Lancet, 1997, 350(9073): 235 - 239.

[235] Meyer J P, Allen N J. Testing the "side-bet theory" of organizational commitment: some methodological considerations [J]. Journal of Applied Psychology, 1984, 69(3): 372 - 378.

[236] McGue M, Christensen K. Genetic and environmental contributions to depression symptomatology: evidence from Danish twins 75 years of age and older[J]. Journal of Abnormal Psychology, 1997, 106(3): 439 - 448.

[237] Meijman T F, Mulder G. Psychological aspects of workload[J]. Handbook of Work and Organizational Psychology. Volume, 1998, 2.

[238] Michel J S, Kotrba L M, Mitchelson J K, et al. Antecedents of work-family conflict: a meta-analytic review[J]. Journal of Organizational Behavior, 2011, 32(5): 689 - 725.

[239] Morris, W N. The mood system. In Kahneman, D, Diener, E, Schwarz, N (Eds.). Well-being: The Foundations of Hedonic Psychology. New York: Russell Sage Foundation, 1999: 169 - 189.

[240] Morris J A, Feldman D C. The dimensions, antecedents, and consequences of emotional labor [J]. Academy of Management Review, 1996, 21(4): 986 - 1010.

[241] Motowidlo S J, Van Scotter J R. Evidence that task performance should be distinguished from contextual performance[J]. Journal of Applied psychology, 1994, 79(4): 475 – 480.

[242] Mowday R T, Porter L W, Steers R M. Employee-organization linkage[J]. The Psychology of Commitment Absenteeism, and Turn over. London: Academic Press Inc, 1982.

[243] Moyle P. Longitudinal influences of managerial support on employee well-being[J]. Work & Stress, 1998, 12(1): 29 – 49.

[244] Nahapiet J, Ghoshal S. Social capital, intellectual capital, and the organizational advantage [J]. Academy of Management Review, 1998, 23(2): 242 – 266.

[245] Nippert-Eng C. Calendars and keys: the classification of "home" and "work" [C]//Sociological Forum. Kluwer Academic Publishers-Plenum Publishers, 1996, 11(3): 563 – 582.

[246] Ng T W H, Eby L T, Sorensen K L, et al. Predictors of objective and subjective career success: a meta-analysis [J]. Personnel Psychology, 2005, 58(2): 367 – 408.

[247] Okurame D. Impact of career growth prospects and formal mentoring on organizational citizenship behaviour[J]. Leadership & Organization Development Journal, 2012, 33(1): 66 – 85.

[248] Okurame, D. E. Individual factors influencing career growth prospects in contexts of radical organizational changes. International Business Research, 2014, 7(10): 74 – 87.

[249] Okurame D E, Balogun S K. Role of informal mentoring in the career success of first-line bank managers: a Nigerian case study[J]. Career Development International, 2005, 10(6/7): 512 – 521.

[250] Ormel J, Wohlfart T. How neuroticism, long-term difficulties, and changes in quality of life affect psychological distress-A longitudinal approach[J]. Journal of Personality and Social Psychology, 1991, 60: 744 – 755.

[251] O'Reilly, C A, & Pfeffer, J. Hidden Value-How Great Companies Achieve Extraordinary Results with Ordinary People. Boston, M A: Harvard Business School Press, 2000.

[252] Ormel J, Schaufeli W B. Stability and change in psychological

distress and their relationship with self-esteem and locus of control: a dynamic equilibrium model[J]. Journal of Personality and Social Psychology, 1991, 60(2): 288 – 299.

[253] Osterman P. Institutional labor economics, the new personnel economics, and internal labor markets: a reconsideration[J]. ILR Review, 2011, 64(4): 637 – 653.

[254] Oswald A J. Happiness and economic performance[J]. The Economic Journal, 1997, 107(445): 1815 – 1831.

[255] Panaccio A, Vandenberghe C. Perceived organizational support, organizational commitment and psychological well-being: a longitudinal study[J]. Journal of Vocational Behavior, 2009, 75(2): 224 – 236.

[256] Parasuraman S, Purohit Y S, Godshalk V M, et al. Work and family variables, entrepreneurial career success, and psychological well-being[J]. Journal of Vocational Behavior, 1996, 48(3): 275 – 300.

[257] Parker S K, Wall T D, Jackson P R. "That's not my job": developing flexible employee work orientations[J]. Academy of Management Journal, 1997, 40(4): 899 – 929.

[258] Pedersen N L, Gatz M, Plomin R, et al. Individual differences in locus of control during the second half of the life span for identical and fraternal twins reared apart and reared together[J]. Journal of Gerontology, 1989, 44(4): P100 – P105.

[259] Polanyi, K. The Great Transformation: The Political and Economic Origins of Our Time[M]. Boston: Beacon Press, 2001.

[260] Podolny J M, Baron J N. Resources and relationships: social networks and mobility in the workplace[J]. American Sociological Review, 1997: 673 – 693.

[261] Powell G N, Francesco A M, Ling Y. Toward culture-sensitive theories of the work-family interface[J]. Journal of Organizational Behavior, 2009, 30(5): 597 – 616.

[262] Quiñones M A, Ford J K, Teachout M S. The relationship between work experience and job performance: a conceptual and meta-analytic review[J]. Personnel Psychology, 1995, 48(4): 887 – 910.

[263] Raudenhush, S W, Bryk, A S, Cheong, Y F, & Congdon, R T, Jr. HLM 6: Hierarchical linear and nonlinear modeling. Chicago:

Scientific Software International, 2004.

[264] Reiche B S, Kraimer M L, Harzing A W. Why do international assignees stay? An organizational embeddedness perspective [J]. Journal of International Business Studies, 2011, 42(4): 521 – 544.

[265] Rich B L, Lepine J A, Crawford E R. Job engagement: antecedents and effects on job performance[J]. Academy of Management Journal, 2010, 53(3): 617 – 635.

[266] Robertson I, Cooper C. Well-Being: Productivity and Happiness at Work[M]. Springer, 2011.

[267] Robinson S L. Trust and breach of the psychological contract[J]. Administrative Science Quarterly, 1996: 574 – 599.

[268] Robinson S L, Kraatz M S, Rousseau D M. Changing obligations and the psychological contract: a longitudinal study [J]. Academy of Management Journal, 1994, 37(1): 137 – 152.

[269] Robinson S L, Morrison E W. Psychological contracts and OCB: the effect of unfulfilled obligations on civic virtue behavior[J]. Journal of Organizational Behavior, 1995, 16(3): 289 – 298.

[270] Rogers C R. On Becoming a Person[M]. Boston: Houghton Mifflin, 1957.

[271] Rothbard N P. Enriching or depleting? The dynamics of engagement in work and family roles[J]. Administrative Science Quarterly, 2001, 46(4): 655 – 684.

[272] Rousseau D M. Psychological and implied contracts in organizations [J]. Employee Responsibilities and Rights Journal, 1989, 2(2): 121 – 139.

[273] Rousseau, D M. New hire perceptions of their own and their employer's obligations: a study of psychological contracts. Journal of Organizational Behavior, 1990, 11(5): 389 – 400.

[274] Rousseau D M, McLean Parks J. The contracts of individuals and organizations[J]. Research in Organizational Behavior, 1993, 15: 1 – 1.

[275] Ryan, R M, & Deci, E L. Intrinsic and extrinsic motivations: classic definitions and new directions. Contemporary Educational Psychology, 2000, 25(1): 54 – 67.

[276] Ryff C D. Happiness is everything, or is it? Explorations on the

meaning of psychological well-being[J]. Journal of Personality and Social Psychology, 1989, 57(6): 1069 - 1081.

[277] Ryff C D, Singer B. Psychological well-being: meaning, measurement, and implications for psychotherapy research[J]. Psychotherapy and Psychosomatics, 1996, 65(1): 14 - 23.

[278] Rynes S L, Bartunek J M, Dutton J E, et al. Care and compassion through an organizational lens: opening up new possibilities. Academy of Management Review, 2012, (4): 503 - 523.

[279] Salancik G R, Pfeffer J. A social information processing approach to job attitudes and task design[J]. Administrative Science Quarterly, 1978: 224 - 253.

[280] Scheier M F, Carver C S. Optimism, coping, and health: assessment and implications of generalized outcome expectancies[J]. Health Psychology, 1985, 4(3): 219 - 247.

[281] Schein E H. Organizational psychology [J]. Oxford, England: Prentice-Hall Organizational Psychology, 1965.

[282] Schimmack U, Diener E. Affect intensity: separating intensity and frequency in repeatedly measured affect[J]. Journal of Personality and Social Psychology, 1997, 73(6): 1313 - 1329.

[283] Schumacker, R E, & Lomax, R G. A Beginner's Guide to Structural Equation Modeling [M]. Mahwah, N J: Lawrence Erlbaum Associates, Inc, 1996.

[284] Schwarz N, Clore G L. Mood, misattribution, and judgments of well-being: informative and directive functions of affective states [J]. Journal of Personality and Social Psychology, 1983, 45(3): 513 - 523.

[285] Seligman M E P. Helplessness: On Depression, Development, and Death[M]. WH Freeman/Times Books/Henry Holt & Co, 1975.

[286] Seligman M E P, Csikszentmihalyi M. Positive Psychology: An Introduction[M]. American Psychological Association, 2000.

[287] Seligman M E P, Steen T A, Park N, et al. Positive psychology progress: empirical validation of interventions [J]. American Psychologist, 2005, 60(5): 410 - 421.

[288] Shaffer M A, Harrison D A, Gilley K M, et al. Struggling for

balance amid turbulence on international assignments: work-family conflict, support and commitment [J]. Journal of Management, 2001, 27(1): 99 – 121.

[289] Shaw J D, Delery J E, Jenkins G D, et al. An organization-level analysis of voluntary and involuntary turnover [J]. Academy of Management Journal, 1998, 41(5): 511 – 525.

[290] Shaw J D, Dineen B R, Fang R, et al. Employee-organization exchange relationships, HRM practices, and quit rates of good and poor performers[J]. Academy of Management Journal, 2009, 52(5): 1016 – 1033.

[291] Shimazu A, Schaufeli W B. Is workaholism good or bad for employee well-being? The distinctiveness of workaholism and work engagement among Japanese employees[J]. Industrial Health, 2009, 47(5): 495 – 502.

[292] Shimazu A, Schaufeli W B, Kubota K, et al. Do workaholism and work engagement predict employee well-being and performance in opposite directions? [J]. Industrial Health, 2012, 50(4): 316 – 321.

[293] Shin D C, Johnson D M. Avowed happiness as an overall assessment of the quality of life[J]. Social Indicators Research, 1978, 5(1 – 4): 475 – 492.

[294] Shin J, Taylor M S, Seo M G. Resources for change: the relationships of organizational inducements and psychological resilience to employees' attitudes and behaviors toward organizational change[J]. Academy of Management Journal, 2012, 55(3): 727 – 748.

[295] Shore L M, Barksdale K. Examining degree of balance and level of obligation in the employment relationship: a social exchange approach [J]. Journal of Organizational Behavior, 1998: 731 – 744.

[296] Shore L M, Coyle-Shapiro J A M. New developments in the employee-organization relationship [J]. Journal of Organizational Behavior, 2003, 24(5): 443 – 450.

[297] Shore, L M, Porter, L W, & Zahra, S A. Employer-oriented strategic approaches to the employee-organization relationship (EOR). In

J Coyle-Shapiro, L M Shore, S Taylor, L E Tetrick, L E (Eds.). The Employment Relationship: Examining Psychological and Contextual Perspectives. Oxford: Oxford University Press, 2004.

[298] Shore L M, Tetrick L E, Taylor M S, et al. The employee-organization relationship: a timely concept in a period of transition [J]. Research in Personnel and Human Resources Management, 2004, 23: 291 – 370.

[299] Silberg J L, Heath A C, Kessler R, et al. Genetic and environmental effects on self-reported depressive symptoms in a general population twin sample[J]. Journal of Psychiatric Research, 1990, 24(3): 197 – 212.

[300] Song L J, Tsui A S, Law K S. Unpacking employee responses to organizational exchange mechanisms: the role of social and economic exchange perceptions[J]. Journal of Management, 2009, 35(1): 56 – 93.

[301] Sparr J L, Sonnentag S. Fairness perceptions of supervisor feedback, LMX, and employee well-being at work[J]. European Journal of Work and Organizational Psychology, 2008, 17(2): 198 – 225.

[302] Sparrowe R T, Liden R C, Wayne S J, et al. Social networks and the performance of individuals and groups[J]. Academy of Management Journal, 2001, 44(2): 316 – 325.

[303] St-Onge S. Variables influencing the perceived relationship between performance and pay in a merit pay environment[J]. Journal of Business and Psychology, 2000, 14(3): 459 – 479.

[304] Staines G L. Spillover versus compensation: a review of the literature on the relationship between work and nonwork [J]. Human Relations, 1980, 33(2): 111 – 129.

[305] Stiglitz J E, Sen A, Fitoussi J P. Report by the commission on the measurement of economic performance and social progress[J]. Paris: Commission on the Measurement of Economic Performance and Social Progress, 2010.

[306] Suh E, Diener E, Fujita F. Events and subjective well-being: only recent events matter [J]. Journal of Personality and Social Psychology, 1996, 70(5): 1091 – 1102.

[307] Tansky J W, Gallagher D G, Wetzel K W. The effect of demographics, work status, and relative equity on organizational commitment: Looking among part-time workers [J]. Canadian Journal of Administrative Sciences, 1997, 14(3): 315 – 326.

[308] Taylor B L, DelCampo R G, Blancero D M. Work-family conflict/facilitation and the role of workplace supports for US Hispanic professionals[J]. Journal of Organizational Behavior, 2009, 30(5): 643 – 664.

[309] Tellegen A, Lykken D T, Bouchard T J, et al. Personality similarity in twins reared apart and together[J]. Journal of Personality and Social Psychology, 1998, 54(6): 1031 – 1039.

[310] Tett R P, Jackson D N, Rothstein M. Personality measures as predictors of job performance: a meta-analytic review[J]. Personnel Psychology, 1991, 44(4): 703 – 742.

[311] Thomas L T, Ganster D C. Impact of family-supportive work variables on work-family conflict and strain: a control perspective [J]. Journal of Applied Psychology, 1995, 80(1): 6 – 15.

[312] Thompson C A, Prottas D J. Relationships among organizational family support, job autonomy, perceived control, and employee well-being[J]. Journal of Occupational Health Psychology, 2006, 11(1): 100 – 118.

[313] Townsend, R. Up the Organization[M]. London: Coronet Books, 1970.

[314] Tsui A S. Presidential address-On compassion in scholarship: why should we care? [J] Academy of Management Review, 2013, 38(2): 167 – 180.

[315] Tsui A S, Jia L. Calling for humanistic scholarship in China[J]. Management and Organization Review, 2013, 9(1): 1 – 15.

[316] Tsui A S, Pearce J L, Porter L W, et al. Alternative approaches to the employee-organization relationship: does investment in employees pay off? [J] Academy of Management Journal, 1997, 40(5): 1089 – 1121.

[317] Tsui A S, Pearce J L, Porter L W, et al. Choice of employee-organization relationship: influence of external and internal

organizational factors [J]. Research in Personnel and Human Resources Management, 1995, 13: 117 - 151.

[318] Tsui A S, Wang D. Employment relationships from the employer's perspective: Current research and future directions[J]. International Review of Industrial and Organizational Psychology, 2002, 17: 77 - 114.

[319] Uncu Y, Bayram N, Bilgel N. Job related affective well-being among primary health care physicians[J]. The European Journal of Public Health, 2007, 17(5): 514 - 519.

[320] Van der Doef M, Maes S. The job demand-control (-support) model and psychological well-being: a review of 20 years of empirical research[J]. Work & Stress, 1999, 13(2): 87 - 114.

[321] Van Yperen N W, Hagedoorn M. Do high job demands increase intrinsic motivation or fatigue or both? The role of job control and job social support[J]. Academy of Management Journal, 2003, 46(3): 339 - 348.

[322] Van Yperen N W, Snijders T A B. A multilevel analysis of the demands-control model: Is stress at work determined by factors at the group level or the individual level? [J]. Journal of Occupational Health Psychology, 2000, 5(1): 182 - 190.

[323] Vanhala S, Tuomi K. HRM, company performance and employee well-being[J]. Management Revue, 2006, 17(3): 241 - 255.

[324] Vinchur A J, Schippmann J S, Switzer F S, et al. A meta-analytic review of predictors of job performance for salespeople[J]. Journal of Applied Psychology, 1998, 83(4): 586 - 597.

[325] Wang D, Tsui A S, Zhang Y, et al. Employment relationships and firm performance: evidence from an emerging economy. Journal of Organizational Behavior, 2003, 24(5): 511 - 535.

[326] Warr P. Work, Unemployment, and Mental Health[M]. Oxford University Press, 1987.

[327] Warr, P. Well-being and the workplace. In Kahnemand D, Diener E, Schwarz N. Wellbeing : The Foundations of Hedonic Psychology. New York, N Y: Russell Sage, 1999: 392 - 412.

[328] Waterman, A. S. Two conceptions of happiness: contrasts of

personal expressiveness (eudaimonia) and hedonic enjoyment[J]. Journal of Personality and Social Psychology, 1993, 64 (4): 678 - 691.

[329] Wayne S J, Liden R C, Kraimer M L, et al. The role of human capital, motivation and supervisor sponsorship in predicting career success[J]. Journal of Organizational Behavior, 1999, 20(5): 577 - 595.

[330] Weer C H. The impact of non-work role commitment on employees' career growth prospects[D]. Drexel University, 2006.

[331] Wegge J, Van Dick R, Fisher G K, et al. Work motivation, organizational identification, and well-being in call centre work [J]. Work & Stress, 2006, 20(1): 60 - 83.

[332] Wei L Q, Liu J, Chen Y Y, et al. Political skill, supervisor-subordinate guanxi and career prospects in Chinese firms[J]. Journal of Management Studies, 2010, 47(3): 437 - 454.

[333] Weiss H M, Cropanzano R. Affective events theory: a theoretical discussion of the structure, causes and consequences of affective experiences at work[J]. Research in Organizational Behavior: An Annual Series of Analytical Essays and Critical Reviews, 1996, 18: 1 - 74.

[334] Whyte, W. H. The Organization Man[M]. New York: Simon & Shuster, 1956.

[335] Wilensky H L. Careers, lifestyles, and social integration [J]. International Social Science Journal, 1961, 12(4): 553 - 558.

[336] Wilson W R. Correlates of avowed happiness[J]. Psychological Bulletin, 1967, 67(4): 294 - 306.

[337] Wong A L Y, Slater J R. Executive development in China: is there any in a Western sense? [J]. International Journal of Human Resource Management, 2002, 13(2): 338 - 360.

[338] Wortman C B, Silver R C. Coping with irrevocable loss [C]// American Psychological Association Convention, Aug, 1986, Washington, DC, US; This chapter is based upon one of the 1986 Master Lectures that were presented at the aforementioned convention. American Psychological Association, 1987.

[339] Xanthopoulou D，Bakker A B，Dollard M F，et al．When do job demands particularly predict burnout? The moderating role of job resources[J]. Journal of Managerial Psychology，2007，22(8)：766 - 786.

[340] Yang N，Chen C C，Choi J，et al．Sources of work-family conflict：a Sino-US comparison of the effects of work and family demands [J]. Academy of Management Journal，2000，43(1)：113 - 123.

[341] Zelenski J M，Larsen R J．The distribution of basic emotions in everyday life：a state and trait perspective from experience sampling data[J]. Journal of Research in Personality，2000，34(2)：178 - 197.

[342] Zhang，A Y，Song，L J，Tsui，A S，et al．Employee responses to employment-relationship practices：the role of psychological empowerment and traditionality [J]. Journal of Organizational Behavior，2014，35(6)：809 - 830.

[343] Zhang A Y，Tsui A S，Song L J，et al．How do I trust thee? The employee-organization relationship，supervisory support，and middle manager trust in the organization[J]. Human Resource Management，2008，47(1)：111 - 132.

[344] 包玲玲,王韬.转型背景下雇佣关系模式对员工助人行为的影响[J].管理学报,2011,8(11):1646 - 1654.

[345] 陈刚.裁员背景下心理契约违背,组织支持感与工作幸福感的关系研究[D].浙江大学,2010.

[346] 陈龙.新生代员工工作幸福感的影响因素和形成机理研究[D].武汉:湖北工业大学,2012.

[347] 方杰,张敏强,邱皓政.中介效应的检验方法和效果量测量:回顾与展望[J].心理发展与教育,2012,28(1):105 - 111.

[348] 高中华,赵晨.工作家庭两不误为何这么难? 基于工作家庭边界理论的探讨[J].心理学报,2014,46(4):552 - 568.

[349] 郭桂梅,段兴民.员工-组织关系,内在动机与员工创造性——中国企业的实证研究[J].管理评论,2008,20(3):16 - 24.

[350] 郭桂梅,赵曙明.组织中心型关系模式,创造性工作氛围与员工创造性[J].科技进步与对策,2011,28(22):146 - 150.

[351] 黄培伦,徐新辉.全面薪酬的价值整合机制探析[J].经济与管理,2007,

21(1):44 - 47.

[352] 康力.员工-组织关系对员工创新行为的影响分析[J].中国人力资源开发,2011(9):10 - 15.

[353] 康力,石金涛.中国背景下员工-组织关系模式的选择与企业创新-不同员工-组织关系模式下组织创新气氛差异实证研究[J].现代管理科学,2011,2011(3):34 - 36.

[354] 李召敏,赵曙明.雇佣关系模式对福祉影响的差异——基于激励—贡献模型视角[J].经济管理,2015(12):56 - 67.

[355] 林忠,鞠蕾,陈丽.工作-家庭冲突研究与中国议题:视角,内容和设计[J].管理世界,2013,9:154 - 171.

[356] 栾晓琳.个体特征,工作特征与工作幸福感的关系研究[D].大连理工大学,2009.

[357] 罗正学,苗丹民.工作绩效预测研究述评[J].心理科学进展,2005,13(6):798 - 805.

[358] 马箭.雇佣关系模式对员工态度的影响研究[D].中南大学,2014.

[359] 苗江元.跨越与发展——主观幸福感的过去、现在与未来[J].华南师范大学学报(社会科学版),2011,5:122 - 160.

[360] 王燕平.蚁族群体工作幸福感的影响因素,形成机理及提升策略[D].武汉:湖北工业:大学,2011.

[361] 王鑫.企业员工心理幸福感的影响因素的实证研究[J].中国人力资源开发,2014(17):71 - 77.

[362] 温福星,邱皓政.组织研究中的多层次调节式中介效果:以组织创新气氛,组织承诺与工作满意的实证研究为例[J].管理学报,2009,26(2):189 - 211.

[363] 席猛,赵曙明.劳资冲突研究述评:定义,前因及研究新视角[J].管理学报,2014,11(3):455 - 461.

[364] 许虎,蒋慧荣.雇佣关系与群体公民行为,群体效能感的关系——岗位层次的研究[J].现代商业,2011(9):134 - 135.

[365] 徐宁,李普亮.人力资源管理与员工工作幸福感:理论与实证分析[J].科技管理研究,2013,33(17):130 - 135.

[366] 徐燕,周路路.雇佣关系对员工职业成长的影响机制研究:组织支持感的中介作用[J].经济管理,2012(11):93 - 102.

[367] 徐云飞,席猛,赵曙明.员工-组织关系研究述评与展望[J].管理学报,2017,14(3):466 - 474.

［368］阳红,胡韬,郭成.贵州省高校教师幸福感与组织气氛工作倦怠的关系［J］.中国学校卫生,2008,29(6):530－532.

［369］俞明传,顾琴轩,朱爱武.员工-组织关系与创新行为:一个被调节中介模型的构建与检验——基于社会交换视角［J］.研究与发展管理,2014,3:41－51.

［370］张伶,张大伟.工作-家庭冲突研究:国际进展与展望［J］.南开管理评论,2006,9(4):55－63.

［371］张一弛.从扩展的激励——贡献模型看我国企业所有制对雇佣关系的影响［J］.管理世界,2004(12):90－98.

［372］赵曙明,席猛,蒋春燕.人力资源管理重要性与能力对企业雇佣关系模式选择的影响［J］.经济管理,2016(4):83－92.

［373］赵宜萱.工作特征与新生代员工幸福感关系.南京大学,2016.

后　记

在完成《中国企业雇佣关系模式与员工主观幸福感研究》这部著作之际，我心中充满了感激与反思。这部作品不仅是对我个人学术探索的一次总结，更是对中国企业管理实践的一次深刻洞察。在此，我想分享一些个人的感受以及对未来研究的进一步思考。

这项研究的旅程充满了挑战与发现。从最初的理论构建到最终的数据分析，每一步都要求我不断学习、反思和创新。在此过程中，我深刻体会到了科学研究的严谨性和复杂性，也感受到了探索未知领域时的兴奋与成就感。这种经历让我不仅在学术上有所成长，更在面对问题和解决问题的过程中培养了更强的耐心和洞察力。

本研究的完成，对于我个人而言，是一次宝贵的成长经历。它不仅提升了我的研究能力，也加深了我对企业管理和人力资源管理的理解。我相信，这些研究成果将对中国企业的人力资源管理实践产生积极的影响，帮助企业更好地理解和满足员工的需求，从而提升员工的幸福感和企业的竞争力。在此，我要特别感谢所有参与本研究的企业、部门主管、项目经理和员工。没有他们的支持和参与，这项研究是不可能完成的。他们的热情和开放让我深受感动，他们的故事和经验为我的分析提供了丰富的素材。

本研究的完成，也是学术界与企业界对话的一个缩影。我希望本研究能够成为桥梁，连接理论与实践，促进双方的交流与合作。通过这种对话，我们可以更好地理解企业的实际需求，同时也可以将学术研究成果转化为实际的解决方案。

在研究过程中，我始终强调社会责任和伦理的重要性。保护参与者的隐私、确保数据的安全和准确，是我在研究中坚守的原则。我希望本研究能够树立一个榜样，展示如何在尊重个体权益的前提下，进行有意义的社会科学研究。

这项研究也是我个人职业发展的一个重要里程碑。通过这项研究，我在学术界获得了更多的认可，也为自己的职业生涯开辟了新的道路。我期待未来能够在人力资源管理和组织行为学领域，继续做出更多的贡献。

最后，我想对所有关注和支持本研究的人表达最诚挚的感谢。感谢我的博士研究生导师赵曙明教授在我学术生涯中给予的指导、关心、支持和帮助，感谢南京大学出版社唐甜甜女士的大力支持。感谢你们的支持和鼓励，让我能够完成这项有意义的工作。我衷心希望本研究能够为中国企业的人力资源管理提供有价值的参考，为提升员工的幸福感和企业的和谐发展做出贡献。

随着研究的深入，我更加坚信，一个企业的长远发展离不开员工的幸福感和忠诚度。希望通过我们的共同努力，能够推动中国企业在人力资源管理方面迈出更加坚实的步伐，为构建一个更加和谐、幸福的工作环境而努力。

在未来的研究中，我将继续关注雇佣关系模式的演变和员工福祉的提升，探索更多促进员工和企业共同发展的方法和策略。我相信，通过不断的探索和实践，我们能够为中国的企业管理和人力资源管理领域贡献更多的智慧和力量。

再次感谢所有参与和支持本研究的人。愿我们共同的努力能够开花结果，为这个世界带来更加美好的变化。